Marie Fondacci Guillarmé

Maîtriser les techniques de l'immobilier

Transaction immobilière, gestion locative
et gestion de copropriété

Quatrième édition

ÉDITIONS EYROLLES
61, bd Saint-Germain
75240 Paris Cedex 05
www.editions-eyrolles.com

Du même auteur chez le même éditeur

Marie Fondacci Guillarmé, *Conseil en ingénierie de l'immobilier*, 128 p., 2017

ISBN : 978-2-212-67838-3

Sommaire

Table des matières

Tests de connaissances

Partie I

La transaction immobilière

CHAPITRE 1

La loi Hoguet

La profession d'agent immobilier est réglementée par la loi **Hoguet du 2 janvier 1970** et son décret d'application du **20 juillet 1972**.

L'article 1 de la loi Hoguet présente différentes activités concernées :

- **L'agent immobilier** est celui qui vend ou loue tous types de biens immobiliers appartenant à autrui.
- **L'administrateur de biens** (plusieurs fonctions) :
  - il gère pour le compte de ses clients des biens immobiliers, de la location à la perception des loyers et du paiement des charges ;
  - pour la gestion de la copropriété, il représente les syndicats de copropriété pour la gestion des fonds et intérêts communs ainsi que les contrats souscrits avec des tiers.
- **Le vendeur de listes** vend une liste de logements à la vente ou à la location, dont l'adresse est communiquée avec l'accord du propriétaire. Le professionnel a l'obligation de signer une convention avec le propriétaire avant toute rémunération.

La demande de carte professionnelle

La loi Alur (accès au logement et à un urbanisme rénové) du 24 mars 2014 instaure de nouvelles dispositions pour la délivrance de la carte professionnelle. Depuis le 1er juillet 2015, les chambres de commerce et d'industrie (CCI) délivrent les cartes professionnelles à la place des préfectures. La création d'un fichier des titulaires d'une carte professionnelle est confiée à la CCI France et celui-ci sera consultable sur Internet. Par la suite, les demandes se feront par Internet de façon complètement dématérialisée.

La carte a une validité de 3 ans.

Pour obtenir la carte professionnelle, le demandeur doit :

- **justifier d'une aptitude professionnelle** qui est étudiée en fonction des diplômes et de l'expérience professionnelle.

Les diplômes

- Bac + 3 dans le cadre d'études juridiques, économiques ou commerciales,
- BTS professions immobilières,
- diplôme issu de l'Institut d'études économiques juridiques appliquées à la construction et à l'habitation (ICH).

L'expérience professionnelle

- Être titulaire d'un bac ou d'un diplôme d'un niveau équivalent et avoir occupé pendant au moins 3 ans un emploi subordonné à temps plein ou d'une durée équivalente à temps partiel. La durée passe à 18 mois pour un poste cadre.
- Sans aucun diplôme, l'aptitude sera justifiée par un emploi durant au moins 10 ans dans les mêmes conditions citées ci-dessus.

  Cette durée est réduite à 4 ans pour les emplois cadre.
- Dans le cadre d'un emploi public, le délai est ramené à 4 ans et 2 ans pour le directeur d'établissement.

Pour toutes ces situations, la carte sera délivrée dans l'activité exercée par le salarié.

- **bénéficier d'une garantie financière**

Elle est souscrite auprès d'une banque, d'une organisation professionnelle, d'une compagnie d'assurances, d'un établissement de crédit ou de la Caisse des dépôts.

Cette garantie est d'un montant au moins égal aux fonds que le professionnel envisage de détenir (article 3). Elle permet le remboursement des fonds.

Le montant minimal est de 110 000 € avec perception de fonds. Il est révisé chaque fin d'année.

- **détenir un compte séquestre**

L'article 55 de la loi Hoguet impose l'ouverture d'un compte séquestre dès lors que l'agence déclare son activité avec maniement de fonds.

Pour obtenir la garantie financière, le demandeur devra fournir une attestation de l'établissement de crédit avec indication du numéro de compte et des coordonnées de l'agence qui détient le compte séquestre.

Concernant les agences immobilières sans perception de fonds, elles n'ont plus l'obligation de souscrire une garantie financière et d'ouvrir un compte séquestre. C'est une transposition de la directive européenne (juillet 2010).

Ces professionnels doivent déclarer sur l'honneur qu'ils ne recevront aucun effet ou valeur de la part de leur clientèle. Ils devront mentionner sur leurs documents « absence de garantie financière ».

Ils peuvent aussi choisir de souscrire une garantie financière sans perception de fonds.

- **prouver sa moralité**

Le demandeur devra fournir le bulletin n° 2 du casier judiciaire attestant l'absence d'incapacité ou d'interdiction d'exercer.

- **attester de sa responsabilité civile professionnelle**

Il doit compléter le dossier avec une attestation d'assurance couvrant les conséquences pécuniaires de la responsabilité civile professionnelle.

- **être immatriculé**

Inscription au Registre du commerce et des sociétés, attestée par un extrait K ou Kbis datant de moins d'un mois.

Obligations des collaborateurs

L'agent immobilier qui emploie des salariés ou des agents commerciaux en tant que négociateurs immobiliers doit leur fournir une attestation d'habilitation qui permet de justifier de leur qualité et de l'étendue de leurs pouvoirs et les habilite à négocier, s'entremettre ou s'engager pour le compte du titulaire de la carte professionnelle.

Les collaborateurs doivent fournir :
- une photocopie de leur pièce d'identité ;
- une attestation de l'assurance de responsabilité civile professionnelle permettant de couvrir l'activité de l'agent immobilier ;
- une copie de la CP de l'agent immobilier.
    - Le formulaire devra préciser l'étendue des pouvoirs accordés.
    - L'attestation sera renouvelée à chaque renouvellement de la CP.
    - L'attestation doit être rendue au départ du collaborateur.

Le renouvellement

La demande de renouvellement doit être effectuée 2 mois avant son expiration avec l'attestation de la réalisation de la formation professionnelle obligatoire, remise par un centre habilité.

La formation continue

Le **décret n° 2016-173 publié au *JO* le 21 février 2016 vient préciser le contenu de cette nouvelle obligation, en vigueur depuis le 1ᵉʳ avril 2016.**

Tous les professionnels de l'immobilier titulaires d'une carte professionnelle, ainsi que les collaborateurs, devront justifier l'exécution d'une formation. Le renouvellement de la carte se voit subordonné à cette justification.

Cette formation porte sur les « ***domaines juridique, économique, commercial, à la déontologie ainsi qu'aux domaines techniques relatifs à la construction, l'urbanisme, la transition énergétique. Elles ont un lien direct avec l'activité professionnelle exercée.*** »

La formation est de 14 heures par an, ou de 42 heures au cours des 3 dernières années, et elle est contrôlée lors du renouvellement de la carte professionnelle par le CCIT.

Le Conseil national de la transaction et de la gestion immobilières

Le Conseil national de la transaction et de la gestion immobilières (CNTGI) est un organe représentatif de la profession immobilière, prévu par l'article 24 de la loi Alur, qui vient modifier la loi Hoguet.

Mis en place par le décret du 25 juillet 2014 par Sylvia Pinel, il a pour mission de veiller au maintien et à la promotion des principes de moralité, de probité et de compétences nécessaires au bon accomplissement des activités des professionnels de l'immobilier.

La loi du 27 janvier 2017 relative à l'égalité et à la citoyenneté a fusionné le CNTGI et la commission de contrôle, et précisé le déroulement de la procédure disciplinaire. Elle a consacré le CNTGI comme autorité publique dotée de la personnalité morale, lui permettant de poursuivre en justice les professionnels ayant commis des infractions.

Avec la loi Élan du 23 novembre 2018, Évolution du logement, de l'aménagement et du numérique, le CNTGI n'est plus qu'une instance principalement consultative, avec une autorité administrative mais sans personnalité morale, dotée d'un droit d'alerte au lieu d'un véritable pouvoir de sanction.

La mission du CNTGI reste la même et son rôle de conseil est étendu au domaine de la copropriété :

- Il doit veiller au maintien et à la promotion des principes de moralité, de probité et de compétences nécessaires au bon accomplissement des activités ;
- Le CNTGI sera consulté pour avis sur les projets de textes législatifs ainsi que pour les textes réglementaires du domaine de la copropriété ;
- Le CNTGI doit présenter son rapport annuel.

La loi Élan demande au président du CNTGI d'instruire les pratiques abusives signalées et de produire un rapport pour le transmettre à l'autorité administrative chargée de la concurrence et de la commission.

- Un code de déontologie composé de 12 articles est entré en vigueur par le décret du 30 août 2015.

Code de déontologie

- Art. 1 – Mention des professionnels concernés.
- Art. 2 – Éthique professionnelle : exercer la profession avec conscience, dignité, loyauté, sincérité et probité.
- Art. 3 – Respect des lois et règlements : respect des obligations, aucune des discriminations mentionnées à l'article 225.1 du Code pénal.
- Art. 4 – Compétences : connaissance théorique et pratique de l'immobilier.
- Art. 5 – Organisation et gestion de l'entreprise : assurer la direction effective de l'entreprise.
- Art. 6 – Transparence : présenter la carte professionnelle, l'attestation de garantie de RCP.

- Art. 7 – Confidentialité : faire preuve de prudence et de discrétion dans l'utilisation des données à caractère personnel.
- Art. 8 – Défense des intérêts en présence : rendre compte de l'exécution des missions, que les actes en sous-seing privé expriment les accords…
- Art. 9 – Conflits d'intérêts : ne pas acquérir un bien pour lequel l'agent immobilier détient un mandat.
- Art. 10 – Confraternité : éviter tout conflit avec des confrères qui puisse nuire aux intérêts du mandant.
- Art. 11 – Règlement des litiges : répondre de bonne foi, dans un délai raisonnable, aux réclamations.
- Compte tenu de la suppression du pouvoir de sanction par la loi Élan, l'article 12 imposant de se conformer aux décisions rendues par la commission en matière disciplinaire a été annulé.

Le CNTGI est composé de :

- sept membres représentant les personnes titulaires de la carte professionnelle, choisis en veillant à assurer la représentativité de la profession, sur proposition d'un syndicat professionnel ou d'une union de syndicats professionnels représentatifs des personnes titulaires de la carte professionnelle ;
- cinq membres représentant des consommateurs, choisis parmi les associations agréées de défense des consommateurs œuvrant dans le domaine du logement ;
- trois personnalités qualifiées dans le domaine de l'immobilier ou du droit des copropriétés, qui ne disposent pas de droit de vote et dont les avis sont consultatifs ;
- un président nommé par arrêté conjoint du garde des Sceaux, ministre de la Justice, et des ministres chargés du logement et de la consommation et qui ne peut pas être une des personnes désignées ci-dessus.

La commission de contrôle qui instruit les pratiques abusives de la profession est composée de :

- cinq représentants des personnes titulaires de la carte professionnelle, choisis en veillant à assurer la représentativité de la profession, sur proposition d'un syndicat professionnel ou d'une union de syndicats professionnels représentatifs des personnes titulaires de la carte professionnelle ;
- cinq représentants des consommateurs choisis parmi les associations agréées de défense des consommateurs œuvrant dans le domaine du logement ;
- le président du Conseil national de la transaction et de la gestion immobilières qui désigne le président de la commission de contrôle parmi les personnes mentionnées ci-dessus.

Les infractions visées sont :

- les pratiques commerciales déloyales ;
- les abus de faiblesse ;
- les violations des règles relatives au classement énergétique ;
- les violations des règles des contrats conclus à distance ou hors établissement.

La loi Élan n'a pas prévu de procédure visant la violation du code de déontologie.

L'affichage des annonces

La loi Alur du 24 mars 2014 a ajouté un nouvel article à la loi Hoguet :

« Art. 6-1. – Toute publicité effectuée par une personne mentionnée à l'article 1er et relative aux opérations prévues au 1° de ce même article mentionne, quel que soit le support utilisé, le montant toutes taxes comprises de ses honoraires exprimé, pour ce qui concerne les opérations de vente, en pourcentage du prix, lorsqu'ils sont à la charge du locataire ou de l'acquéreur. »

Dans un souci de transparence auprès du public, de nouvelles mentions obligatoires doivent, depuis le 1er avril 2017, figurer sur chacun des supports faisant état d'une vente ou d'une location d'un bien, quel que soit le mode de diffusion (prospectus, vitrine, Internet ou publication de presse).

L'arrêté du 10 janvier 2017 oblige les agents immobiliers à préciser le montant des honoraires en le dissociant du prix de vente ou de location, en spécifiant si la charge s'applique au vendeur ou à l'acheteur.

Pour les ventes, la modification la plus importante se situe sur l'affichage du prix du bien. Deux options :

- Si les honoraires sont à la charge de l'acquéreur, la mention fait apparaître « prix net vendeur + honoraires de négociation (soit x % TTC du prix de vente) » et le prix global tout compris dans une police supérieure en spécifiant « honoraires charge acquéreur ».
- Si les honoraires sont à la charge du vendeur, la mention fait apparaître le prix global en spécifiant « les honoraires sont à la charge du vendeur ».

La mention FAI ne doit plus apparaître sur les annonces.

Les autres mentions obligatoires sont :

- le diagnostic de performance énergétique ;
- préciser si le lot est en copropriété ;
- le nombre de lots dans la copropriété ;
- le montant annuel des charges pour le lot concerné ;
- les éventuelles procédures en cours dans la copropriété ;
- la santé financière de la copropriété ;
- les travaux prévus.

Pour la location, l'article 4 de l'arrêté du 10 janvier 2017 précise les prescriptions pour les locations supérieures à 90 jours :

- le diagnostic de performance énergétique ;
- la commune où se situe le bien en signalant la zone (très tendue, tendue ou détendue) ;
- le montant des honoraires en dissociant la partie pour l'état des lieux et celle pour la visite et la rédaction du bail ;
- le loyer mensuel charges comprises ;
- les charges locatives, les modalités de décompte des charges locatives : provision avec régularisation annuelle ; forfait ou remboursement sur justificatifs ;
- la mention « meublé » si c'est le cas ;
- le montant du dépôt de garantie (1 mois de loyer pour une location nue, 2 mois de loyer pour une location meublée) ;

- la surface habitable louée, qui doit être identique à celle mentionnée dans le bail d'habitation. Cette donnée sert de base de calcul au plafond des honoraires de location prévu par l'article 5 de la loi de 1989.

Cette réglementation s'applique à tout mode de publicité, pour la vente et la location (affiche vitrine, support papier, Internet…), l'absence de certaines informations est passible de 1 500 € par annonce.

CHAPITRE 2

Les contrats immobiliers

Les avant-contrats

Le mandat

La loi Hoguet du 2 janvier 1970 et son décret d'application du 20 juillet 1972 ont édicté un certain nombre de règles de forme et de fond conditionnant la validité des conventions passées avec un agent immobilier ou un administrateur de biens.

L'article 6 prévoit que toutes conventions passées avec un professionnel de l'immobilier se livrant à la négociation ou la gestion doivent être écrites et comporter le montant de la rémunération et l'indication de la partie qui en a la charge.

Le mandat doit être établi en autant d'exemplaires qu'il y a de parties avec un intérêt distinct à l'acte.

Le mandat consenti à un agent immobilier doit respecter les règles de droit commun concernant la formation des contrats. Le mandataire doit vérifier la capacité de son mandant.

Les différents mandats

- le mandat simple : c'est celui qui ne comporte aucune clause d'exclusivité. En pratique, plusieurs agences peuvent se charger de la vente du bien, et le mandant peut le vendre lui-même ;
- le mandat exclusif : le mandant confie la vente de son bien à un seul professionnel. Il ne peut vendre son bien sans le concours de ce professionnel ;
- le mandat semi-exclusif : l'exclusivité est confiée à un seul professionnel mais le propriétaire vendeur conserve la faculté de rechercher lui aussi un acquéreur. Si le propriétaire trouve le futur acquéreur, l'agent immobilier s'occupera du dossier, mais il verra sa rémunération réduite, en général de moitié.

Ce type de mandat n'est pas prévu par les dispositions légales, mais est né de la pratique. C'est en fait un mandat exclusif où sera insérée une clause réservant au propriétaire mandant la possibilité de trouver lui-même un acquéreur. Ceci doit être précisé dans le mandat, ainsi que les conditions où l'agent immobilier aura droit à des honoraires.

- La délégation de mandant : l'agent immobilier qui détient le mandat de vente ou de recherche délègue l'objet du mandat à un autre professionnel. La rémunération sera partagée par moitié si l'agence déléguée remplit sa mission.

  Les dispositions protectrices édictées par la loi Hoguet et son décret sont en faveur des consommateurs et ne sont pas applicables aux conventions conclues entre agents immobiliers, entre professionnels. Il est donc inutile d'enregistrer les délégations de mandat dans le registre des mandats, prévu par l'article 72. Il est même inutile de faire une délégation par mandat, une délégation générale est bien suffisante. La condition préalable est simplement que le mandat d'origine contienne cette autorisation clairement énoncée.

- Le mandat de recherche : il permet de mandater un professionnel pour la recherche d'un bien. Le futur acquéreur apportera les critères de sa recherche, comme la désignation du bien, la surface, le secteur et l'enveloppe financière. Ce mandat ne peut être signé en exclusivité. C'est aussi un palliatif pour l'agent immobilier qui n'a pas pu signer un mandat de vente régulier.

La loi impose un certain nombre de mentions obligatoires au mandat :

- la durée du mandat, elle est à peine de nullité, limitée dans le temps ;
- les conditions de détermination de la rémunération et la partie qui en aura la charge ;
- le numéro d'inscription au registre des mandats ;
- les obligations du mandataire ;
- les obligations du mandant ;
- la clause de médiation : depuis le 1er janvier 2016, tout professionnel doit proposer à ses clients consommateurs une procédure gratuite de médiation en vue de la résolution amiable des litiges individuels de consommation. Le professionnel n'a pas l'obligation de participer à la médiation mais il doit la proposer à ses clients. Il doit être mentionné sur le mandant un médiateur de la consommation disposant d'un site Internet dédié ;
- la clause de révocation : dépassé la période d'irrévocabilité, le mandant se réserve le droit de résilier le contrat en respectant un délai de préavis de 15 jours ;
- les paraphes des parties ;
- le mandat est soumis à la loi Hamon du 17 mars 2014, qui permet au mandant de se rétracter dans un délai de 14 jours, s'il est conclu avec un particulier n'agissant pas professionnellement.

Le démarchage peut se définir de façon objective où de façon subjective :

- définition objective : contrat signé au domicile ou sur le lieu de travail du mandant ;
- définition subjective : lieu d'échange des consentements et problème posé par les mandats pris par correspondance.

Le mandat doit comporter un formulaire détachable rédigé en caractères de corps 8, destiné à faciliter l'exercice de la faculté de renonciation. Ces dispositions sont d'ordre public et les parties ne peuvent y renoncer volontairement.

L'absence d'une de ces mentions frappe le mandat de nullité.

La rémunération de l'agent immobilier

L'exigence d'un mandat écrit est impérative pour réclamer sa rémunération. Le mandat doit mentionner la détermination de la commission et la partie qui en aura la charge. Toute rémunération ne sera versée qu'à la conclusion de la vente, le versement anticipé est illicite.

Certains mandats possèdent une clause pénale qui permettrait à l'agent immobilier de percevoir ses honoraires si le vendeur refusait de finaliser la vente.

Analyse d'un arrêt : une personne âgée avait contracté un mandat de vente avec une agence immobilière.

Ce mandat contenait une clause pénale qui mettait à la charge du vendeur le paiement d'une somme équivalente à la commission, si ce dernier ne signait pas la vente qui lui était proposée par le mandataire.

Un acheteur est trouvé par l'agence et une proposition d'achat est acceptée par la venderesse. Le jour de la signature du compromis chez le notaire, elle refuse de signer.

L'agence immobilière la met en demeure de régler une somme de 14 000 € au titre de la clause pénale contenue dans le mandat de vente.

Devant l'absence de réponse, l'agence immobilière assigne la venderesse par-devant le TGI de Bayonne afin de la contraindre au règlement de l'indemnité due au titre de la clause pénale, sur la base de la force obligatoire des contrats.

Par jugement du 6 mars 2017, le tribunal de grande instance de Bayonne rappelle qu'une clause pénale insérée dans le mandat de vente ne peut permettre de contourner les dispositions impératives de la loi Hoguet en prévoyant par le jeu de cette clause le règlement d'une pénalité égale au montant qui aurait pu être perçu par l'agent immobilier en cas de réalisation de la vente, lorsque la non-réalisation de la vente est imputable au vendeur.

La commission d'agence n'est pas due si le vendeur refuse de réitérer la vente.

Pour autant, l'acquéreur pourra se retourner contre le vendeur et obtenir application de la clause pénale.

Les dispositions d'ordre public de l'article 6-1 de la loi du 2 janvier 1970 soulignent qu'aucune commission ni somme d'argent quelconque ne peut être exigée par l'agent immobilier ayant concouru à une opération qui n'a pas été effectivement conclue. De nombreuses jurisprudences arrivent à la même conclusion.

Informations précontractuelles au mandat

La loi Hamon du 14 juin 2014 impose au professionnel de communiquer au consommateur, préalablement à la signature de tout mandat, un certain nombre d'informations.

Hormis les renseignements généraux, si le mandat est proposé « à distance » ou « hors établissement », il doit communiquer au consommateur, de manière lisible et compréhensible, les conditions, le délai et les modalités d'exercice du droit de rétractation, ainsi que le formulaire type de rétractation.

De plus doit être notifiée la clause de médiation, la loi imposant aux professionnels de proposer à leurs clients consommateurs une procédure de médiation de la consommation conforme et gratuite, et de les en informer de manière régulière. L'obligation de médiation s'appliquera en cas de litige opposant le mandant à son mandataire et portant sur l'exécution du mandat.

L'article L. 121-17 du Code de la consommation précise que la charge de la preuve concernant le respect de ces obligations d'information pèse sur le professionnel.

Les avenants

L'avenant est une convention écrite qui est l'accessoire d'un contrat principal, dont l'effet est de modifier les conditions ou les modalités des engagements qui figurent sur la convention initiale.

L'avenant est utilisé pour de nombreux contrats, comme le mandat, la promesse synallagmatique de vente, le contrat de location…

La rédaction d'un avenant implique que les parties modifient le prix initial, la durée, une modification de la consistance du bien…

L'avenant au mandat

Depuis la loi Alur et l'arrêté du 10 janvier 2017, l'affichage ne peut être utilisé pour basculer la charge des honoraires d'une partie à l'autre. Dans un respect de transparence sur l'appui de l'article 6-1 de la loi Hoguet et le refus de la part des notaires à accepter, il n'est pas conseillé d'utiliser l'avenant avec cet objectif.

Le fait de mettre les honoraires à la charge de l'acquéreur après une publicité mentionnant charge vendeur serait constitutif de publicité mensongère. La sanction prévue est 2 ans de prison et 37 500 € d'amende, sans compter une éventuelle inscription au casier judiciaire.

Un simple avenant modificatif n'a pas à faire l'objet d'une inscription avec un nouveau numéro sur le registre. Le numéro du mandat doit être inscrit dans l'avenant. Dans le registre, l'avenant sera mentionné avec sa date de signature, dans la colonne « observations » du mandat concerné. Pour une « extension » de mandat à un nouveau bien (par exemple une parcelle), avec honoraires complémentaires, il faut prévoir un nouveau mandat, inscrit au registre (cf. Cour de cassation, chambre civile 1, 8 mars 2012).

Un avenant signé au domicile du client n'entraîne pas une nouvelle période de rétractation, puisqu'il ne fait que modifier un contrat déjà existant.

> « *Art. 6-1. – Toute publicité effectuée par une personne mentionnée à l'article 1er et relative aux opérations prévues au 1° de ce même article mentionne, quel que soit le support utilisé, le montant toutes taxes comprises de ses honoraires exprimé, pour ce qui concerne les opérations de vente, en pourcentage du prix, lorsqu'ils sont à la charge du locataire ou de l'acquéreur. »

Avenant au compromis de vente

Les qualités essentielles du compromis de vente en tant que contrat sont définies comme des qualités qui ont été expressément ou tacitement convenues par les parties et en considération desquelles elles ont contracté.

Les modifications peuvent être les suivantes :

- modification du prix ;
- modification de la consistance du bien. Jurisprudence : Le jardin privatif était en réalité des parties communes à jouissance privative (Cour d'appel, Paris, Pôle 4, chambre 1, 14 janvier 2010 – n° 08/13996) ;

- non-conformité du bien par rapport aux règles d'urbanisme (absence d'autorisation d'urbanisme ou au règlement de copropriété) ;
- diagnostic révélant la présence d'amiante ;
- hypothèque non révélée par l'État hors formalités ;
- servitude découverte postérieurement (Cour d'appel, Chambéry, 2ᵉ chambre, 12 novembre 2015 – n° 14/02630) ;
- procédure en cours ;
- absence d'une servitude au profit du fonds acquis (Cour d'appel, Angers, chambre civile A, 12 janvier 2016 – n° 13/02702).

Dans le cas où un avenant est signé, il sera alors nécessaire de renotifier le contrat.

Un nouveau délai de rétractation de 10 jours commencera à courir, et l'acquéreur pourra à nouveau se rétracter sans justifier d'un motif durant cette période. À défaut de cette nouvelle notification, il a déjà été jugé que l'acquéreur sera recevable, malgré la signature de l'acte authentique de vente, à exercer son droit de rétractation, même par voie de conclusions (c'est-à-dire au cours d'une procédure devant le tribunal de grande instance), ce qui entraîne l'annulation de l'acte de vente (Cour d'appel, Angers, chambre civile A, 12 janvier 2016 – n° 13/02702).

La modification non substantielle du contrat

C'est une modification sans conséquence sur les engagements de l'acquéreur. Cette modification n'a pas pour conséquence de modifier un élément déterminant du contrat.

Il s'agira le plus souvent d'un nouvel accord pour la poursuite du contrat initial, à savoir allonger des délais pour l'obtention d'un financement ou d'un permis de construire. Cette prolongation n'entraîne pas novation du contrat, c'est-à-dire que c'est le même contrat qui se poursuit aux mêmes conditions, sous réserve que l'avenant soit signé avant l'expiration du délai prolongé.

En conséquence, en signant l'avenant, les parties manifestent leur volonté non équivoque de renoncer à se prévaloir de la caducité du compromis de vente. Dans cette hypothèse, il ne faudra pas oublier d'indiquer un nouveau délai. À défaut, un « délai raisonnable » s'appliquera.

Il est à souligner que pour une erreur matérielle minime sans conséquence sérieuse, il n'est pas recommandé de faire systématiquement un avenant. En effet, si cependant le notaire notifiait aux futurs acquéreurs un nouveau délai de rétractation et que ceux-ci se rétractaient, ces derniers pourraient se voir condamner. Les juges ont déjà condamné de futurs acquéreurs à payer la clause pénale et le notaire à payer des dommages et intérêts au motif que celui-ci a contribué non seulement à faire échouer la vente mais aussi à la condamnation des futurs acquéreurs. (Cour d'appel, Aix-en-Provence, 1ʳᵉ chambre B, 7 mars 2013 – n° 12/05013).

Le bon de visite

Les effets juridiques du bon de visite ne sont pas les mêmes en présence d'un mandat simple de vente ou exclusif confié à l'agence immobilière.

Mandat simple de vente

L'absence de valeur juridique du bon de visite

Selon une jurisprudence constante de la Cour de cassation, le bon de visite n'est pas un contrat de mandat entre l'agent immobilier et le visiteur du bien. De ce fait, le bon de visite ne peut pas justifier le versement d'une commission par l'acquéreur. C'est une pièce qui certifie que les parties sont dans le cadre d'un mandat de vente et que l'agent immobilier est habilité à réaliser la présentation du bien. Si l'acheteur a signé un bon de visite auprès d'une première agence mais qu'il achète finalement le bien visité par le biais d'une agence différente, la jurisprudence est formelle à ce propos, seul l'intermédiaire qui conclut la vente peut prétendre aux honoraires, à moins qu'il ne prouve l'existence de manœuvres frauduleuses de la part de ce dernier. Dans ce cas-là, l'agent pourra obtenir des dommages-intérêts en réparation de son préjudice sur le fondement de la responsabilité délictuelle. La loi Hoguet instaure un principe de libre concurrence dès lors que le mandat confié à l'agence immobilière est un mandat simple de vente.

En revanche, il est interdit à l'acquéreur et au vendeur de contracter directement entre eux, il convient de ne pas contourner les droits de l'agence immobilière qui a présenté le bien en espérant ainsi ne pas lui reverser sa commission. Dans cette hypothèse, l'agence est parfaitement en droit de réclamer des dommages-intérêts à hauteur de sa commission, sauf si le vendeur prouve que l'agent immobilier ne l'avait à aucun moment informé de la visite de candidats acquéreurs avec lesquels il avait directement signé la vente.

En conclusion, si la vente est conclue par une autre agence, la commission n'est pas due, mais si la vente s'effectue entre vendeur et acquéreur et qu'il y a une volonté de contourner le professionnel, la commission sera due.

Mandat exclusif de vente

Seul l'agent immobilier détenteur d'un mandat exclusif est habilité à vendre le bien, l'agence dispose d'une action contractuelle, uniquement à l'encontre du vendeur si ce dernier a vendu par l'intermédiaire d'une autre agence ou directement avec un particulier.

Le bon de visite n'a qu'une utilité en termes de preuve pour l'agent immobilier. Le mandat signé stipule des exigences à respecter comme le fait de tout mettre en œuvre afin de favoriser la vente, ce qui implique nécessairement d'effectuer des visites du bien immobilier.

La promesse unilatérale de vente

Le promettant (propriétaire du bien) s'engage à réserver l'exclusivité de la vente de son bien au bénéficiaire à qui il offre une option sur la vente. Si le bénéficiaire accepte, cela ne signifie pas qu'il s'engage à acheter mais qu'il se donne la possibilité d'acheter ou non pendant le délai spécifié dans le document. La promesse de vente peut être rédigée par acte notarié ou sous seing privé et être enregistrée à la recette des impôts dans un délai de 10 jours à compter de son acceptation. Toute promesse de vente d'une durée de plus de 18 mois doit être conclue par acte notarié si le vendeur est une personne physique et l'acquéreur un professionnel. À défaut, la promesse de vente est nulle.

Le promettant immobilise son bien sans pouvoir le vendre à une autre personne, et à l'issue du terme, le bénéficiaire a 2 options :

- soit il décide d'acheter le bien et il lève l'option, et la vente aura lieu dans les termes prévus dans la promesse ;
- soit il refuse d'acheter le bien et il ne lève pas l'option, et les parties retrouvent leur liberté.

Le promettant a une obligation d'immobiliser son bien et de ne le vendre à toute autre personne durant le délai défini. À l'inverse, le bénéficiaire doit se prononcer à l'issue de la période en se prononçant acquéreur ou non.

En contrepartie de l'immobilisation du bien, le bénéficiaire verse une indemnité d'immobilisation qui se situe entre 5 et 10 % du prix de vente proposé.

- Si le bénéficiaire lève l'option, la vente est parfaite et définitive puisqu'il y a accord sur la vente et sur le prix. L'indemnité viendra en déduction du prix de vente.
- Si le bénéficiaire ne lève pas l'option, cette somme reste acquise au promettant sauf si la vente ne peut intervenir en raison d'une condition suspensive qui ne se réalise pas ou si la vente n'a pu se faire par la faute du vendeur.

Depuis le 1er juillet 2009, toute promesse de vente d'une durée de plus de 18 mois (durée initialement prévue ou consécutive à une prolongation) doit être conclue par acte notarié si le vendeur est une personne physique et l'acquéreur un professionnel.

À défaut, la promesse de vente est nulle.

Une indemnité d'immobilisation d'au moins 5 % du prix de vente doit être versée ou une caution bancaire garantissant le versement de ce prix doit être remise au notaire.

L'avant-contrat est soumis à la réglementation dans les mêmes conditions qu'un compromis de vente.

La promesse unilatérale d'achat

L'offre d'achat est l'engagement pris par l'acheteur d'acquérir un bien si son propriétaire accepte la proposition faite. Celui qui s'engage est l'acquéreur et non le vendeur.

L'offre d'achat doit avoir une durée limitée dans le temps, sous peine de nullité. Si le vendeur accepte, l'acquéreur ne peut plus revenir sur son engagement. À défaut d'acceptation par le vendeur dans le délai indiqué dans l'offre, l'acheteur retrouve sa liberté. Un versement d'argent lors de l'émission d'une offre d'achat est interdit et la rendrait nulle.

Dès son acceptation par le vendeur, la vente devient définitive. L'offre peut comporter les conditions suspensives. À compter de l'accord du vendeur, l'acquéreur bénéficie du délai de rétractation de 10 jours, celui-ci s'applique à tous les avant-contrats.

L'ordonnance de 2016 prévoit que l'offre est caduque en cas de décès de l'offrant avant acceptation du bénéficiaire.

Si l'offre a été acceptée par le destinataire du vivant de l'offrant, il y a eu échange des consentements. Le contrat de vente immobilière doit alors être exécuté, même si l'offrant décède avant la réalisation de la vente définitive.

Le compromis de vente

Le compromis ou promesse synallagmatique de vente engage les 2 parties au contrat puisque le vendeur s'engage à vendre et l'acquéreur à acheter le bien immobilier.

Dès l'instant où il y a accord sur le bien et sur le prix, la promesse synallagmatique vaut vente et est considérée juridiquement parfaite sous certaines conditions définies au contrat :

Le délai de rétractation

L'acquéreur non professionnel bénéficie d'un délai de rétractation de 10 jours, depuis la loi Macron appliquée le 8 mars 2015. Ce délai court à compter du lendemain de la première présentation de la LRAR lui notifiant l'avant-contrat. Cette rétractation ne demande aucune motivation, elle est irréversible.

Cour de cassation du 13 février 2008, « l'acheteur ne peut revenir sur sa décision, même si le délai n'est pas expiré ».

L'acquéreur doit récupérer la somme versée à la signature, dans un délai de 21 jours à compter du lendemain de la date de rétractation.

Depuis la loi Alur, le délai de rétractation ne peut courir qu'à compter du lendemain de la communication d'annexes obligatoires à joindre à l'avant-contrat :
- l'identité des parties ;
- le dossier des diagnostics techniques ;
- les documents relatifs à l'organisation de l'immeuble ;
- le règlement de copropriété et l'état descriptif de division ;
- les PV d'AG des trois dernières années ;
- le montant des charges courantes du budget prévisionnel et des travaux en cours, ainsi que la situation financière de la copropriété ;
- la surface loi Carrez.

Les clauses suspensives

Ce sont « des événements futurs et incertains indépendants de la volonté des parties » qui rendent le contrat caduc :
- droit de préemption[1] du locataire du bien vendu,
- droit de préemption urbain,
- obtention de prêts,
- obtention d'un permis de construire,
- absence de servitudes, grevant le bien,
- lorsque les conditions ne sont pas réalisées dans les délais prévus, les parties reprennent leur liberté. L'indemnité ou le dépôt de garantie sont restitués au bénéficiaire de la promesse.

---

1. Le droit de préemption est un droit légal accordé à certaines personnes privées (locataire, fermier, indivisaire) ou publiques (État, collectivités publiques, Safer, métropoles…) d'acquérir un bien par priorité à toute autre personne, si le propriétaire manifeste sa volonté de le vendre.
   Si le bien se trouve dans le périmètre d'une zone de préemption, le notaire fournit au titulaire de ce droit une déclaration d'intention d'aliéner (DIA). Dès réception, le titulaire du droit dispose du délai de 2 mois pour dire s'il compte préempter ou non, le silence valant renonciation. L'omission de la DIA peut entraîner la nullité de la vente et ce pendant 5 ans à compter de la signature. C'est au notaire de procéder à sa purge.

La clause pénale et la clause de dédit

En l'absence de conditions spécifiques, aucune des 2 parties ne peut renoncer à la vente, elles ont une obligation d'exécuter.

La **clause pénale** prévoit par avance le montant de la sanction pécuniaire en cas de renonciation par l'une des parties à conclure la vente définitive.

Elle a un « **caractère comminatoire** », ce qui signifie « **dissuasif** ».

La **clause de dédit** ou indemnité d'immobilisation est généralement d'un montant de 10 %.

Le dédit permet aux parties de mettre fin unilatéralement au compromis, alors que la clause pénale est la sanction de l'inexécution d'une obligation.

Contenu de l'avant-contrat :
- l'identité et état civil complet des parties ;
- l'origine de propriété, date du précédent acte de vente avec identité du vendeur ;
- l'adresse et la description du bien, la surface, le numéro de cadastre ;
- les diagnostics obligatoires ;
- les conditions suspensives ;
- la mention du prix avec ou sans crédit,
- le détail du mode financement,
- le montant de la commission de l'agent immobilier avec numéro du mandat ;
- les coordonnées du notaire choisi ;
- la date de signature de l'acte définitif ;
- les conditions particulières ;
- la mention de la période de rétractation.

La lutte contre le blanchiment d'argent

« Le blanchiment est le fait :

De faciliter, par tout moyen, la justification mensongère de l'origine des biens ou des revenus de l'auteur d'un crime ou d'un délit ayant procuré à celui-ci un profit direct ou indirect ;

D'apporter un concours à une opération de placement, de dissimulation ou de conversion du produit direct ou indirect d'un crime ou d'un délit. »

L'agence immobilière est tenue de déclarer à Tracfin (la cellule de renseignement financier rattachée au ministère des Finances et des Comptes publics) les opérations ou les sommes qu'elle sait ou soupçonne provenir d'une infraction. Comme participer au financement du terrorisme ou relever d'une fraude fiscale, lorsqu'il y a présence d'au moins un critère défini par décret (article L. 561-15 du Code monétaire et financier) :
- identité du donneur d'ordre douteuse ;
- opérations effectuées à partir de capitaux dont les bénéficiaires ne sont pas connus ;
- opérations liées à des techniques d'organisation d'opacité (utilisation de sociétés- écran, organisation de l'insolvabilité, etc.) ;
- opérations atypiques au regard de l'activité de la société (changements statutaires fréquents et injustifiés, opérations financières incohérentes…) ;

- opérations peu habituelles et non justifiées (transaction immobilière à un prix manifestement sous-évalué, dépôt de fonds par un particulier sans rapport avec sa situation patrimoniale connue, refus/impossibilité du client de produire des pièces justificatives quant à l'origine des fonds ou les motifs des paiements) ;
- opérations effectuées par des personnes ou organismes domiciliés dans un pays reconnu comme non coopératif dans la lutte internationale contre le blanchiment.

Au sein de l'agence, un salarié est désigné comme déclarant Tracfin, il se charge de toutes les déclarations de soupçons relevées par les différents collaborateurs.

La déclaration reste confidentielle et se fait :

- par Internet ;
- par courrier avec un formulaire téléchargé sur Internet ;
- en se déplaçant au service Tracfin.

L'appel téléphonique n'est pas valide.

Le contrôle du respect de cette obligation est assuré par la Direction départementale de la protection des populations, chargée également de faire respecter la loi Hoguet et le Code de la consommation.

Les sanctions peuvent aller de l'avertissement au retrait de la carte professionnelle, et l'obstacle à un contrôle est passible d'un an d'emprisonnement et de 15 000 € d'amende.

Le règlement général sur la protection des données

Depuis le 25 mai 2018, le règlement européen sur la protection des données est applicable. C'est un ensemble de règles qui visent à protéger les internautes de l'utilisation faite de leurs données par les professionnels, toutes les entreprises sont concernées.

Les formulaires sur le site Internet de l'entreprise doivent clairement indiquer que les informations récoltées seront réutilisées pour différents objectifs.

Si l'entreprise procède à la refonte de son site Internet, à la création d'une application, ces projets doivent être pensés autour des règles du RGPD.

Sur une simple demande par e-mail, un prospect peut demander l'effacement de ses informations. En tant que professionnel de l'immobilier, cela signifie que les agences doivent s'assurer qu'elles possèdent les outils pour réaliser cette opération. Un délégué à la protection des données doit être désigné au sein de l'agence, il doit tenir un registre des traitements, qui sera communiqué à la CNIL s'il y a un contrôle.

Dès lors qu'une agence se fait pirater, elle doit le signaler à ses clients. Cependant, cette déclaration n'est pas obligatoire si « le responsable du traitement a mis en œuvre les mesures de protection techniques et organisationnelles appropriées, de sorte que les données dérobées sont incompréhensibles pour toute personne qui n'est pas autorisée à y avoir accès, grâce au chiffrement ».

Il existe des normes spécifiques pour l'immobilier qui ont été édictées par la CNIL. Les données concernant un acquéreur ou un locataire ne peuvent être conservées que dans le cas où la vente ou la location a effectivement eu lieu. Dans le cas contraire, l'agence doit supprimer les données des personnes au bout de 3 mois sans communication avec le prospect ; mais si l'agence relance le prospect, le délai court à nouveau pour 3 mois.

Si l'agence s'est conformée à la réglementation, elle a la responsabilité de vérifier la conformité des prestataires à qui elle transfère ses données.

Le contrat de vente

C'est un contrat par lequel le vendeur transfère la propriété d'un bien immobilier et s'engage à le livrer à l'acquéreur qui doit en payer le prix.

Comme tout contrat, il est soumis à des conditions générales :

- la capacité des parties ;
- le consentement des parties ;
- l'objet du contrat ;
- la cause ;
- le prix de vente : le prix doit être réel, sérieux et défini par les parties.

1. Si le bien est vendu à un prix très inférieur au prix du marché, le Code civil permet d'engager une action devant le TGI pour obtenir l'annulation de la vente et la restitution du bien ou le versement d'un complément de prix.

   C'est l'action en rescision pour lésion, elle est possible si le vendeur a été lésé de plus de 7/12 du prix selon la valeur du bien au jour de la vente. Cette action doit être engagée dans les 2 ans de la vente. Si la preuve de lésion est établie, le logement revient dans le patrimoine du vendeur avec remboursement du prix à l'acquéreur ou versement au vendeur du paiement de la différence.

2. La surface d'un bien en copropriété est confirmée par la loi Carrez du 18 décembre 1996 et intégrée à l'article 46 de la loi du 10 juillet 1965.

   Si la superficie est inférieure de plus de 5 % à celle exprimée dans l'acte définitif de vente, les acquéreurs peuvent engager une action en diminution de prix à l'encontre du vendeur. Ils ont un an à compter de la date de signature de l'acte pour engager une action devant le TGI.

   Pour une action en nullité de l'acte, l'erreur doit être déclarée dans le mois qui suit l'acte.

   Concernant un bien hors copropriété, l'erreur au détriment de l'acquéreur ouvre droit à une réduction proportionnelle.

   L'acquéreur ne peut demander des dommages et intérêts mais une diminution du prix proportionnelle à la surface lésée.

   Le vendeur peut se retourner contre le diagnostiqueur ayant réalisé un mesurage erroné. Celui-ci lui retire une chance de vendre son bien au prix prévu (CC 2015) ;

Les effets de la vente

Les obligations du vendeur

Elles pèsent sur le vendeur ainsi que sur le professionnel mandaté :

- information sur l'immeuble vendu : le vendeur doit être de bonne foi et agir en toute transparence ;

- délivrer l'immeuble vendu tel qu'il est décrit dans l'acte : le vendeur doit veiller à conserver l'immeuble dans le même état qu'au jour de la signature du compromis. Le vendeur est soumis à une obligation de surveillance.

  Cour de cassation du 28 février 2018 : Délivrance du bien avec un système de chauffage absent ou hors d'état de fonctionner ;

  Obligation de garantie : le vendeur doit faire établir à ses frais les certificats des diagnostics nécessaires à la vente ;

- garantir l'acquéreur contre toute éviction de l'immeuble vendu : le vendeur doit garantir la possession paisible des lieux à l'acquéreur ;

- garantir la surface réelle de l'immeuble (voir *supra* « Le contrat de vente ») ;

- garantir les vices cachés de l'immeuble, article 1641 CC. « Le vendeur est tenu de la garantie à raison des défauts cachés de la chose vendue qui la rendent impropre à l'usage auquel on la destine, ou qui diminuent tellement cet usage que l'acheteur ne l'aurait pas acquise, ou n'en aurait donné qu'un moindre prix, s'il les avait connus ». Le vice doit être antérieur au moment de la vente. Et c'est à l'acheteur de prouver cette antériorité.

La responsabilité du vendeur

Si le vendeur ne respecte pas ses obligations, sa responsabilité contractuelle est engagée. L'acquéreur peut demander la résolution judiciaire de la vente et le vendeur récupère son bien en restituant le prix à l'acquéreur. Il est aussi en droit de demander des dommages et intérêts s'il y a eu un préjudice moral ou financier.

Les obligations du notaire

Il est chargé de recueillir les actes, de les authentifier et de les conserver.

Il certifie que la vente est légale, la propriété doit être opposable aux tiers.

Il a un devoir de conseil auprès de l'acquéreur, il doit répondre de façon claire aux interrogations de celui-ci.

La responsabilité du notaire

Responsabilité civile : si le notaire fait preuve de négligence dans la rédaction des actes et les procédures qu'il doit engager avant la signature d'un acte (DIA, hypothèques…).

Responsabilité pénale : le notaire doit avoir volontairement modifié des données (faux en écritures publiques…).

Responsabilité disciplinaire pour un manquement au code de déontologie.

CHAPITRE 3

Les diagnostics

Lors de la vente ou de la location d'un bien, des diagnostics sont obligatoires, ils renseignent le preneur sur les matériaux utilisés et les caractéristiques du bien. Ils sont regroupés dans un dossier appelé dossier de diagnostic technique (DTT). Ils sont à la charge du vendeur ou du bailleur.

Tableau 3.1. Les diagnostics techniques

Diagnostic	Biens concernés	Durée de validité	Objet du document	Sanctions	Parties communes	Document à produire en cas de location
Exposition au plomb Code de la santé publique	Tous les logements construits avant le 1er janvier 1949	Si présence de plomb 1 an vente 6 ans location Aucune trace de plomb « illimité »	CREP (constat de risque d'exposition au plomb) Détecter les éléments contenant du plomb Dispositif de lutte contre le saturnisme	Impossibilité pour le vendeur de s'exonérer de la garantie des vices cachés ; responsabilité pénale du bailleur	Oui	Oui depuis le 13 août 2008
Amiante DAPP Code de la santé publique	Tous les logements construits avant le 1er juillet 1997	Illimitée	Détecter la présence de produits et de matériaux contenant de l'amiante	Impossibilité pour le vendeur de s'exonérer de la garantie des vices cachés	Oui	Tenu à la disposition du locataire depuis le 1er juin 2011
Termites Code CH	Tous les bâtiments situés dans une zone infestée délimitée par arrêté préfectoral	6 mois	Détecter la présence de termites	Impossibilité pour le vendeur de s'exonérer de la garantie des vices cachés	Non	Non
Gaz Loi ENL CCH	Tous logements de plus de 15 ans Concerne l'installation intérieure	3 ans vente 6 ans location	Détecter les risques pour la santé et la sécurité des occupants	Impossibilité pour le vendeur de s'exonérer de la garantie des vices cachés	Non	Oui
ERP État des risques et pollutions C. environnement Depuis le 3 août 2018 remplace l'ESRIS	Biens bâtis ou non dans les zones ayant fait l'objet d'un arrêté de reconnaissance de l'état de catastrophe naturelle ou technologique	6 mois	Informer acquéreurs et locataires sur les risques existants à proximité ainsi que l'exposition à une pollution	L'acquéreur ou locataire peut demander la résolution du contrat ou une diminution du prix	Non	Oui
DPE Performance énergétique CCH	Tous les logements et autres bâtiments occupés 4 mois/an minimum	10 ans	Renseigne sur le niveau d'isolation thermique et sur le taux d'émission de gaz à effet de serre	Aucune sanction Document informatif	Non	Oui. Location vide ou meublée

Électricité Loi ENL 2008	Tous logements de plus de 15 ans en copropriété : seulement les parties privatives	3 ans vente 6 ans location	Détecter les risques pour la sécurité des occupants	Impossibilité pour le vendeur de s'exonérer de la garantie des vices cachés	Non	Oui
Superficie loi Carrez Loi du 18/12/96	Logements en copropriété Verticale ou horizontale	Illimitée si pas de modification	Informer les acquéreurs sur la superficie de leur futur logement	Au-delà de 5 % d'erreur, possibilité de diminution du prix	Non	Non
Surface loi Boutin 25/03/2009	Logements Habitation principale vide ou meublée	Illimitée si pas de modification	Informer le locataire sur la surface habitable du logement	Au-delà de 5 % d'erreur, possibilité de baisse de loyer	Non	Oui Surface inscrite dans le bail depuis la loi Alur
Assainissement autonome C Santé publique	Logements Non raccordés au réseau public de collecte des E.U	3 ans	Lutter contre les risques de pollution et détecter les risques pour la santé	Obligation de réaliser des travaux pour mise en conformité	Non	Non
Constat de Robien Loi 2003	Logements ne possédant pas au moins 4 critères de décence	Illimitée après travaux	Participer à la rénovation de logements anciens pour lutter contre la crise du logement	Obligation d'effectuer les travaux validation : constat avant conformité et après conformité	Non	Appartements destinés à la location après une acquisition
Diagnostic technique immobilier Loi Alur	Immeubles en copropriété depuis plus de 15 ans 2017 : immeubles de plus de 10 ans	10 ans	Vérification de la solidité des murs, toitures, canalisations, sécurité des équipements collectifs	Obligation de présenter un plan de travail pluriannuel en AG pour planifier la conservation de l'immeuble	Oui	Non
Recherche de mérules Loi Alur	Pour les biens situés dans des zones à risques Arrêté préfectoral (Bretagne, Normandie) Non obligatoire	Illimitée	Détecter la présence de mérules et les incinérer en déchetterie	Impossibilité pour le vendeur de s'exonérer de la garantie des vices cachés	Non	Non
Diagnostic radon	Biens situés dans une zone sensible Depuis le 3 août 2018 Inclus dans l'ERP	6 mois	Informer l'acquéreur ou le locataire du risque	L'acquéreur ou le locataire peut demander la résolution du contrat ou une diminution du prix	Non	Oui

CHAPITRE 4

Les frais d'acte

Une transaction immobilière entraîne des frais d'acquisition.

Le notaire joue un rôle de percepteur et perçoit la part la plus importante pour le compte de l'État et des collectivités locales. Ce sont les droits de mutation.

Les frais sont exigibles au jour de la signature de l'acte.

Les frais de notaire dans l'ancien

Dès lors qu'un bien immobilier a subi une première mutation, il bascule dans le marché secondaire, celui de l'ancien. Entrent dans cette catégorie tous les logements, garages, terrains, caves, locaux commerciaux ou professionnels…

Les frais de notaire sont divisés en trois parties :

Les droits de mutation

Ils se décomposent en différents droits proportionnels perçus par l'État, le département et la commune.

Les impositions locales sont perçues au profit des départements et les taxes d'État au profit de l'État.

La loi de finances 2015 a permis aux communes d'augmenter la taxe départementale. 97 départements sur 101 ont voté l'augmentation des droits d'enregistrement depuis 2016.

L'Indre, l'Isère et le Morbihan conservent le taux de 5,09 %, les autres départements, un taux de droit commun à **5,80 %** ainsi décomposé :

- taxe départementale : **4,5 %** du prix d'acquisition ;
- taxe communale : **1,20 %** du prix d'acquisition ;
- taxe nationale au profit de l'État : **2,37 %** sur le montant de la taxe départementale ;

- la contribution de sécurité immobilière qui vient en supplément du taux de droit commun. Elle est due à l'État pour les formalités d'enregistrement et de publicité foncière. Son taux proportionnel est de **0,10 %** du prix du bien, avec un minimum de 15 €.

Exemple

L'acquéreur d'un bien d'une valeur de **100 000 €** réglera **5 800 € de taxes** et **100 € de CSI**.

Les émoluments du notaire

Les émoluments de vente

Ils sont proportionnels au prix de vente du bien selon un tarif officiel, décret du 8 mars 1978 modifié par le décret du 26 février 2016. Si les 2 parties exigent la participation de leur notaire, l'acte s'effectue en « double minute » et la rémunération sera partagée par moitié entre le notaire vendeur et le notaire acquéreur. Les actes sont classés par série, la vente immobilière appartient à la série 1 coefficient 1. Ils sont calculés à partir d'un pourcentage HT par tranche de prix, au résultat il faudra ajouter la TVA de **20 %**.

Tableau 4.1. Mode de calcul des émoluments variables du notaire calculés

Première série S1	En pourcentage (HT)
De 0 jusqu'à 6 500 €	3,945
Au-delà de 6 500 € jusqu'à 17 000 €	1,627
Au-delà de 17 000 € jusqu'à 60 000 €	1,085
Au-delà de 60 000 €	0,814

Suivons l'exemple du bien à 100 000 €

Jusqu'à 6 500 € = 256,425 €

De 6 500 à 17 000 € = 170,835 €

De 17 000 à 60 000 € = 466,55 €

De 60 000 à 100 000 € = 325,60 €

Total HT = 1 219,41 €

TVA 20 % = 243,88 €

Total TTC = 1 463,29 €

Attention : si l'acquisition se fait à l'aide d'un prêt établi par le notaire, il percevra des émoluments sur cet acte, calculé sur le montant de l'emprunt.

Les émoluments fixes

Le notaire est rémunéré pour les formalités qu'il effectue telles qu'une demande de purge du droit de préemption, d'un acte de naissance… Ils sont calculés sur une unité de valeur à 3,90 € HT. Chaque formalité possède une valeur de plusieurs unités.

Ces émoluments varient entre 500 et 1 000 € selon les actes.

Le décret du 26 février 2016 : le notaire peut pratiquer une remise plafonnée à 10 % sur le montant de ses honoraires ou émoluments. Mais cette remise doit être accordée à tous les clients de l'étude sans distinction. Elle concerne les biens d'un montant supérieur à 150 000 €.

Les émoluments de négociation

Ils sont dus dès que le notaire mandataire rapproche les parties pour conclure une vente. Ce sont des actions occasionnelles, il les effectue au même titre qu'un agent immobilier et doit posséder un mandat signé par le vendeur.

Le tarif est réglementé, sur le prix de vente, 5 % HT jusqu'à 45 735 € et 2,5 % HT au-delà.

Les déboursés

Il s'agit de toutes les sommes réglées par le notaire pour le compte du client.

C'est la rémunération de divers intervenants pour obtenir auprès des administrations des documents obligatoires à la réalisation de la vente.

Le notaire demande au client une provision sur frais et sur émoluments. Le notaire a l'interdiction d'en faire l'avance. Si le montant des premiers frais est insuffisant, il doit demander à son client un versement complémentaire.

Documents ou prestations : extraits cadastraux, documents d'urbanisme, appel à un géomètre expert, publicité au bureau des hypothèques…

> *Exemple final du bien à 100 000 € dans l'ancien*
> Droits de mutation : 5 800 €
> CSI : 100 €
> Émoluments de vente : 1 463,29 €
> Émoluments fixes : 500 €
> **Total frais de notaire : 7 863,29 €**

Les frais de notaire dans le neuf

Depuis le 1er janvier 2013, un logement revendu pour la première fois dans les 5 ans de son achèvement, que le vendeur l'ait acheté sur plans « vente en état futur d'achèvement » ou dans le cadre d'une construction de maison individuelle, n'est plus considéré comme un logement neuf bénéficiant de frais de notaire réduits. L'acquéreur doit régler les mêmes frais que pour l'ancien.

Sont considérés comme logements neufs les logements en première mutation.

La transaction est dispensée des droits d'enregistrement, comme le prix du logement sur plans inclut déjà une TVA au taux de 20 % qui est supportée par l'acquéreur.

La vente est alors seulement soumise à une taxe de publicité foncière de 0,715 % sur le prix HT de l'acquisition.

On y ajoutera la rémunération du notaire comme dans l'ancien mais sur le prix HT du bien, plus la contribution de sécurité immobilière à 0,10 % sur le prix d'acquisition TTC.

Exemple

Bien 100 000 € TTC dans le neuf :

Prix HT du bien : 100 000/1,2 = 83 333,33 €

Taxe de publicité foncière à 0,715 % du prix HT : 595,83 €

CSI sur le prix TTC du bien : 100 €

Émoluments de vente sur le prix HT du bien : 83 333 − 60 000 = (23 333 × 0,814 %) + 893,81 = 1 083,74 € × 1,20 = 1 300,49 € TTC

Émoluments fixes : 500 €

Total frais de notaire : 1 996,32 €

CHAPITRE 5

Les plus-values immobilières

L'augmentation de valeur constatée à l'occasion d'une vente portant sur un bien immobilier détenu par un particulier est, sauf exonérations prévues par la loi, imposable comme un revenu.

Les plus-values imposables sont celles réalisées par des personnes physiques à l'occasion de la cession de biens immobiliers détenus durant 30 ans depuis la loi de finances du 20 septembre 2011. Les SCPI et SCI ne sont pas exonérées. De nombreuses modifications ont été apportées depuis 2012.

Plus-values exonérées

- Les mutations à titre gratuit (donations) mais imposables à la revente par l'héritier.
- Les immeubles constituant l'habitation principale du cédant au jour de la cession.
- Pour les titulaires de pensions vieillesse non imposables à l'IR.
- Toute cession d'immeuble dont la valeur n'excède pas 15 000 €.
- Les immeubles pour lesquels une déclaration d'utilité publique a été prononcée en vue d'une expropriation lorsque la condition de remploi est satisfaite.
- Les titres de sociétés à prépondérance immobilière qui mettent gratuitement à la disposition d'un des associés un logement à titre d'habitation principale.
- La vente d'un bien en France appartenant à un non-résident, depuis le 1er janvier 2019, si des clients ont leur domicile fiscal en France et le transfèrent hors de France, et s'ils remplissent les trois conditions suivantes :
  - le transfert de résidence a lieu vers un État membre de l'Union européenne ;
  - la vente a lieu au plus tard le 31 décembre de l'année suivant celle du transfert par le vendeur de son domicile fiscal hors de France ;
  - le logement n'a pas été loué ni prêté entre le moment où le vendeur a quitté la France et la vente,

  alors ces 3 conditions apportent une exonération totale pour la vente d'un unique bien par contribuable à hauteur de 150 000 € de PVNI. Dépassé ce montant, l'excédent est imposable.

> • Pour ceux qui ne sont pas propriétaires de leur résidence principale, mais qui possèdent une résidence secondaire (louée ou utilisée par le propriétaire). Les conditions sont :
>   - première vente d'une résidence secondaire depuis le 1er février 2012 ;
>   - ne pas être propriétaire de sa résidence principale au cours des 4 années précédant la vente ;
>   - le prix de la vente doit être réemployé intégralement ou partiellement, dans un délai de 24 mois, pour acheter une résidence principale. L'exonération s'applique à la partie réinvestie.
> • Les personnes âgées vivant en maison de retraite doivent vendre dans un délai de 2 ans à compter de l'entrée en résidence. Les conditions sont :
>   - le logement doit être vacant ;
>   - le revenu fiscal de référence ne doit pas dépasser 10 815 € + 2 888 € pour chaque demi-part supplémentaire ;
>   - ne pas être soumis à l'IFI au titre de l'avant-dernière année précédant la vente.

Calcul de l'impôt sur la plus-value brute

Principe

La plus ou moins-value brute est égale à la différence entre le prix de cession et le prix d'acquisition.

Prix de cession

Le prix de cession à retenir est le prix réel tel qu'il sera stipulé dans l'acte en déduisant les éventuels frais (honoraires d'agence, diagnostics).

Prix d'acquisition

Le prix d'acquisition à retenir est le prix effectivement acquitté par le cédant, tel qu'il a été stipulé dans l'acte. Il est majoré d'un certain nombre de frais et de dépenses :

- frais afférents à l'acquisition à titre onéreux retenus soit pour leur montant réel sur justification, soit forfaitairement pour les immeubles (à l'exclusion des meubles et des parts). Dans ce dernier cas, ils sont fixés à 7,5 % du prix d'acquisition ;
- dépenses de construction, de reconstruction, d'agrandissement, de rénovation et d'amélioration retenues soit pour leur montant réel pour les biens de moins de 5 ans sur facture, soit forfaitairement à 15 % du prix d'acquisition hors forfait de 7,5 % à condition que le contribuable cède le logement plus de 5 ans après son acquisition ;
- les terrains ne bénéficient pas du forfait des 15 %.

Exemple

Prix d'acquisition : 99 000 € il y a 16 ans.

Prix de cession : 310 000 € dont 6 % d'honoraires d'agence, 1 000 € de diagnostics.

Travaux : 45 000 €.

(99 000 × 7,5 %) + (99 000 × 15 %) = 121 275 €. [NB : attention les travaux ne sont pas retenus pour leur montant réel, la cession s'effectue plus de 5 ans après l'acquisition.]

(310 000/1,06) – 1 000 € = 291 453 €

PVB : 121 275 – 291 453 = 170 178 €

Calcul de l'impôt sur la plus-value nette imposable (PVNI)

Abattement pour durée de détention

Depuis le 1er septembre 2013 le calcul de la plus-value nette imposable a été modifié. La plus-value brute est réduite d'un abattement pour chaque année de détention au-delà de la cinquième année. La durée de détention pour calculer l'impôt est scindée en 2 parties : l'assiette sur l'impôt sur le revenu sur une durée de 22 ans et l'assiette sur les prélèvements sociaux sur une durée de 30 ans.

Assiette sur l'IR :

* 6 %/an de la 6ᵉ à la 21ᵉ année ;
* 4 % pour la 22ᵉ année.

Assiette sur les prélèvements sociaux :

* 1,65 %/an de la 6ᵉ à la 21ᵉ année ;
* 1,60 % pour la 22ᵉ année
* 9 %/an jusqu'à la 30ᵉ année.

Reprenons l'exemple

Seize ans de détention : les abattements sont pris en compte à partir de la 6ᵉ année.

Prise en compte 16 – 5 = 11 ans

Assiette impôt sur le revenu	Assiette prélèvements sociaux
11 ans à 6 % : 170 178 × 66 % = 112 318 € PVNI : 170 178 – 112 318 = **57 860 €**	11 ans à 1,65 % : 170 178 × 18,15 % = 30 887 € PVNI : 170 178 – 30 887 = **139 291 €**

Après 30 ans de détention de l'immeuble, la plus-value est totalement exonérée.

L'abattement se calcule sur la PVB.

Plus-value nette imposable : PVB – abattement.

Impôts et prélèvements sociaux

Le contribuable qui cède un immeuble est imposable :
- à l'impôt sur le revenu afférent à la plus-value au taux proportionnel de 19 % ;
- aux prélèvements sociaux au taux global de 17,20 % :
    - CSG : cotisation sociale généralisée : 9,90 %,
    - RDS : remboursement de la dette sociale : 0,5 %,
    - prélèvement social : 5,4 %,
    - contribution additionnelle : « solidarité autonomie » : 0,3 %,
    - contribution additionnelle : « financement RSA » : 1,1 %.

Total du taux imposable : 36,20 %.

Exemple : montant de l'impôt global

IR : 19 %	PS : 17,20 %
57 860 × 19 % = 10 993,34 €	139 291 € × 17,20 % = 23 958,05 €

Total impôt sur la plus-value : 10 993 + 23 958 = 34 951 €

La surtaxe

Depuis le 1ᵉʳ janvier 2013, si la plus-value immobilière imposable excède 50 000 €, elle supportera une taxe supplémentaire pouvant atteindre 6 %.

Les modalités détaillées de cette mesure sont incluses dans la loi de finances rectificative n° 2012-1510 du 29 décembre 2012, parue au *Journal officiel* du 30 décembre 2012.

Elle ne concerne pas les plus-values de cessions de terrains à bâtir.

Elle frappe le montant de la plus-value imposable à l'impôt sur le revenu, obtenu après déduction de l'abattement progressif pour durée de détention.

Son taux varie de 2 à 6 % selon le montant de la plus-value imposable (voir le barème ci-dessous). Dès lors, les plus-values imposables seront taxées de 36,20 % à 42,20 % (prélèvements sociaux inclus).

Le barème de la nouvelle taxe est un peu complexe, car il tente de limiter l'impact d'un franchissement de seuil.

Tableau 5.1. Barème de la surtaxe

Plus-value imposable (= PV)	Montant de la taxe
De 50 001 à 60 000 €	2 % PV – 5 % (60 000 – PV)
De 60 001 à 100 000 €	2 % PV
De 100 001 à 110 000 €	3 % PV – 10 % (110 000 – PV)
De 110 001 à 150 000 €	3 % PV
De 150 001 à 160 000 €	4 % PV – 15 % (160 000 – PV)

Plus-value imposable (= PV)	Montant de la taxe
De 160 001 à 200 000 €	4 % PV
De 200 001 à 210 000 €	5 % PV – 20 % (210 000 – PV)
De 210 001 à 250 000 €	5 % PV
De 250 001 à 260 000 €	6 % PV – 25 % (260 000 – PV)
Supérieure à 260 000 €	6 % PV

Exemples

1. Finalisons notre exemple. La PVNI sur le revenu imposable s'élève à 57 860 €, dans la tranche de 50 001 à 60 000 €. Le contribuable est soumis à la surtaxe.

Impôt final :

57 860 × 2 % = 1 157 €

60 000 – 57 860 = 2 140 €

2 140 × 5 % = 107 €

1 157 – 107 = 1 050

> Impôt après surtaxe : 1 157 – 107 = 1 050 ; 1 050 + 34 951 = **36 001 €**

2. Pour bien comprendre, voici le cas d'un bien immobilier, avec une plus-value nette sur l'impôt sur le revenu après déduction des abattements pour durée de détention de 155 000 €. Ce montant sera donc soumis :

- à l'impôt et aux taxes de prélèvements sociaux au taux global de 36,20 % (19 % + 17,20 %) ; et
- à la taxe au taux de 4 %, minorée de 15 % sur la différence entre le montant maximum de la tranche et celui de la plus-value nette.

155 000 × 4 % = 6 200 €

160 000 – 155 000 = 5 000 €

5 000 × 0,15 = 750 €

6 200 – 750 = 5 450 €

L'impôt de la plus-value à régler sera complété par la surtaxe de 5 450 €.

Revente dans les 5 premières années

Le calcul de l'impôt s'effectue sur les mêmes bases que pour un bien de plus de 5 ans, sauf :

- l'abattement pour durée de détention est exclu ;
- si le contribuable apporte la preuve sur factures des travaux effectués dans le logement, ils seront déduits dans leur totalité (si tel n'est pas le cas, on optera pour le forfait de 15 % sur le prix d'acquisition).

Terrains à bâtir

Depuis le 1ᵉʳ janvier 2018 et jusqu'au 31 décembre 2020, afin de lutter contre la « rétention foncière », la loi de finances 2018 instaure un abattement sur l'impôt lors de la vente d'un terrain à bâtir en zone tendue et très tendue si l'acheteur s'engage à construire un ou des logements collectifs dans un délai de 4 ans. Cette mesure vise à créer le fameux « choc d'offre ». La cession doit être précédée d'une promesse unilatérale ou synallagmatique, signée et ayant acquis date certaine entre le 1er janvier 2018 et le 31 décembre 2020.

Il y a différents abattements en fonction de la destination de l'immeuble à construire :

- un abattement de 100 % sur la plus-value lors de la vente d'un terrain qui servira à construire des logements sociaux ;
- un abattement de 85 % sur la plus-value lors de la vente d'un terrain qui servira à la construction de logements intermédiaires ;
- un abattement de 70 % s'applique lorsque l'acquéreur s'engage à démolir les constructions existantes pour reconstruire un ou plusieurs bâtiments d'habitation collectifs.

Ces abattements exceptionnels se cumulent avec les abattements pour durée de détention. Les terrains ne subissent pas la taxation supplémentaire sur la PVI dépassant 50 000 €.

Dans la pratique :

- plus-value brute ;
- abattements pour durée de détention ;
- plus-value nette ;
- abattement exceptionnel sur la plus-value nette ;
- nouvelle plus-value nette après abattement ;
- impôt.

Pour les terrains situés hors zone tendue et destinés à d'autres constructions de type maisons individuelles, ils bénéficient uniquement des abattements pour durée de détention et ne sont pas soumis à la surtaxe.

Paiement de l'impôt

L'impôt afférent à la plus-value est déclaré et payé :

- à la conservation des hypothèques lors de la cession d'un immeuble ;
- à la recette des impôts lors de la cession de titres de sociétés à prépondérance immobilière ou de biens meubles.

Ce paiement sera effectué par le notaire qui prélèvera l'impôt sur le montant de la vente le jour de la signature de l'acte.

CHAPITRE 6

Les méthodes d'évaluation des valeurs vénales

Les biens immobiliers présentent des caractéristiques qui les distinguent des autres biens en général.

Un bien immobilier est composé d'un cadre bâti et d'un support foncier unique par nature.

Il est localisé, ce qui entraîne une seconde spécificité : on ne peut le déplacer.

Il est hétérogène. Cette caractéristique le rend unique, 2 logements de même surface et mêmes matériaux mais implantés sur des supports fonciers situés dans des quartiers ou régions différents n'auront pas la même valeur.

Pour conclure, sa durée de vie est exceptionnelle. On parle de durée physique et économique du bien. Elle est estimée en moyenne entre 30 et 50 ans, et au-delà du siècle pour les immeubles de prestige. En effet, les biens immobiliers génèrent des flux de service et des revenus réguliers dans le temps.

On distingue le marché de service qui est le droit d'usage en fonction d'un loyer et le marché de l'actif où l'on échange le bien en fonction du prix.

La notion de valeur vénale

Les professionnels de l'immobilier, et plus précisément l'expert immobilier, ont pour mission de rechercher la valeur d'un bien.

Les motifs les plus courants sont : un divorce, une succession, une transaction, la mise en place d'un prêt-relais, certains litiges familiaux ou professionnels et la déclaration d'un portefeuille immobilier inscrit en Bourse.

> **Définition de la valeur vénale par la charte de l'expertise**
>
> « C'est la valeur d'une habitation, d'un terrain ou de locaux en fonction de l'offre et de la demande sur le marché local actuel. »
>
> La doctrine exclut les ventes forcées : « C'est le prix que peut retirer et offrir raisonnablement, et compte tenu des conditions générales du marché immobilier, un bon père de famille à qui l'opération ne s'impose pas de façon urgente. »
>
> Le Trésor public peut en assurer le contrôle et exiger un redressement fiscal dans le cas où il estime la valeur déclarée inférieure à la valeur réelle du marché.

La notion de marché se situe au niveau des prix pratiqués en référence à une transaction, un loyer.

> **Définition de la valeur locative par la charte de l'expertise**
>
> « Elle s'analyse comme la contrepartie financière annuelle de l'usage d'un bien immobilier dans le cadre d'un bail. »

Dans l'évaluation, les éléments de secteurs et de temps sont essentiels :

Expertise d'un bien = secteur similaire + période identique

Deux notions essentielles :

- marché libre (pas de ventes forcées) ;
- marché raisonnable.

Ceci permet d'éliminer les éléments excessifs dans un sens comme dans l'autre.

Étude du terrain

La méthode comparative

C'est une méthode retenue par la jurisprudence, la doctrine et les services fiscaux.

Elle sert à évaluer autant les valeurs locatives que les transactions.

Elle a pour base le marché.

Cette méthode paraît simple, mais sa valeur provient de sa rigueur.

1re étape : étude du bien à évaluer

Pour ce faire, on analyse les facteurs physiques, techniques et juridiques pour les terrains (sauf terrains agricoles).

- Les facteurs physiques : description du terrain par sa visite ; appréhender sa configuration, son relief, son environnement présent et futur ; étudier son accès, sa pente, son voisinage, la végétation du terrain.
- Les facteurs techniques : repérer l'existence des dessertes ; les voiries et réseaux divers (VRD).

- Les facteurs juridiques : vérifier dans le plan local d'urbanisme (PLU) pour connaître la constructibilité du terrain ; analyser la zone, l'emprise et la hauteur ; ce sont les éléments essentiels et déterminants pour évaluer le terrain.

2e étape : recherche d'éléments de comparaison similaires

Le terrain doit se trouver dans la même zone avec une emprise au sol et une densité de construction identiques.

Toutefois, il vaut mieux se fier à un terrain dans une autre zone (de même fréquentation) mais avec une surface à construire identique.

La situation est importante mais la constructibilité du terrain est le facteur juridique essentiel.

La méthode par la charge foncière

C'est la charge au mètre carré du terrain dans un coût final.

La charge foncière d'une construction correspond à la part représentée par le prix de revient du terrain.

C'est la meilleure méthode spécifique au terrain appliquée surtout pour les programmes immobiliers.

> **Définition de l'arrêté ministériel du 8 mars 1974**
>
> « La charge égale le prix du terrain, les frais d'acquisition et les dépenses relatives à la viabilité. »
>
> Charge foncière = prix du terrain + frais d'acquisition + viabilité.

Comment utiliser cette charge ?

Il va falloir rechercher des constructions réalisées récemment dans le secteur ainsi que leurs charges foncières dans ces programmes immobiliers. L'expert dispose de références sur les charges foncières en fonction du programme et de la région.

La charge foncière se calcule ou en forfait au mètre carré ou en pourcentage.

La charge foncière pour un immeuble collectif peut être référencée en pourcentage par rapport au prix du mètre carré de planchers dans un secteur défini.

Exemples

Dans une ville de province en situation résidentielle, considérons un terrain de 5 000 m² avec une densité de construction de 0,50 et une charge foncière à 22 %. Le prix de vente au mètre carré habitable est de 3 500 €, le programme prévu sera de 2 000 m² habitables.

Vérification de la capacité de construction : 5 000 × 0,50 = 2 500 m²

3 500 × 22 % = 770 €

2 000 × 770 = 1 540 000 €

La valeur du terrain par la charge foncière sera de 1 540 000 €.

Toujours en province dans un quartier populaire, considérons à présent un terrain de 3 800 m^2 avec une densité de construction de 0,70. Le promoteur propose un collectif de logements sociaux de 1 800 m^2 dont la charge foncière est référencée à 400 €/m^2.

Surface planchers maxi : 3 800 × 0,70 = 2 660 m^2

1 800 × 400 = 720 000 €

La valeur du terrain par la charge foncière sera de 720 000 €.

Villas et propriétés foncières

La méthode sol et construction

La valeur de l'immeuble est la composante de la valeur du terrain et de celle de la construction.

Il faut travailler en 2 étapes, évaluer le sol puis la construction.

Évaluation du sol libre

- Recherche de l'aspect physique, technique et juridique du terrain.
- Évaluation du terrain libre en fonction de sa constructibilité et choix d'une méthode à la charge foncière, au lot.
- Détermination de la valeur du terrain occupé.
- Recherche de l'occupation du terrain. Est-il entièrement occupé ou peut-on construire ?

Si le terrain est entièrement occupé

Prix libre – 50 %

Il y a donc abattement de 50 % sur le prix du terrain.

On considère l'absence de surface de planchers résiduelle.

Si le terrain est partiellement occupé

Prix libre – 25 %

Le terrain a plus de valeur avec une occupation partielle. Ceci est fonction de la densité de construction globale. L'évaluation est variable de – 25 % à – 50 % selon la surface de planchers résiduelle.

Pour définir le % de surface utilisée : surface utilisée × 100 / surface globale planchers

Exemple pour la partie terrain

Une construction de 150 m^2 sur un terrain de 1 200 m^2 avec un CES (coefficient d'emprise au sol) de 0,25.

Prix du terrain avec la méthode comparative : 350 000 €.

Valeur du terrain sans la construction :

1 200 × 0,25 = 300 m^2 de surface de planchers autorisée.

Surface utilisée : (150 × 100)/300 = 50 %

On a utilisé la moitié de la capacité du terrain, on pondérera de 25 % la valeur du terrain.

Prix du terrain hors construction : 350 000 × 0,75 = 262 500 €

Évaluation des constructions du terrain

C'est la méthode classique choisie par le domaine.

- Valeur à neuf des constructions.
- Abattement pour dépréciation immédiate.
- Abattement de vétusté.

Valeur à neuf

Description très précise de la construction et classement en fonction des matériaux et des équipements utilisés.

Grand standing : hall et dégagements. Plus la superficie de l'entrée est importante, plus elle est évaluée en grand standing.

Les chambres font plus de 12 m^2.

Le séjour/salon fait plus de 50 à 60 m^2.

Les matériaux utilisés :

- construction en traditionnel ;
- construction en semi-traditionnel ;
- construction en préfabriqué.

Les plans du permis : pour évaluation du prix au mètre carré de la construction.

La publication d'une base de données provenant de l'administration centrale et des bureaux d'études donne le devis moyen du mètre carré à : neuf × par la surface bâtie.

L'expert dispose d'indices tels que celui du coût de la construction BT01 qui couvre tous corps d'état et l'indice du coût de la construction à usage d'habitation ICC établi à partir des prix d'un échantillon des permis de construire.

Dépréciation immédiate

Il faut apprécier l'environnement de la propriété.

La construction est-elle bien implantée, exposée, le style convient-il au secteur ?

Le jour de la remise des clés, elle perd 10 %.

La dépréciation maximale est de 20 % en fonction d'éléments environnementaux.

Vétusté

La longévité normale d'une villa est de 100 ans. On compte une dégradation de 1 % par an.

Une villa de 25 ans a une dépréciation de vétusté de 25 %.

Les experts Bourdillant et Drouet ont établi une théorie et préconisent un coefficient de modération.

Si l'immeuble est très bien entretenu, sa durée de vie sera supérieure à 100 ans, donc ce 1 % doit être pondéré :

- correctement entretenu : 0,5 %/an ;

- moyennement entretenu : 0,8 %/an ;
- mal entretenu : 2 %/an.

Exemple

Considérons une villa de 40 ans d'âge, en logement de fonction depuis 20 ans. Construction : 200 m^2 habitables.

– Dépréciation immédiate de 10 %.

– Vétusté : pendant 20 ans elle a été correctement entretenue.

Dépréciation pour vétusté 20 ans à 0,5 % : donc 10 %.

Les 20 dernières années, la personne qui l'occupait n'a pas fait les travaux nécessaires.

1,5 %/an, donc 30 %.

30 % + 10 % = 40 %.

Dépréciation immédiate : 10 %.

Dépréciation pour vétusté : 40 %.

Prix actuel : 1 200 €/m^2 = 240 000 €.

Prix de la construction après évaluation : 240 000 × 0,50 = 120 000 €

Au prix de la construction, on rajoute le prix du sol et on a la valeur de la propriété à ce jour.

La méthode terrain intégré

Cette méthode est employée par le service des hypothèques et souvent utilisée en redressement fiscal.

Il faut considérer la propriété comme une simple construction, on ne parle plus du sol.

On choisit des actes de vente du trimestre pour des maisons similaires.

Prix de la propriété/surface du bâti

Exemple

Prix de la construction : 550 000 €

Surface habitable : 200 m^2

Prix du mètre carré (SH + terrain intégré) = 550 000/200 = 2 750 €/m^2

Cette méthode méconnaît le terrain et la qualité de la construction.

La méthode par la réactualisation du prix d'achat

Elle est utilisée par les notaires et les services fiscaux mais jamais par les experts.

Ils réactualisent le prix d'achat en fonction des indices publiés (annales des loyers).

C'est un « mélange » de l'indice de la construction et de la revalorisation de l'euro.

La méthode par la rentabilité immobilière

Elle est déconseillée en matière de propriété, c'est la méthode idéale pour les immeubles de rapport.

(Voir *infra* « Méthode à la rentabilité immobilière » pour les immeubles de rapport.)

Appartements

Avant d'étudier les méthodes utilisées pour l'évaluation des appartements, il est nécessaire de repérer les facteurs importants spécifiques aux appartements.

Facteurs liés à l'immeuble :

- le quartier, la situation ;
- l'environnement ;
- les commodités (transports, écoles…) ;
- la qualité de la construction ;
- l'âge de la construction ;
- l'état de la construction (prévision pour un coût de travaux à court, moyen ou long terme).

Facteurs liés à l'appartement :

- la surface ;
- les annexes (parking, garage) ;
- la distribution des pièces ;
- le confort ;
- l'état (travaux à prévoir) ;
- l'étage : à partir du 3e étage, nette dépréciation variable entre 15, 20 et 25 % d'abattement au 5e étage. Le dernier étage étant à nouveau surcoté ;
- l'exposition ;
- le montant des charges.

La méthode d'évaluation à la pièce principale

On évalue l'appartement à partir de son type. Cette méthode se pratique sur des biens auxquels on ne peut accéder. C'est une méthode comparative qui ne prend en compte que le nombre de pièces.

La méthode comparative

Elle reprend tous les facteurs liés à l'immeuble et au logement avec la qualité des matériaux et de l'environnement. On utilise les ventes réalisées dans ce secteur dans le trimestre sur des produits similaires.

Valeur vénale = surface × prix au mètre carré hab. constaté sur le marché au moment de l'évaluation.

S'il y a des annexes ou des locaux à pondérer, on utilise l'estimation par prix moyen au mètre carré utile pondéré qui suppose que les points aient été analysés selon les mêmes critères.

Voici les coefficients de pondération les plus utilisés :

- mezzanine : 1 (hauteur > 1,80 m) et de 0,3 à 0,8 selon accessibilité ;
- parties mansardées : 0,2 à 0,8 ;
- balcon utile : 0,1 à 0,3 et 0 pour le petit balcon étroit en ville ;
- loggia : 0,3 à 0,5 ;
- petite terrasse : 0,2 ;
- grande terrasse : 0,1 à 0,8, ce sont généralement les premiers mètres carrés d'une annexe qui sont les plus appréciés, mais le secteur et l'environnement sont importants (une terrasse de 30 m^2 avec auvent en bordure de mer se calcule sur la base d'un coefficient de 0,8) ;
- petit jardin : 0 à 0,1 ;
- grand jardin : 0,05 ;
- cave : 0 ;
- parking, garage, box : on calcule généralement ces annexes en évaluation directe en référence au marché, selon son emplacement.

La méthode par la surface prend en compte les mêmes critères.

La méthode par la rentabilité immobilière ou par le revenu

Cette méthode sera retenue dans le cadre d'un investissement locatif, elle est utilisée pour les appartements et les immeubles de rapport. On évalue le taux de rentabilité brute en France de 3,28 à 8,98 % selon les villes.

Ces taux concernent les logements vendus individuellement et non pas les immeubles de rapport dont les taux sont supérieurs.

Tableau 6.1. Rentabilités locatives des logements en France en 2018

Ville	Prix au mètre carré	Loyer au mètre carré	Rentabilité brute
Paris	8 450 €	25 €	3,55 %
Marseille	2 380 €	12,20 €	6,15 %
Lyon	3 400 €	12,80 €	4,52 %
Toulouse	2 600 €	11,80 €	5,45 %
Nice	3 800 €	15,40 €	4,86 %
Annecy	3 650 €	13,90 €	4,57 %
Strasbourg	2 550 €	12,50 €	5,88 %
Montpellier	2 450 €	13,60 €	6,66 %
Bordeaux	3 300 €	12,90 €	4,69 %
Lille	2 820 €	13,20 €	5,62 %
Rennes	2 310 €	12,20 €	6,34 %
Reims	1 980 €	12 €	7,27 %
Le Havre	1 540 €	12,80 €	9,2 %
Saint-Étienne	950 €	7,60 €	9,60 %
Toulon	2 190 €	10,70 €	5,86 %

Ville	Prix au mètre carré	Loyer au mètre carré	Rentabilité brute
Grenoble	2 200 €	10,70 €	5,86 %
Dijon	1 910 €	11,0 €	6,91 %
Angers	1 770 €	10,3 €	6,98 %
Le Mans	1 300 €	9,00 €	8,31 %
Aix-en-Provence	3 800 €	15,40 €	4,86 %
Brest	1 250 €	8,50 €	8,16 %
Saint-Raphaël	3 830 €	13,20 €	4,14 %
Nîmes	1 630 €	10,00 €	7,36 %
Limoges	1 170 €	9,1 €	9,33 %
Clermont-Ferrand	1 720 €	9,9 €	6,91 %
Tours	2 030 €	10,8 €	6,38 %
Amiens	1 900 €	12,0 €	7,58 %
Metz	1 720 €	9,8 €	6,84 %
Besançon	1 620 €	9,5 €	7,04 %
Perpignan	1 290 €	9,5 €	8,84 %
Orléans	1 840 €	10,9 €	7,11 %
Boulogne-Billancourt	7 260 €	22,0 €	3,64 %
Mulhouse	1 080 €	8,5 €	9,44 %
Caen	1 880 €	11,9 €	7,60 %
Rouen	2 040 €	11,4 €	6,71 %
Nancy	1 830 €	10,7 €	7,02 %
Saint-Denis	3 500 €	15,5 €	5,31 %
Fontainebleau	3 270 €	14,30 €	5,25 %
Montreuil	4 770 €	17,10 €	4,30 %
Roubaix	1 480 €	13,7 €	11,11 %
Saint-Malo	2 780 €	10,50 €	4,53 %
Avignon	1 850 €	11,0 €	7,14 %
Nanterre	4 350 €	18,4 €	5,08 %
Dinard	3 500 €	9,7 €	3,33 %
Melun	2 370 €	13,70 €	6,94 %
Versailles	5 430 €	19,90 €	4,40 %
Courbevoie	5 860 €	21,50 €	4,40 %
Sète	2 170 €	10,40 €	5,75 %
Pau	1 450 €	10,10 €	8,36 %
Colombes	4 110 €	16,9 €	4,93 %
Aulnay-sous-Bois	2 820 €	15,6 €	6,64 %
Biarritz	4 730 €	12,2 €	3,1 %
Le Lavandou	4 640 €	13,60 €	3,52 %
Antibes	4 130 €	15,6 €	4,53 %
La Rochelle	3 100 €	13,90 €	5,38 %
Bandol	5 110 €	12,10 €	2,84 %
Chambéry	2 050 €	10,70 €	6,26 %

Ville	Prix au mètre carré	Loyer au mètre carré	Rentabilité brute
Aubervilliers	3 070 €	15,8 €	6,18 %
Cannes	5 310 €	15,30 €	3,46 %
Béziers	1 070 €	8,80 €	9,44 %
Bourges	1 180 €	8,6 €	8,75%
Dunkerque	1 590 €	9,4 €	7,09 %
Colmar	1 690 €	9,6 €	6,82 %
Drancy	2 810 €	16,5 €	7,05 %
Marignane	2 030 €	12,0 €	7,09 %
Valence	1 490 €	8,8 €	7,09 %
Quimper	1 280 €	8,6 €	8,06 %
Issy-les-Moulineaux	6 520 €	21,8 €	4,01 %
Cavaillon	1 480 €	9,70 €	7,86 %
Levallois-Perret	7 900 €	22,7 €	3,45 %
Vincennes	7 130 €	22,4 €	3,77 %
Antony	4 540 €	19,3 €	5,10 %
Neuilly-sur-Seine	8 860 €	24,4 €	3,30 %
La Seyne-sur-Mer	2 550 €	12,30 €	5,79 %
Valenciennes	1 700 €	10,9 €	7,69 %
Cahors	1 320 €	7,5 €	6,82 %
Niort	1 350 €	8,6 €	7,64 %
Narbonne	1 770 €	9,5 €	6,44 %
Albi	1 730 €	9,2 €	6,38 %
Chambéry	2 252€	11,7 €	5,9 %
Pantin	4 460 €	17,40 €	4,68 %
Sarcelles	1 680 €	14,0 €	10 %
Montauban	1 320 €	8,2 €	7,45 %
Hyères	3 110 €	12,6 €	4,86 %
Beauvais	1 520 €	10,30 €	8,13 %
Cholet	1 140 €	9,7 €	10,21 %
Draguignan	1 680 €	9,80 %	7 %
Villejuif	4 290 €	16,30 €	4,56 %
Orange	1 360 €	9,0 €	7,94 %
Montélimar	1 460 €	9,70 €	7,97 %
Fontenay-sous-Bois	4 680 €	17,20 €	4,41 %
Lorient	1 490 €	9,5 €	7,65 %
Arles	1 870 €	11,2 €	7,19 %
Poitiers	1 430 €	7,8 €	6,55 %
Épernay	1 430 €	7,8 €	6,55 %

La rentabilité brute

C'est la rentabilité qu'apporte un investissement locatif sur la première année.

1. Le taux actuel : c'est la rentabilité au jour du calcul. Il faut prendre en compte tous les loyers en cours.

$$(\text{loyer annuel} \times 100) / (\text{prix d'acquisition} + \text{frais d'acquisition})$$

2. Le taux prévisionnel : c'est la rentabilité en intégrant les locaux vacants mais qui peuvent être loués. On ajoute si nécessaire au prix d'acquisition le prix des travaux.

Pour calculer :

$$(\text{loyer actuel} + \text{loyer prévisionnel}) \times 12 \times 100 / (\text{prix d'acquisition total} + \text{travaux})$$

Si des subventions sont accordées par l'État pour la remise aux normes de l'immeuble, on les déduit du prix d'acquisition.

Calcul du prix de vente d'un bien loué en partant de la rentabilité constatée ou souhaitée

$$(\text{loyer annuel} \times 100) / (\text{quotient rentabilité})$$

Exemple : pour une rentabilité de 6 % constatée, le bien pourra être vendu :

$$(38\,000 \times 100) / 6 = 633\,000 \,€$$

La rentabilité nette

Peu employée pour une transaction, elle tient compte de toutes les charges générées par le logement.

Rentabilité nette avant impôt : (loyers annuels encaissés – charges) × 100 / (prix d'acquisition + frais)

Rentabilité nette après impôt : (loyers encaissés – charges – impôts) × 100 / (prix d'acquisition + frais)

Les impôts sont représentés par la taxe foncière sur les logements ainsi que les prélèvements sociaux évalués à 15,5 % sur les revenus fonciers.

Applications

Calcul du taux actuel et prévisionnel d'un immeuble de rapport

Tableau 6.2. Présentation d'un immeuble de rapport

Niveaux	Types	Loyers actuels	Loyers prévisionnels
RDC :	T3	760 €	Fin de bail : 850 €
1er étage	T3	700 €	
	T4	820 €	
2^e	T2	510 €	
	T2	510 €	
	Studio	390 €	Fin de bail : 420 €
3^e	Studio	390 €	
	T5	850 €	
4^e	Chambres de bonne, possibilité de 2 studios		420 €/studio
Coût des travaux : 51 000 €			
Total acquisition : 900 000 €			

Taux actuel : (59 160 × 100) / 900 000 = 6,57 %

Taux prévisionnel : (70 680 × 100) / 900 000 + 51 000 = 7,43 %

Calcul de la rentabilité d'un immeuble après travaux

Prix de l'immeuble : 210 000 €

Travaux : 182 940 € (44 % de subventions)

Loyer annuel : 30 686 €

Taux de rendement brut :

Travaux à financer : 182 940 × 0,56 = 102 446 € et 80 494 € de subventions

(30 686 × 100) / (210 000 + 102 446) = 9,82 %

Calcul d'un prix de vente à partir de la rentabilité

Exemple

Considérons une maison de ville comprenant 3 logements :

2 T2 à 560 €/mois et HC – 1 T3 à 680 €/mois et HC

Valeur locative annuelle : 13 440 € + 8 160 € = 21 600 €

Rentabilité brute appréciée par votre clientèle : 7,5 %

(21 600 × 100)/7,5 = 288 000 €

Le bien pourra être mis à la vente au prix de 288 000 €.

Méthode par la valeur antérieure

Le titre de propriété va indiquer le prix et la date d'achat du bien.

On utilise le coefficient d'érosion monétaire correspondant à l'année de l'achat.

Si le contribuable a effectué des travaux importants, on appliquera ce même coefficient.

Évaluation du bien : prix d'achat × coefficient.

On ne prend pas en compte l'évolution du secteur.

La méthode hédonique

Le prix est apprécié en fonction de critères qui vont apporter une valeur supplémentaire au produit.

Le professionnel va répertorier les points positifs et les points négatifs.

La qualité du produit crée sa valeur.

Exemple de critères

Éléments positifs :

– l'étage ;

– l'exposition ;

– le nombre de salles de bains ;

– une cuisine équipée de qualité ;

– un vaste séjour ;

– l'isolation ;

– la sécurité de l'immeuble ;

– l'environnement.

Éléments négatifs :

– absence de certains éléments positifs.

En fonction de ces données, il sera appliqué des coefficients qui aboutiront à une augmentation ou à une diminution du prix. Cette méthode s'applique en utilisant une première méthode comme la méthode comparative.

CHAPITRE 7

Conseiller un client sur un choix d'investissement locatif

La défiscalisation désigne toutes les dispositions légales mises à la disposition du contribuable pour alléger son impôt sur le revenu.

Le principe consiste à investir dans le cadre d'opérations immobilières tout en réduisant ses impôts.

Ces dispositifs mis en place sont profitables pour les contribuables mais aussi pour l'État qui relance ainsi la promotion de logements dans des secteurs défaillants.

Pour comprendre ces mécanismes, il faut s'approprier quelques définitions essentielles :

- **déficit foncier et économie d'impôt :** c'est la différence négative entre les revenus fonciers bruts (RFB) et les charges déductibles fiscalement d'un investissement immobilier. Si l'ensemble des charges est supérieur au RFB, on génère un déficit foncier dont le montant est déductible du revenu net imposable. Cette diminution d'impôt due au déficit foncier est une économie d'impôt. Le plafond du déficit est égal à 10 700 €/an ;
- **réduction d'impôt :** contrairement à l'économie d'impôt, ce ne sera pas le revenu net imposable qui sera impacté mais le montant de l'impôt qui sera réduit.

Il est nécessaire tout d'abord de s'arrêter sur le régime réel d'imposition pour connaître les bases de l'enregistrement fiscal de revenus autres que les salaires.

Les bases de l'enregistrement fiscal

Le régime réel d'imposition

Il s'applique aux locations nues, en résidence principale, de plein droit si les revenus bruts procurés sont supérieurs à 15 000 €.

- Sur option s'ils sont inférieurs à ce plafond.
- Les intérêts d'emprunt sont déductibles des RFB mais ne doivent pas générer de déficit foncier, l'excédent est reporté sur 6 ans ou sur d'autres investissements.
- Les charges sont déductibles des revenus fonciers ainsi que les travaux pouvant générer un déficit foncier plafonné à 10 700 €, l'excédent pouvant être déduit sur les 10 années suivantes.
- Les bailleurs sont des personnes physiques, SCI ou SCPI.
- Le bien peut être loué à un ascendant ou à un descendant du contribuable.
- La vente du bien est soumise à la plus-value du particulier.

Revenu foncier net = revenu foncier brut – charges de la propriété.

Revenu foncier brut (RFB)

Le revenu foncier comprend toutes les recettes effectivement encaissées au cours de l'année d'imposition à quelque titre que ce soit.

Sont donc à prendre en compte :

- les loyers effectivement perçus, y compris les arriérés de loyers et les loyers perçus d'avance ;
- les recettes exceptionnelles (indemnités pour remise en l'état des locaux...) ;
- les subventions et indemnités d'assurance dès lors qu'elles financent des travaux déductibles du revenu brut foncier ;
- les dépenses et travaux acquittés par le locataire mais incombant au bailleur ;
- le dépôt de garantie payé par le locataire à l'entrée dans les lieux, qui n'est imposable que s'il sert à compenser des loyers impayés ou à financer des travaux de remise en état.

Charges de la propriété

Pour être déduites et créer un revenu net foncier, 4 conditions doivent être respectées :

- elles doivent être relatives à des immeubles qui procurent des revenus imposables ;
- elles doivent avoir été engagées en vue de l'acquisition ou de la conservation de l'immeuble ;
- elles doivent avoir été payées au cours de l'année d'imposition ;
- elles doivent être justifiées.

> ___ *Les charges déductibles pour leur montant réel* ___
>
> - Les frais de rémunération des gardiens et concierges.
> - Les frais de rémunération, honoraires et commissions versés à un tiers pour la gestion des immeubles.
> - Les dépenses d'entretien et de réparation (remise en état de la façade).
> - Les dépenses d'amélioration (chauffage, ascenseur).
> - Les provisions pour charges de copropriété effectivement versées au syndic ainsi que les régularisations.
> - Les intérêts d'emprunt plus frais accessoires (hypothèque, assurances…).
> - L'ensemble des primes d'assurances.
> - Les frais de procédure.
> - Les autres frais de gestion (forfait de 20 € pour frais de correspondance et téléphone).
> - Les impôts liés à la propriété du bien (taxe foncière).

Revenu foncier net (RFN)

Une fois le revenu net foncier calculé, 2 situations sont possibles :
- si le résultat est positif, le revenu est porté sur la déclaration d'ensemble n° 2042 ;
- si le résultat est négatif, un déficit foncier est constaté.

En ce qui concerne les formalités administratives, il faut remplir une déclaration n° 2044 sur laquelle va figurer le détail de calcul du revenu net foncier. On reporte ensuite ce montant sur la déclaration d'ensemble n° 2042.

Les justificatifs de dépenses doivent être conservés 3 ans pour l'administration fiscale.

En ce qui concerne la régularisation des charges de copropriété, la déclaration des revenus fonciers doit faire apparaître le montant de provisions versées au syndic au cours de l'année.

Ce montant sera augmenté ou diminué des régularisations opérées au titre des charges de l'année précédente.

Le microfoncier

Il s'applique aux logements loués nus en résidence principale.

Il possède les mêmes dispositions que pour le régime réel. En revanche, contrairement à celui-ci :
- les revenus bruts doivent être inférieurs à 15 000 € ;
- un abattement forfaitaire de 30 % est à déduire des revenus bruts fonciers annuels ;
- on ne peut déduire aucune charge des revenus fonciers ;
- il ne peut générer de déficit foncier ;
- le contribuable peut choisir de déclarer ses RFB en régime réel même s'ils sont inférieurs à 15 000 €. L'option est irrévocable pour 3 ans.

Calcul de l'impôt sur le revenu

Il est essentiel de connaître les bases du calcul de l'impôt sur le revenu pour comprendre les mécanismes de réduction et d'économie d'impôt.

En simplifiant le calcul :

- calculer le revenu net imposable (RNI), on déduit les 10 % d'abattements autorisés par le Trésor public : RN × 0,90 ;
- calculer le quotient familial qui permet de déterminer la tranche marginale. Le QF est basé sur le nombre de parts du foyer fiscal : RNI divisé par le nombre de parts ;
- calculer l'impôt en appliquant la tranche marginale.

Tableau 7.1. Nombre de parts du quotient familial

Enfants à charge	Personne mariée ou pacsée	Personne veuve	Célibataire ou divorcé vivant seul	Célibataire ou divorcé en concubinage
0	2	1	1	1
1	2,5	2,5	2	1,5
2	3	3	2,5	2
3	4	4	3,5	3

Source : Code général des impôts 2012.

Tableau 7.2. Barème de l'impôt pour une part de quotient familial

Tranche du revenu imposable	Taux d'imposition	Formule de l'impôt brut
Jusqu'à 9 700 €	0 %	0 €
De 9 701 € à 26 791 €	14 %	(R × 0,14) − (13 572,98€ × N)
De 26 792 € à 71 826 €	30 %	(R × 0,30) − (5 706,74 € × N)
De 71 827 € à 152 108 €	41 %	(R × 0,41) − (13 694,61 € × N)
Plus de 152 109 €	45 %	(R × 0,45) − (19 845,93 € × N)
R : Revenu net imposable ; N : Nombre de parts du quotient familial.		

Exemple

Considérons un couple marié avec 2 enfants et des revenus nets annuels de 55 000 € :

RNI : 55 000 × 0,90 = 49 500 €

Quotient familial : 49 500 / 3 (3 étant le nombre de parts pour un couple marié avec 2 enfants) = 16 500

La tranche marginale est de 14 %.

Calcul impôt : (49 500 × 0,14) − (1 372,98 × 3) = 2 811 €

Comparatif régime réel et microfoncier, application

Exemple

M. et Mme Legrand ont un RNI de 62 000 €, ils sont intéressés par l'acquisition d'un logement en investissement locatif. Le loyer actuel est de 480 € par mois HC.

Ils auront 1 800 € de travaux de propreté, les propriétaires actuels payent en charges non récupérables 860 € annuels. La taxe foncière s'élève à 680 €.

Déclaration en régime réel

RFB : 5 760 €

Charges : 1 800 + 860 + 680 = 3 340 €

RFN : 5 760 − 3 340 = 2 420 €

RNI avec revenus fonciers : 62 000 + 2 420 = 64 420 €

L'impôt du couple sera calculé à partir de 64 420 €.

Déclaration en microfoncier

RFB : 5 760 €

Les charges ne peuvent pas être déduites des RFB.

Abattement forfaitaire : 5 760 × 30 % = 1 728 €

RFN : 5 760 − 1 728 = 4 032 €

RNI avec revenus fonciers : 62 000 + 4 032 = 66 032 €

L'impôt sera calculé à partir de 66 032 €.

L'impôt sur la fortune immobilière IFI

Depuis le 1er janvier 2018, l'ISF a été remplacé par l'IFI.

Cet impôt concerne les contribuables détenant un patrimoine immobilier supérieur à 1 300 000 €.

Biens concernés :

- maisons, appartements et dépendances ;
- bâtiments classés monuments historiques ;
- immeubles neufs ou en cours de construction au 1er janvier 2018 ;
- terrains à bâtir, terrains agricoles, etc. ; bois et forêts exclus ;
- titres et parts de sociétés immobilières ;
- biens et droits immobiliers qui ne remplissent pas les conditions pour être considérés comme des biens professionnels.

Un abattement de 30 % est accordé sur la résidence principale et les dettes existantes au 1er janvier, à titre personnel du foyer fiscal.

Tableau 7.3. Barème par tranche

Fraction de la valeur nette taxable du patrimoine	Tarif applicable (en pourcentage)
N'excédant pas 800 000 €	0
Supérieure à 800 000 € et inférieure ou égale à 1 300 000 €	0,50
Supérieure à 1 300 000 € et inférieure ou égale à 2 570 000 €	0,70
Supérieure à 2 570 000 € et inférieure ou égale à 5 000 000 €	1
Supérieure à 5 000 000 € et inférieure ou égale à 10 000 000 €	1,25
Supérieure à 10 000 000 €	1,50

Formule de la décote : 17 500 € – (1,25 % × patrimoine)

Pour atténuer la taxation dès 800 000 € alors que le seuil d'imposition est de 1 300 000 €, une décote a été mise en place pour les patrimoines dont la valeur nette taxable est comprise entre 1 300 000 € et 1 400 000 €.

Le seuil d'imposition à l'IFI 2019 est fixé à 1 300 000 €, mais le calcul de l'IFI s'effectue sur la fraction du patrimoine taxable qui excède 800 000 €.

Exemple : calcul de l'ISF, patrimoine de 1 390 000 €

1re tranche : 1 300 000 – 800 000 = 500 000 €

500 000 × 0,50 % = 2 500 €

1 390 000 – 1 300 000 = 90 000 €

90 000 × 0,70 % = 630 €

Total : 2 500 + 630 = 3 130 €

Décote : 1 390 000 × 1,25 % = 17 375 €

17 500 – 17 375 = 125 €

Impôt final : 3 130 – 125 = **3 005 €**

Les dispositifs de défiscalisation

Depuis plus d'une décennie, les dispositifs de défiscalisation se sont succédé pour inciter les investisseurs à acquérir des logements et ainsi relancer la construction.

Les lois de finance ont mis en place :

- le dispositif Besson neuf du 1er janvier 1999 au 2 avril 2003 ;
- le dispositif Besson ancien du 1er janvier 1999 au 30 septembre 2006 ;
- le dispositif loi de Robien du 3 avril 2003 au 31 août 2006 ;
- la modification de la loi de Robien en loi de Robien recentrée du 1er septembre 2006 au 31 décembre 2009 ;
- la loi Borloo du 1er septembre 2006 au 31 décembre 2009 ;
- la loi Scellier du 1er janvier 2009 au 31 mars 2013 ;
- la loi Duflot du 1er janvier 2014 au 31 décembre 2016, remplacée le 1er septembre 2014 par la loi Pinel.

- la loi Pinel jusqu'au 31 décembre 2021 ;
- la loi Denormandie, loi de finances pour 2019, dispositif mis en place à partir du 1er janvier 2019.

Loi Pinel

Mme Sylvia Pinel, ministre du Logement, a modifié la loi Duflot depuis le 1er septembre 2014. La loi Pinel, apparue en décembre 2014 dans la loi de finances 2015, est appliquée depuis le 1er septembre 2015. Elle a été prorogée pour se terminer au 31 décembre 2021, sauf nouvelle prolongation. Le dispositif a été mis en place pour assouplir son prédécesseur et ainsi favoriser l'acquisition de logements neufs, poursuivre la simplification des normes de construction et augmenter l'offre de logements intermédiaires sur le marché locatif.

Les caractéristiques

- Logements neufs ou en Véfa (vente en l'état futur d'achèvement) avec label RT 2012 (performances thermiques et énergétiques).
- Acquisition d'un logement inachevé en vue de son achèvement.
- Logement ancien faisant l'objet de travaux pour être transformé en logement neuf avec label HPE ou BBC.
- Logement ne satisfaisant pas aux caractéristiques de décence et faisant l'objet de travaux de réhabilitation.
- Local affecté à un usage autre que l'habitation et faisant l'objet de travaux de transformation en logement.
- Les logements sont situés dans des zones éligibles par arrêté préfectoral.

Zones d'investissement

Cinq zones existent pour les investissements en métropole :
- zone A : agglomération parisienne, Côte d'Azur (bande littorale Hyères-Menton), partie française de l'agglomération genevoise ;
- zone A bis : cette zone est composée de 69 villes situées en zone A ;
- zone B1 : agglomérations de plus de 250 000 habitants, grande couronne autour de Paris et quelques agglomérations chères (Annecy, Bayonne, Chambéry, Cluses, La Rochelle, Saint-Malo), pourtour de la Côte d'Azur, les DOM, la Corse…
- zone B2 : agglomérations de plus de 50 000 habitants, autres zones frontalières et littorales et la limite de l'Île-de-France. Uniquement sur dérogation préfectorale, s'il y a un besoin locatif particulier ;
- zone C : non éligible.

Les loyers et les ressources des locataires sont plafonnés et révisés tous les ans.

Les intérêts d'emprunt sont déductibles du RFB sans toutefois générer du déficit foncier.

Les charges sont déductibles des RFB et peuvent générer du déficit foncier (plafond 10 700 € par an).

Le logement peut être loué à un ascendant ou un descendant de l'acquéreur.

Est appliqué un coefficient multiplicateur sur le loyer pour une augmentation légère de celui-ci dès que le plafond est en dessous de la valeur locative du marché (voir encadré).

Le montant ouvrant droit à défiscalisation ne doit pas dépasser 5 500 €/m^2.

Exemple

Pour l'acquisition d'un bien immobilier d'une valeur de 300 000 € et d'une surface de 40 m^2, la base de calcul pour la réduction d'impôt n'est pas le prix d'achat mais : 40 m^2 × 5 500 €, soit 220 000 €.

Tableau 7.4. Plafonds des loyers loi Pinel

Plafonds de loyers pour les baux conclus en 2019	
Zones*	**Plafonds de loyers/m^2 ***
A bis	17,17 €
A	12,75 €
B1	10,28 €
B2	8,93 €
* Le zonage est fixé par l'arrêté du 1er août 2014, modifié par l'arrêté du 30 septembre 2014, en vigueur depuis le 15 octobre 2014.	

Tableau 7.5. Plafonds de ressources des locataires loi Pinel

Plafonds de ressources des locataires, en euros, pour les baux conclus en 2019				
Composition du foyer du locataire	**Zone A bis**	**Zone A**	**Zone B1**	**Zone B2**
Personne seule	38 236	38 236	31 165	28 049
Couple	57 146	57 146	41 618	37 456
Personne seule ou couple + 1 enfant à charge	74 912	68 693	50 049	45 044
Personne seule ou couple + 2 enfants à charge	89 439	82 282	60 420	54 379
Personne seule ou couple + 3 enfants à charge	106 415	97 407	71 018	63 970
Personne seule ou couple + 4 enfants à charge	119 745	109 613	80 103	72 093
Majoration pour personne à charge complémentaire	+ 13 341	+ 12 213	+ 8 936	+ 8 041

Coefficient multiplicateur

Pour améliorer la valeur des loyers, un coefficient a été mis en place.

Il tient compte de la superficie des logements.

- Si le coefficient est supérieur à 1 mais inférieur à 1,2, il augmente le loyer.
- Si le coefficient est inférieur à 1, il diminue le loyer.

Formule : 0,7 + (19/surface pondérée Duflot)

Application

1. Un logement d'une surface pondérée de 39 m^2 en zone B1 :

– loyer : 39 × 10,28 € = 400,92 € ;

– calcul du coefficient : 0,7 +19/39 = 1,18 ;

– loyer final : 400,92 × 1,18 = 473,08 €.

> 2. Un logement de 71 m^2 en zone A :
> - loyer : 71 × 12,75 € = 905,25 € ;
> - calcul du coefficient : 0,7 + 19/71 = 0,97 ;
> - loyer final : 905,25 × 0,97 = 878,09 €.
>
> ### Note
>
> Nous pouvons constater que le coefficient améliore le loyer des petites surfaces et diminue celui des grandes surfaces.

La durée de location pour bénéficier des avantages fiscaux est de 6, 9, ou 12 ans.

La réduction d'impôt est variable en fonction de l'option choisie par l'acquéreur, à hauteur de 300 000 € d'investissement :

- durée de 6 ans de location, la réduction est de 12 % ;
- durée de 9 ans de location, la réduction est de 18 % ;
- durée de 12 ans de location, la réduction est de 21 % ;
- de la 1re à la 9e année, la réduction annuelle est de 2 % et, si l'on étend le dispositif à 12 ans, la réduction sera de 1 % par an sur les 3 dernières années.

Deux opérations possibles par an, soit un investissement total de 300 000 €.

Le dispositif est soumis au plafond de la niche fiscale. Le contribuable peut atteindre un plafond de 10 000 € par an de réduction d'impôt avec un cumul de différentes opérations.

Les SCPI (société civile de placement immobilier) peuvent accéder au dispositif. La réduction d'impôt se fait au *prorata* du nombre de parts achetées. Les capitaux collectés auprès de nombreux épargnants sont investis dans des programmes immobiliers dans toute la France, éligibles à la loi Pinel. La réduction d'impôt porte sur 100 % du montant de l'investissement contre 95 % avec les autres dispositifs.

Déclaration fiscale

Les loyers sont déclarés sur le formulaire 2004.

Ce formulaire permet de réaliser un bilan foncier.

D'un côté, les recettes, c'est-à-dire les loyers et les éventuelles subventions perçus.

De l'autre, les frais, charges et taxes, intérêts d'emprunt avec assurance décès et frais du dossier bancaire, assurance contre les risques locatifs, assurance du logement, travaux, charges de copropriété.

Le déficit sera reporté au paragraphe 4 de la déclaration.

La réduction Pinel se déclare sur le formulaire 2042C paragraphe 7 « charges ouvrant droit à réduction ou crédit d'impôt ».

Exemple

M. et Mme Investisseur sont mariés, ont 2 enfants et 89 000 € de revenus nets annuels.

Valeur de la future acquisition : 287 550 €, frais de notaire compris en ZA.

Surface : 78 m^2 habitables + 6 m^2 de terrasse. Logement RT 2012.

Mise en place d'un crédit *in fine* sur 250 000 € au taux de 2,30 %.

Dès l'acquisition, ils effectueront 12 000 € de travaux d'amélioration (cuisine équipée, ajout d'une douche italienne).

Le bien sera géré par un administrateur de biens, les honoraires de gestion s'élèvent à 7 % HT sur les loyers annuels avec une assurance pour loyers impayés à 2,50 % sur les loyers annuels.

Les charges propriétaire non récupérables sont évaluées à 1 100 € par an.

Prévision sur la taxe foncière : 880 €.

Pour évaluer correctement une défiscalisation, vous devez respecter une méthodologie. Je vous propose une trame dans laquelle vous devez commencer par l'impôt sur le revenu avant acquisition pour apprécier l'avantage fiscal après acquisition.

Trame

- Calcul impôt avant dispositif.
- RFB.
- Intérêts d'emprunt.
- Revenus fonciers après déduction des intérêts d'emprunt (on les sépare du reste des charges, ils ne doivent pas générer de déficit foncier).
- Total charges.
- RFN après déduction des charges.
- Si déficit foncier, on le retire du RNI dans la limite de 10 700 €.
- Si RFN positifs, on les rajoute au RNI.
- Calcul de l'impôt après dispositif.
- Calcul de la réduction d'impôt : (PA × %) / 6 / 9 / 12.
- Impôt final après réduction.

Application Pinel

- RNI : 89 000 × 0,90 = 80 100 €
- QF : 80 100/3 = 26 700
- Taux marginal : 14 %
- Impôt : (80 100 × 0,14) − (1 372,98 × 3) = 7 095 €
- RFB : (78 + 3) × 12,75 × 12 = 12 393 € (Les loyers sont annuels, une défiscalisation est toujours appréciée à l'année.)
- Intérêts d'emprunt : 250 000 × 2,30 % = 5 750 €
- Déduction intérêts sur RFB : 12 393 − 5 750 = 6 643 €
- Charges : évaluation par anticipation :
  - honoraires gestion : 12 393 × 7 % × 1,20 = 1 041,01 €
  - assurance LY : 12 393 × 2,50 % = 309,82 €
  - charges propriétaire : 1 100 €
  - TF : 880 €
  - travaux d'amélioration : 12 000 €
  - 20 € par lot principal, pour les frais administratifs et téléphoniques
  - total charges : 15 351 €
- RFN : 6 643 − 15 531 = − 8 888 €

- Déficit foncier : 10 739 €
- Le résultat négatif vous indique que votre client bénéficie d'un déficit foncier.
- Nouveau RNI : 80 100 − 8 888 = 71 212 € (plafond déficit 10 700 €)
- QF : 71 212/3 = 23 737 Tranche à 14 %.
- Impôt après dispositif : (71 212 × 0,14) − (1 372,98 × 3) = 5 851 €
- Économie d'impôt : 7 095 − 5 851 = 1 244 €
- Réduction Pinel : trois options s'offrent à votre client :
  - Sur 6 ans : réduction Pinel : 287 550 × 12 % = 34 506 €
    - réduction 1re année : 34 506/6 = 5 751 €
    - **impôt final après réduction : 5 851 − 5751 = 100 €**
  - Sur 9 ans : réduction Pinel : 287 550 × 18 % = 51 759 € pour 9 ans
    - réduction 1re année : 51 759/9 = 5 751 €
    - **impôt final après réduction : 5 851 − 5 751 = 100 €**
    - même résultat que sur 6 ans mais sur une durée de 9 ans.
  - Sur 12 ans : réduction Pinel : 287 550 × 3 % = 8 626,50 €. Au bout de la 9e année de défiscalisation, le contribuable proroge de 3 ans.
    - réduction 1re année : 8 626,50 € / 3 = 2 876 € (en fiscalité les montants sont arrondis)
    - **impôt final après réduction : 5 851 − 2 876 = 2 975 €**
    - sur 12 ans les 3 dernières années génèrent 1 % de réduction par an.

Dans cet exemple, l'acquéreur fait **une réduction d'impôt de 60 385 € sur 12 ans**. Les modifications apportées par Mme Pinel sont incitatives pour une relance de l'acquisition de logements neufs destinés à la location.

Le dispositif Denormandie

Il vient compléter le dispositif Pinel.

Cette loi vise à rénover les logements vétustes des centres-villes français en attirant les investisseurs par le biais d'avantages fiscaux. La volonté des pouvoirs publics est d'améliorer la qualité du parc immobilier, de rendre les centres-villes attrayants et de répondre aux besoins des populations en termes de logements.

Les communes ayant signé une opération de revitalisation de leur territoire (ORT) sont aussi concernées par le dispositif, ce qui porte le total des villes éligibles de 222 à 245.

Les décrets précisent que les communes qui font l'objet d'une politique prioritaire de la ville intégreront prochainement le dispositif. Elles devront être reconnues pour certains quartiers dans le programme national de requalification des quartiers anciens dégradés (PNRQAD) ou intégrer un nouveau programme national de renouvellement urbain (NPNRU). Par conséquent, certaines villes d'Île-de-France (Clichy, entre autres) et de grandes métropoles pourraient accéder au dispositif Denormandie.

Conditions d'application

- S'engager à louer le bien dans le cadre d'une location nue et non meublée, sur une période de 6, 9 ou 12 ans.

- Respecter les plafonds de loyers et de ressources qui sont identiques à ceux du dispositif Pinel.
- Calcul du loyer sur la surface utile qui est égale à la surface habitable + la moitié des annexes sans dépasser 8 m^2.
- Possibilité de louer aux ascendants et descendants hors foyer fiscal.
- L'investissement pris en compte pour la réduction d'impôt ne doit pas dépasser 5 500 €/m^2.
- Le dispositif est soumis à la niche fiscale de 10 000 €.
- Effectuer des travaux représentant au moins 25 % du coût de l'opération et dans une limite maximale de 300 000 €.
- Ces travaux doivent concerner :
  - l'amélioration de la performance énergétique du logement d'au moins 30 % (20 % en habitat collectif) ; ou
  - 2 catégories de travaux sur les cinq proposées :
    - isolation des combles,
    - changement de chaudière,
    - isolation des murs,
    - isolation des fenêtres,
    - changement de production d'eau chaude.

Les travaux engagés pour améliorer la performance énergétique du logement doivent être réalisés par un professionnel certifié reconnu garant pour l'environnement (RGE).

Avantages fiscaux

- Réduction d'impôt de 12, 18 ou 21 % selon la durée de l'option (6, 9, 12 ans) sur 300 000 € d'investissement, acquisition + travaux.
- Déduction des intérêts d'emprunt sans générer de déficit foncier.
- Déduction des charges ; ne sont pas concernés les travaux à hauteur des 25 %.
- Déficit foncier 10 700 €, les travaux au-delà des 25 % s'ajouteront aux charges pour créer du déficit foncier.
- Les SCPI peuvent accéder au dispositif.

Application Denormandie

M. et Mme Investisseur sont mariés, ont un enfant et 72 000 € de revenus nets annuels.

Valeur de la future acquisition en zone B1, pour 2 appartements : 250 000 € + 80 000 € de travaux + une provision de frais d'acte de 16 000 €.

Surfaces : 75 m^2 habitables + 20 m^2 de garage + 50 m^2.

Mise en place d'un crédit *in fine* sur la totalité au taux de 2,20 %.

Le bien sera géré par un administrateur de biens, les honoraires de gestion s'élèvent à 7 % HT sur les loyers annuels avec une assurance pour loyers impayés à 2,55 % sur les loyers annuels.

Les charges propriétaire non récupérables sont évaluées à 15 % des RFB.

Prévision sur la taxe foncière : 975 €.

Le dispositif s'appliquera sur 9 ans.

Impôt avant acquisition :

RNI : 72 000 × 0,90 = 64 800

QF : 64 800 / 2,5 = 25 920

Taux marginal = 14 %

Impôt : (64 800 × 0,14) – (1372,98 × 2,5) = **5 640 €**

RFB : (75 + 8 + 50) × 10,28 × 12 = **16 406,88 €**

Intérêts d'emprunt : 250 000 + 16 000 = **266 000 €** × 2,20 % = **5 852 €**

RF après intérêts d'emprunt : 16 406,88 – 5 852 = **10 554,88 €**

Charges évaluation par anticipation :

Honoraires de gestion : 16 406,88 × 7 % × 1,20 = **1 378,34 €**

– Assurance LY : 16 406,88 × 2,55 % = **418,38 €**

– Charges propriétaire : 16 406,88 × 15 % = **2 460 €**

– TF : **975 €**

– Travaux dépassant 25 % : 250 000 × 25 % = 62 500 €

– Montant pris en compte dans les charges : 80 000 – 62 500 = **17 500 €**

– **40 €** pour les 2 lots concernant les frais administratifs et téléphoniques.

– Total charges : **22 771,72 €**

Déficit foncier : 10 554,88 – 22 771,72 = **12 217 €**

Le plafond à déduire du RNI étant de 10 700 €, l'excédent sera reporté à l'année suivante : 12 217 – 10 700 = **1 517 €**

Nouveau RNI : 64 800 – 10 700 = 54 100 €

QF : 54 100 / 2,5 = 21 640

Taux marginal = 14 %

Impôt : (54 100 × 0,14) – (1 372,98 × 2,5) = **4 142 €**

Réduction d'impôt :

Travaux pris en compte : 250 000 × 25 % = 62 500 €

Total acquisition : 250 000 + 62 500 = 312 500 €

Montant pris en compte pour le calcul de la réduction : 300 000 €

Sur 9 ans : réduction : 300 000 × 18 % = 54 000 € pour 9 ans

– réduction 1re année : 54 000/9 = 6 000 €

– impôt final après réduction : 4 142 – 6 000 = **0 € d'impôt**

Comparatif Denormandie/Pinel

Tableau 7.6. Données comparatives des 2 dispositifs

	Denormandie	Pinel
Logements	Logements dans quartiers dégradés avec 25 % de travaux	Logements Véfa ou achevés neufs, ou + de 15 ans réhabilités – transformation de locaux
Secteurs logements	Centres-villes, quartiers dégradés, Convention ORT, NPRNU, PNRQAD	Zonage, A bis, A, B1, B2
Travaux	– Travaux d'économie d'énergie – Travaux 2 catégories sur 5 proposées – 25 % inclus dans le prix d'acquisition pour réduction d'impôt, non dans les charges	Travaux d'amélioration à inclure dans les charges
Prise en charge travaux	Entrepreneur RGE avec certificat de conformité	Aucune obligation, entreprise ou particulier.
Durée du dispositif	6 – 9 – 12 ans	6 – 9 – 12 ans
Réduction d'impôt	12 – 18 – 21 %	12 – 18 – 21 %
Loyers plafonds et ressources	Oui	Oui
Limitation investissement	300 000 € – acquisition + 25 % de travaux + FN + limitation m^2	300 000 € – acquisition + FN + limitation m^2
Abattement forfaitaire	Non	Non
Ascendants/descendants	Oui hors foyer fiscal	Oui hors foyer fiscal
Location à usage de résidence principale	Oui – Nue ou meublée	Oui --Nue
Engagement de location minimal	6 – 9 – 12 ans	6 – 9 – 12 ans
Délais de 1re mise en location	12 mois	12 mois
Nombre d'acquisitions/an	2 maxi 300 000 €	2 maxi 300 000 €
Plafonnement des niches fiscales	Oui 10 000 €	Oui 10 000 €
Éco-conditionnalité	Normes HPE	Oui, RT 2012

Dispositif Pinel outre-mer

Depuis la loi de finances 2015, le dispositif Duflot outre-mer a été remplacé par la loi Pinel outre-mer.

Tous les contribuables français qui acquièrent jusqu'au 31 décembre 2021 un logement neuf (ou en l'état futur d'achèvement) peuvent bénéficier du dispositif.

Pour les investisseurs qui s'engagent à louer le logement nu en habitation principale, la réduction est de 23 % sur 6 ans, 29 % sur 9 ans et 32 % sur 12 ans. Si la réduction de l'année dépasse l'IR, l'acquéreur peut reporter sur l'IR des années suivantes jusqu'à la sixième incluse.

En fonction du choix de durée de l'investissement, la location s'étalera sur 6, 9 ou 12 ans.

L'engagement de location doit être effectif dans les 12 mois suivant la date d'achèvement de l'immeuble. Les loyers sont plafonnés à 10,14 €/m² pour les départements et régions d'outre-mer (DROM) et 12,55 €/m² pour les collectivités d'outre-mer (COM) avec un plafond de ressources des locataires similaires à ceux de la métropole. Ce dispositif bénéficie du coefficient multiplicateur pour l'évaluation du loyer.

Sont concernés : tous les immeubles neufs situés dans les DROM (Martinique, Guadeloupe, La Réunion, Guyane, Mayotte) et dans les COM (Saint-Barthélemy, Saint-Martin, Saint-Pierre-et-Miquelon, en Nouvelle-Calédonie, en Polynésie française et dans les îles Wallis et Futuna), dont les caractéristiques thermiques et la performance énergétique sont conformes aux prescriptions de l'article L. 111-9 du Code de la construction et de l'habitation. On retrouve ces départements en zone B1. Le logement Pinel outre-mer doit être achevé dans les 30 mois après la date de déclaration d'ouverture de chantier (ou permis de construire pour les constructions personnelles).

Pour les immeubles neufs d'au moins 5 logements, la loi Pinel outre-mer fixe à 20 % le pourcentage d'appartements qui ne peuvent pas bénéficier de la réduction d'impôt.

Il existe un triple plafond Pinel à ne pas dépasser : non seulement le prix d'acquisition ne doit pas être supérieur à 5 500 € du m², mais il est également limité à 300 000 € et à 2 logements maximum par an. Imputation du déficit foncier (plafond de 10 700 €) sur le revenu net imposable.

La loi Pinel outre-mer est incluse dans le plafond sur les niches fiscales, mais son plafond est augmenté à 18 000 €.

Le mécanisme de défiscalisation est identique à celui du Pinel métropole.

Reprise de l'exemple du Pinel en métropole : le plafond des loyers est à 12,55 € au lieu de 12,75 €.

- Impôt avant acquisition : 7 095 €.
- RFB : 81 × 12,55 × 12 = 12 199 €
- Déduction intérêts d'emprunt sur RFB : 12 199 – 5 750 = 6 449 €.
- Total charges par anticipation : 15 351 €.
- RFN ou DF : 6 449 – 15 351 = – 8 902 €. Les charges sont supérieures au RFB, nous avons donc un déficit foncier de 8 902 €.
- Nouveau RNI : 80 100 – 8 902 = 71 198 € – tranche à 14 %.
- Impôt : (71 198 × 0,14) – (1 372,98 × 3) = 5 849 €.
- Économie d'impôt : 7 095 – 5 849 = 1 246 €.
- Réduction Pinel outre-mer sur 9 ans : 287 550 × 29 % = 83 389,50 €.
- Réduction la 1ʳᵉ année : 83 389,50/9 = 9 265,50 €.
- Impôt final après réduction : 5 849 – 9 265 = – 3 776 € = 0 €.
- L'acquéreur est non imposable grâce à la réduction et il peut reporter l'excédent de la réduction d'impôt de 3 776 € sur les 6 années suivantes).

Loi Censi-Bouvard

La loi de finances rectificative pour 2009 a mis en place le dispositif Censi-Bouvard, du nom des 2 députés à l'origine du dispositif. À ce jour, il a été prorogé jusqu'au 31 décembre 2021.

Les contribuables concernés

Le dispositif concerne tous les propriétaires bailleurs de locations meublées dont les recettes locatives annuelles sont inférieures à 23 000 € TTC.

Seules les personnes physiques fiscalement domiciliées en France imposables dans la catégorie des bénéfices industriels et commerciaux (BIC) peuvent bénéficier de la réduction d'impôt (pas d'acquisition possible par une société).

Les revenus sont garantis par bail commercial.

Ce statut est particulièrement adapté aux investisseurs qui souhaitent préparer leur retraite.

Les opérations concernées

- Acquisition d'un logement neuf jamais occupé ou vendu en Véfa (vente en état futur d'achèvement) construit entre le 1er janvier 2013 et le 31 décembre 2021.
- Acquisition de logements achevés depuis au moins 15 ans faisant l'objet d'une réhabilitation ou d'une rénovation : la réhabilitation ou la rénovation s'entend des travaux qui permettent, après leur réalisation, de satisfaire à l'ensemble des performances techniques prévues à l'article 4 de l'arrêté du 19 décembre 2003.

Les logements concernés

Sont concernés les logements faisant partie :
- d'un établissement d'accueil des personnes les plus fragiles : ce sont les logements compris dans les établissements de services sociaux et médico-sociaux, qui accueillent des personnes âgées ou des adultes handicapés et qui leur apportent des services définis (notamment les EHPAD) ;
- d'une résidence avec services pour étudiants ;
- d'un établissement de soins : ce sont les logements compris dans les établissements de santé qui ont pour objet de dispenser des soins de longue durée.

Les résidences de tourisme ne bénéficient plus de l'avantage fiscal depuis 2017.

Les conditions

- Le bien doit être mis en location dans les 12 mois suivants sa livraison.
- Le bien doit être loué meublé, par bail commercial à l'exploitant de la résidence, pour une durée minimale de 9 ans.
- Il n'y a pas de zonage ni de plafond de ressources du locataire et de plafond de loyer.
- Pas d'ascendants.
- Les recettes locatives ne doivent pas dépasser 23 000 € par an et ne doivent pas représenter plus de 50 % des revenus globaux de l'investisseur.
- Les recettes locatives doivent être imposées dans la catégorie des revenus BIC (bénéfices industriels et commerciaux) et non de celle des revenus fonciers.

Les avantages fiscaux

- Le contribuable bénéficie d'une réduction d'impôt de 11 %, applicable sur un maximum de 300 000 € HT investis, frais d'acte inclus.
- Les charges inhérentes au bien sont imputables sur les loyers et les déficits sont imputables sur les bénéfices BIC pendant 6 années.
- La réduction d'impôt est répartie sur 9 ans.
- Il est possible de reporter pendant 6 ans la fraction de la réduction d'impôt excédant l'impôt dû.
- L'amortissement du bien est possible pour la fraction du prix de revient excédant les 300 000 €. Le statut est cumulable avec l'avantage Censi-Bouvard, mais la fraction bénéficiant de la réduction ne peut être amortie.
- Amortissement du mobilier sur 7 ans.
- Récupération de la TVA sur l'acquisition à 20 % si l'exploitant de la résidence propose en plus de l'hébergement au moins 3 services sur quatre*. Elle sera reversée dans les 6 mois de la location.
- Soumis à la TVA sur les loyers, si la location se situe dans une résidence de services : 10 % pour les résidences seniors, étudiantes et intergénérationnelles ; 5,5 % en résidence de type EPHAD (établissement d'hébergement pour personnes âgées dépendantes).

Pour obtenir la réduction d'impôt, l'exploitant d'une résidence senior doit avoir l'agrément « qualité » visé dans le Code du travail (aides et services aux personnes).

* Les services :
- accueil/réception ;
- petit déjeuner ;
- nettoyage régulier des locaux ;
- fournitures du linge de maison.

La revente

La cession ou revente avant le terme de la période d'engagement de location entraîne une remise en cause de l'avantage fiscal obtenu, sauf exceptions :
- lorsque le contribuable ou l'un des membres du couple soumis à imposition commune est atteint d'une invalidité de 2e ou 3e catégorie ;
- en cas de rupture du contrat de travail ou de mise en retraite anticipée ;
- en cas de décès ;
- s'il y a cessation de location par décision d'expropriation pour cause d'utilité publique frappant l'établissement ou la résidence.

Application

Considérons un investissement de 87 500 € HT réalisé par un couple marié, avec 2 enfants, au revenu net de 65 000 €.

Provision pour frais d'acte : 3 500 € ; crédit *in fine*[1] : 2,90 %, sur la totalité de l'investissement. Acquisition de 10 000 € de mobilier.

---

1. En crédit *in fine*, il récupérera une partie des intérêts au déblocage des fonds.

Impôt avec acquisition

RNI : 65 000 × 0,90 = 58 500 €

QF : 58 500 / 3 = 19 500 €

Taux marginal : 14 %

Impôt : (58 500 × 0,14) – (1 372,98 × 3) = 4 071,06 €

Recettes annuelles

410 × 12 = 4 920 €

Intérêts d'emprunt : (87 500 + 3 500) × 2,90 % = 2 639 €

Déduction des intérêts sur recettes : 4 920 – 2 639 = 2 281 €

Amortissement sur mobilier sur 7 ans : 10 000 × 14,28 % = 1 428 € par an

Recettes nettes après amortissement : 2 281 – 1 428 = 853 €

Nouveau RNI : 58 500 + 853 = 59 353 €

QF : 59 353 / 3 = 19 784 €

Le client ne change pas de tranche, son taux marginal reste à 14 %.

Impôt : (59 353 × 0,14) – (1 372,98 × 3) = 4 190,48 €

Réduction sur 9 ans : 91 000 × 11 % = 10 010 €

Réduction la 1re année : 10 010 / 9 = 1 112 €

Impôt après réduction : 4 190,48 – 1 112 = 3 078,48 €

TVA récupérable : 17 500 €

Si nous étalons sur 9 ans : 17 500/9 = 1 944 € par an

Impôt après déduction du 1/9e de TVA : 3 078,48 – 1 944 = 1 134,48 €.

L'acquéreur bénéficie de plusieurs avantages :

- il augmente son patrimoine ;
- il récupère le montant de la TVA soit 17 500 € ;
- il réduit ses impôts de 1 112 € ;
- il bénéficie d'un revenu brut supplémentaire de 4 920 €.

Loueur en meublé non professionnel (LMNP)

On appelle « loueurs en meublé non professionnel » les personnes ne remplissant pas l'une des 3 conditions pour être loueurs professionnels. Il s'agit donc des propriétaires qui :

- ne sont pas inscrits au registre du commerce et des sociétés (RCS) en qualité de loueurs en meublé ; ou
- perçoivent des recettes locatives inférieures à 23 000 € par an ; ou
- perçoivent des recettes inférieures au montant de leurs autres revenus d'activité profession-nelle (salaires, pensions, bénéfices industriels et commerciaux…).

Les locations meublées non professionnelles sont des locations libres. L'administration fiscale y ajoute les logements intégrés dans les résidences de tourisme et de services.

Le loueur non professionnel bénéficie d'avantages fiscaux moins attractifs que le loueur professionnel.

Il est soumis à l'impôt sur la plus-value.

Trois régimes d'imposition sont actuellement disponibles : le micro-BIC, le régime réel simplifié et le régime réel normal.

Le micro-BIC

Il s'applique automatiquement lorsque les recettes annuelles de la location ne dépassent pas 33 100 €.

Le revenu net imposable est obtenu en appliquant sur les recettes (loyers) un abattement forfaitaire de 50 %. Quand les charges déductibles dépassent le montant de l'abattement forfaitaire, le contribuable peut avant le 1er février de l'année opter pour le régime réel.

Les recettes loyers et charges sont inscrites sur le formulaire 2042C dans la rubrique des bénéfices BIC.

Pour les chambres d'hôtes, gîtes ruraux et autres meublés de tourisme, le régime micro-BIC est applicable jusqu'à 82 800 € de recettes annuelles, et l'abattement est de 71 %.

Le régime réel simplifié

Ce régime intervient quand le montant des recettes est compris entre 33 100 € et 238 000 €.

Il convient d'inclure les charges suivantes :
- les frais de notaire ;
- les intérêts d'emprunt ;
- l'amortissement de l'acquisition du bien est fonction de sa durée de vie entre 30 et 40 ans ;
- l'amortissement des travaux d'amélioration et du mobilier se pratique sur une durée allant de 5 à 10 ans.

> **Attention**
>
> Depuis la loi de finances de 2009, on ne prend plus en compte que 85 % du prix du bien, les 15 % représentent la valeur du terrain qui ne s'amortit pas.

- les petits travaux et réparations ;
- la taxe foncière ;
- la taxe d'habitation (qui est payée par le loueur si la location en meublé n'est pas le logement permanent du locataire) ;
- les assurances.

S'il y a déficit, il est reportable sur les bénéfices ultérieurs pendant 10 ans. En revanche, le déficit n'est pas imputable au revenu global de l'année : il doit rester affecté à l'activité LMNP.

Le régime réel normal

Il est applicable dès lors que le chiffre d'affaires excède 238 000 €. Les conditions sont les mêmes que pour le simplifié.

Ces 2 derniers régimes exigent la tenue d'une comptabilité par un professionnel.

Les recettes et charges sont inscrites sur le formulaire professionnel 2033.

Les locations meublées sont exclues du champ d'application de la TVA sans possibilité d'option, sauf si elles s'accompagnent d'au moins 3 prestations para-hôtelières sur quatre :

- petit déjeuner ;
- nettoyage des locaux ;
- fourniture du linge de maison ;
- réception.

Note

Les locations meublées non professionnelles entrent dans le calcul de l'impôt sur la fortune immobilière (IFI)

Exemple

Régime réel simplifié

Un couple avec 2 enfants. RN : 52 000 € ; recettes : 30 000 € ; mobilier : 15 000 € ; amortissement sur 7 ans ; acquisition immeuble 320 000 €, amortissement sur 30 ans. Travaux d'amélioration : 11 000 € ; honoraires de gestion : 7 % HT/LA ; GLI : 2,5 % ; taxe foncière : 2 700 € ; charges non récupérables : 3 500 € ; intérêts d'emprunt : 9 890 €.

RNI = 52 000 × 0,90 = 46 800 / 3 = 15 600 >> 0,14

(46 800 × 0,14) − (1 372,98 × 3) = **2 433 €**

Recettes après intérêts : 30 000 − 9 890 = **20 110 €**

Charges : 11 000 + 2 700 + 3 500 + + 2 520 + 750 = **20 470 €**

Déficit foncier : 20 110 − 20 470 = **− 360**

En LMNP, on ne peut utiliser le déficit foncier ou les amortissements sur des revenus autres que les meublés.

Amortissements à reporter sur l'année suivante :

Amortissement immeuble : 320 000 × 0,85 = 272 000/30 = 9 067 €.

Amortissement mobilier : 15 000/7 = 2 143 €

IR 1re année = 2 433 €

Seconde année :

Charges = 20 470 − 11 000 = 13 470 €

Recettes nettes : 20 110 − 13 470 = **6 640 €**

Déduction des amortissements :

6 640 − (2 143 + 2 143) = **2 354**

On utilise une partie de l'amortissement immeuble de la 1re année :

10 670 − 2 534 = **8 316** à reporter sur la 3e année.

2 354 − 2 354 = **0, donc IR** identique à 2 433 €.

Application en micro-BIC

Ce dispositif fonctionne comme le micro-foncier mais avec un abattement de 50 %, au lieu de 30 % en micro-foncier.

Prenons l'exemple d'un investisseur qui perçoit 30 000 € de recettes locatives.

Recettes nettes : 30 000 × 50 % = 15 000 €.

Aucune déduction de charge et une imposition sur la base de 15 000€.

Fiscalité de la location saisonnière

La location de chambres d'hôtes est exonérée si les recettes ne dépassent pas 760 € par an. La fraction excédentaire est soumise à l'impôt sur les BIC.

Le propriétaire est soumis au régime de la micro-entreprise pour un plafond de recettes locatives inférieures à 70 000 € avec un abattement forfaitaire de 50 %.

Pour un bien classé tourisme, le plafond des recettes s'élève à 170 000 €, avec un abattement forfaitaire de 71 %.

Le contribuable doit tenir un livre journal avec les montants et dates des encaissements et décaissements. Y apparaîtra le montant total des loyers encaissés. Cette somme sera ajoutée aux autres revenus et soumis à l'IR après déduction de l'abattement forfaitaire sur les recettes locatives brutes.

Si le contribuable le désire, il peut opter pour le régime réel avec déduction des charges, des droits de mutation et de l'amortissement du bien.

Loueur en meublé professionnel (LMP)

Pour être loueur en meublé professionnel, il faut remplir 2 conditions cumulatives :
* percevoir des recettes locatives supérieures à 23 000 € par an ;
* percevoir des recettes locatives supérieures au montant des autres revenus d'activité professionnelle (salaires, pensions, bénéfices industriels et commerciaux…).

L'inscription au RCS en qualité de loueur en meublé n'est plus obligatoire. L'article 155 du CGI est caduc, le Conseil constitutionnel a jugé contraire à la constitution l'obligation d'inscription au RCS.

Ces 2 conditions sont appréciées au niveau du foyer fiscal et s'appliquent à l'ensemble des locations meublées du foyer.

Spécificité fiscale pour le professionnel

Le loueur en meublé professionnel bénéficie de 2 mesures fiscales majeures qui le distinguent du non-professionnel :
* il peut imputer ses déficits d'exploitation sur son revenu global ;
* il peut pratiquer un amortissement linéaire sur ses biens locatifs.

De plus, si l'investisseur retire de cette activité plus de 50 % des revenus professionnels du foyer fiscal (hormis pensions, retraites, revenus fonciers et revenus de placements financiers), et que ces revenus sont supérieurs à 23 000 € par an, les biens loués n'entrent alors pas dans le calcul de l'IFI.

Régime d'imposition et charges déductibles

En général, le loueur professionnel n'a pas intérêt à opter pour le régime du micro-BIC (inférieur à 33 100 €).

Il peut choisir le régime réel simplifié sur option.

Il relève obligatoirement :
* du régime réel simplifié si le montant de ses recettes est compris entre 33 100 € et 238 000 € ;
* du régime réel normal, dès lors que son chiffre d'affaires excède 238 000 €.

Chaque année, l'investisseur déduit de son revenu global le différentiel entre son revenu et :
- les intérêts d'emprunt ;
- les charges de propriété et de copropriété ;
- les frais d'établissement ;
- les dépenses d'entretien et de réparation ;
- les charges liées à son statut (cotisations vieillesse et allocations familiales).

Chaque année, en période déficitaire, l'investisseur cumule les amortissements sur :
- les meubles (période de 5 à 10 ans) ;
- les murs (période de 20 à 40 ans).

En période bénéficiaire, l'investisseur puise dans cette réserve pour effacer ses revenus BIC. Les revenus de son activité LMP sont donc nets d'impôt pendant 10 à 15 ans en général.

Le différé d'amortissement

Selon le montage financier (prêt bancaire amortissable, *in fine* ou autofinancement), les dispositions fiscales liées aux statuts de loueur meublé professionnel ou non permettent d'effectuer un différé d'amortissement. Lorsque la part de capital emprunté devient de plus en plus importante dans les remboursements d'emprunts, les amortissements non déduits des années passées sont alors imputés sur les revenus locatifs actuels. Cela permet de limiter fortement l'impact fiscal sur la fin de l'investissement. Les revenus générés par la location sont donc exonérés d'impôt même lorsque les charges d'exploitation sont quasi nulles.

L'investisseur cumule les amortissements en période déficitaire et utilise ces réserves pour absorber ses revenus actuels.

Exonération de plus-values

Le loueur en meublé professionnel est exonéré d'impôt sur les plus-values à 2 conditions :
- s'il exerce l'activité de loueur en meublé depuis 5 ans minimum ; et
- si son chiffre d'affaires moyen réalisé au cours des 2 années précédant la vente ne dépasse pas 90 000 €.

La taxation est partielle entre 90 000 € et 126 000 €.

Application

Acquisition de plusieurs appartements dans un même immeuble.

RFB : 29 320 €

Il a aussi un RNI sur salaires de 32 000 €.

Cette opération s'élève à 330 000 € frais inclus.

Les logements sont meublés pour 16 000 €.

Des travaux d'amélioration sont effectués pour 9 000 €.

Intérêts d'emprunt : 10 890 €.

Autres charges : 4 150 €.

Amortissement mobilier sur 7 ans : 16 000/7 = 2 286 €.

Amortissement immeuble sur 30 ans : 330 000 × 0,85 = 280 500/30 = 9 350 €.

Total charges et amortissement : 35 676 €.

Le revenu foncier est ramené à 0 puisque les charges sont supérieures aux recettes brutes.

29 320 – 35 676 = - 6 536 €

L'excédent de 6 536 € sera déduit du RNI sur salaires : 32 000 – 6 356 = 25 644 €.

Nouveau RNI : 25 644 €.

Comparatif LMP/LMNP

Tableau 7.7. Tableau comparatif des statuts LMP/LMNP

LMP	LMNP
– Réaliser plus de 23 000 € TTC de recettes annuelles – Les recettes doivent excéder les revenus soumis à l'impôt sur le revenu	– Ne pas être inscrit au RCS en qualité de loueur en meublé – Recettes inférieures à 23 000 € ou recettes inférieures aux autres revenus
Déficit imputable sans limite sur le revenu global	Déficit imputable sur les revenus de même activité, sur 10 ans
TVA récupérable 20 % sur PA neuf, (dans l'ancien pas de TVA récupérable sur l'acquisition) TVA sur les loyers si régime soumis à la TVA (10% résidences services, 5,5 % EHPAD)	Idem uniquement en résidences de services
Amortissement linéaire de 20 à 30 ans du PA HT pour le neuf	Idem
Amortissement mobilier sur 7 ans	Idem
– Régimes micro-BIC, réel simplifié, réel normal – Charges déductibles en totalité sur les revenus globaux en réel.	– Idem – Charges déductibles sur revenus de même nature
– Micro-BIC : abattement de 50 % si les revenus ne dépassent pas 33 100 € sans déductions de charges, dans le cadre de meublés classiques – Chambres d'hôtes, gîtes ruraux, meublés de tourisme, plafond 70 000 €, abattement 71 % – Bien classé, plafond 170 000 €, abattement 71 %	– Idem – Idem – Idem
Non soumis à l'impôt sur la PV, conditions : – Activité LMP depuis 5 ans minimum – CA moyen des 2 dernières années ne dépasse pas 90 000 €	– Soumis à l'impôt sur la plus-value
Non soumis à l'IFI, conditions : – Activité LMP + de 50 % des revenus du contribuable – Revenus supérieurs à 23 000 €	– Soumis à l'IFI
Soumis à la CSG (contribution sociale généralisée) 9,9 % des RF. Taux de la CSG déductible : 6,80 %	Soumis aux prélèvements sociaux + CSG/CRDS et autres taxes 17,20 %
Soumis à la CFE (contribution foncière des entreprises) + CVAE (cotisation sur la valeur ajoutée des entreprises)	Idem sauf si location à caractère exceptionnel
Soumis à la taxe foncière	Idem

Le dispositif Malraux (loi du 4 août 1962)

Le principe

Dans les années 1960, l'urbanisation se veut moderne et fonctionnelle. Les départements et régions ont tendance à démolir pour reconstruire, en faisant abstraction de la protection du patrimoine architectural des centres-villes.

André Malraux veut conserver notre héritage français et met en place la loi du 4 août 1962 qui a pour objectif la conservation du patrimoine français.

Le premier secteur sauvegardé se situera en Dordogne dans le centre-ville de Sarlat.

Cette loi s'applique au propriétaire d'un immeuble situé dans le secteur sauvegardé ou en zone de protection du patrimoine architectural urbain et paysager (ZPPAUP), renommée aire de valorisation de l'architecture et du patrimoine (AVAP).

Les sociétés civiles immobilières (SCI) peuvent bénéficier du dispositif mais les parts ne peuvent être vendues avant 9 ans.

L'acquisition en indivision est acceptée.

La loi Malraux est cumulable avec d'autres dispositifs de défiscalisation.

Lors de la revente d'un bien ayant bénéficié du dispositif, la vente est soumise à la plus-value immobilière mais elle ne peut déduire les travaux, ceux-ci ayant déjà été déduits fiscalement.

Depuis le 1er janvier 2012, le champ d'application de l'investissement fiscal est étendu aux locaux professionnels, alors que ceux-ci étaient auparavant exclus du dispositif.

Les avantages fiscaux

- Une réduction d'impôt de 30 % des dépenses de travaux pour les immeubles situés dans les sites patrimoniaux remarquables (SPR) avec un plan de sauvegarde et de mise en valeur (PMSV) approuvé pour les quartiers anciens dégradés (QAD) et les quartiers conventionnés nouveau programme national de renouvellement urbain (NPNRU) et 22 % des dépenses de travaux pour les immeubles situés dans les SPR avec un plan de valorisation de l'architecture et du patrimoine (PVAP) approuvé ou dont le programme de restauration a été déclaré d'utilité publique.

  Les travaux :
  - les travaux de démolition, de reconstruction de toitures ou des murs extérieurs, les travaux de transformation en logement de tout ou partie d'un immeuble. Il s'agit de travaux pour rendre habitables des combles, des greniers. Ils ne doivent pas augmenter le volume du bâti existant mais ils peuvent accroître la SH ;
  - les travaux de réaffectation à l'habitation, travaux d'entretien, de réparation ou d'amélioration permettant de réaffecter à l'habitation des parties de l'immeuble originellement destinées à l'habitation mais qui ont perdu temporairement leur usage.

- La loi de finances 2017 a remplacé le plafond de 100 000 € par an sur 3 ans par un plafond de 400 000 € sur une durée de 4 ans.

- Si la réduction d'impôt excède l'impôt de l'année, le solde peut être imputé sur l'IR des 3 années suivantes.

- Dérogation : une année supplémentaire dans le cadre de fouilles archéologiques (4 ans).

- Déductions des charges des revenus fonciers, elles peuvent générer du déficit foncier à hauteur de 10 700 €, dépassé ce montant, l'excédent est reportable sur les 10 années suivantes sur le revenu net imposable (voir définition du déficit foncier début chapitre 4).
- Charges concernées :
  - les frais d'adhésion à des associations foncières urbaines ou associations foncières urbaines libres (AFU ou AFUL) ;
  - les intérêts d'emprunt ;
  - les frais de gestion.
- La loi Malraux est déplafonnée, elle n'entre pas dans le plafond des niches fiscales depuis le 1er janvier 2013.
- La déclaration fiscale s'effectue sur le formulaire 2044 avec report sur 2042.
- La loi Malraux s'adresse plutôt aux personnes ayant une fiscalité très élevée.

Les conditions pour en bénéficier

- Permis de construire obtenu dans l'année.
- Obligatoirement : autorisation spéciale délivrée par le préfet (ASP) avant le démarrage des travaux. Les travaux seront suivis par les architectes des bâtiments de France (ABF).
- Justifier le paiement des travaux aux entreprises (et non plus à l'AFUL, voir ci-dessous).
- Engagement de location pendant 9 ans.
- Pas de location aux ascendants et descendants.
- Interdiction de démembrer le bien immobilier.
- Restauration complète d'un immeuble.

La loi et les règles Malraux ont évolué et permettent désormais au vendeur de se charger des travaux. Jusqu'à présent, les travaux de restauration dans le cadre d'un investissement immobilier Malraux devaient être décidés et engagés de manière formelle par les copropriétaires de l'immeuble. Le nouveau dispositif Malraux applicable depuis le 1er janvier 2012 prévoit que les travaux peuvent être réalisés dans le cadre d'un contrat de vente d'immeuble à rénover prévu à l'article L. 262 1 du Code de la construction et de l'habitation.

Autrement dit, il suffit de justifier le paiement des travaux aux entreprises et non plus à l'AFUL qui se chargeait auparavant de la maîtrise d'ouvrage.

Le montant des dépenses ouvrant droit à la réduction d'impôt est alors celui correspondant au prix des travaux devant être réalisés par le vendeur et effectivement payés par l'investisseur Malraux à l'entreprise de travaux. Le recours à la vente en l'état futur de rénovation a le mérite de la simplicité et permet de meilleures garanties pour les acquéreurs.

Application

Exemple

Vous proposez à vos clients un bien en SPR avec un PSMV approuvé. Les travaux s'élèvent à 250 000 € pour une acquisition à 110 000 €.

Les travaux dureront 2 ans (donc 3 années fiscales).

Une simulation des frais nous permet d'annoncer des charges non récupérables de 2 300 €, une taxe foncière sur l'ensemble de 2 800 €, des intérêts d'emprunt annuels de 13 104 € en *in fine*.

Le RFB annuel pour les 2 appartements est de 25 200 €.

Vos clients sont mariés, ont 2 enfants, un RNI de 126 000 €.

L'impôt de vos clients avant acquisition est de 20 680 €.

Le montant des charges s'élève à 18 204 €.

RFN : 25 200 – 18 204 = 6 996 €.

Nouveau RNI : 126 000 + 6 996 = 132 996 €.

(132 996 × 0,30) – (5 706,74 × 3) = 22 779 €

Impôt après dispositif : 22 779 €.

Réduction d'impôt : les travaux s'étaleront sur 2 ans avec factures. 250 000 €/2 = 125 000 × 0,30 = 37 500 € pour la 1re année.

Impôt après réduction : 22 779 – 37 500 = – 14 721 €.

L'impôt est ramené à 0 €, le client pourra utiliser les 14 721 € d'excédent sur les 3 années suivantes.

Monuments historiques (dispositif instauré par la loi du 31 décembre 1913)

Le principe

D'après l'article 13 bis : « Lorsqu'un immeuble est situé dans le champ de visibilité d'un édifice classé ou inscrit, il ne peut faire l'objet, tant de la part des propriétaires privés que des collectivités et établissements publics, d'aucune construction nouvelle, d'aucune démolition, d'aucun déboisement, d'aucune transformation ou modification de nature à en affecter l'aspect sans une autorisation préalable. »

Les logements concernés

- Les immeubles classés monuments historiques.
- Les immeubles inscrits à l'inventaire supplémentaire des monuments historiques (ISMH).
- Les immeubles qui font partie du patrimoine national en raison du label délivré par la Fondation du patrimoine. Ce label est accordé à la condition que l'immeuble soit visible de la voie publique.
- Les immeubles qui font partie du patrimoine national en raison de leur caractère historique ou artistique particulier, qui ont été agréés à cet effet par le ministre de l'Économie et des Finances et qui sont ouverts au public.

Ces biens peuvent être ouverts au public ou utilisés uniquement à des fins personnelles.

Le bien ne procure aucune recette.

Le propriétaire peut imputer :

- 50 % des charges si le bien bénéficie seulement d'un agrément ou s'il est fermé au public ;
- 100 % des charges si le bien est classé ou inscrit ISMH et ouvert au public.

Le coût des travaux subventionnés ou exécutés par le ministère de la Culture est imputable en totalité.

Pour admettre qu'un bien est ouvert au public, le propriétaire doit accorder 50 jours dont 25 jours fériés du mois d'avril au mois de septembre ou bien 40 jours si l'ouverture s'effectue de juillet à septembre.

Le bien procure des recettes

- 1ᵉʳ – Le bien n'est pas occupé par le propriétaire

  Il doit déduire des recettes de visite les frais liés à cette ouverture (rémunération du gardien, nettoyage du parc, etc.). Il peut aussi opter pour une déduction forfaitaire de 1 525 € (2 290 € si un parc est également ouvert au public). Si l'opération génère du déficit foncier, il est imputable sur le revenu global et l'excédent peut être reporté sur les 10 années suivantes.

- 2ᵉ – Le bien est occupé par le propriétaire

  Les recettes proviennent d'une location partielle et/ou d'un droit de visite, et les frais liés peuvent être déduits des recettes, ou on peut opter pour un abattement forfaitaire égal à 75 % de l'ensemble des charges foncières affectant la totalité de l'immeuble.

Les charges qui n'ont pas été déduites des 25 % de recettes non pris en compte dans la déduction forfaitaire sont imputables sur le revenu global. Si les charges sont supérieures aux recettes, l'excédent ne peut être reporté sur les années suivantes.

Les investissements en monuments historiques échappent non seulement au plafond des niches fiscales, mais aussi aux frais de succession. Les économies d'impôts sont accordées sans contreparties de plafonds de ressources de locataires, ni même de plafonds de loyers. Les charges et les intérêts d'emprunts sont déductibles et imputables sur le revenu global (et pas seulement sur les revenus fonciers).

L'investisseur doit acquérir un bien nécessitant d'importants travaux, pour imputer l'ensemble des dépenses de rénovation sur le revenu global, sans aucun plafonnement, générant ainsi de fortes réductions d'impôts sur une courte période.

La nouvelle loi Monuments historiques oblige le propriétaire, depuis le 1ᵉʳ janvier 2009, à conserver le bien pendant 15 ans à compter de son acquisition.

Les opérations Monuments historiques sont localisées la plupart du temps dans les centres-villes historiques et offrent aux investisseurs une excellente opportunité de défiscalisation.

Les travaux doivent aboutir à la restauration parfaite des logements Monuments historiques et sont suivis par un architecte des Bâtiments de France. L'investissement Monuments historiques s'adresse aux particuliers ayant une fiscalité très élevée et surtout un taux d'imposition à 40 %, car il faut pouvoir digérer, en 1 ou 2 années, l'ensemble du budget travaux et diminuer ses revenus dans les tranches les plus hautes.

La loi Monuments historiques permet une déduction sur le revenu imposable de 100 % des travaux de restauration.

Les avantages du dispositif

- Aucun engagement de location.
- Aucun plafond de loyers.
- Aucun plafond de ressources du locataire.
- Aucun plafond de réduction d'impôts.
- L'investissement n'entre pas dans le plafonnement des niches fiscales.
- Pas de frais de succession.
- Transmission du bien en exonération totale de droits de succession (même si l'héritier n'appartient pas à la famille du détenteur).

- Obligation : pour les immeubles classés ou inscrits à l'inventaire ainsi que les meubles qui en constituent le complément, sous condition de signature par les héritiers ou légataires d'une convention à durée indéterminée prévoyant le maintien dans l'immeuble des meubles exonérés et leurs conditions d'accès au public, ainsi que les conditions d'entretien des biens exonérés.
- L'exonération est également applicable aux parts de SCI, à condition que les héritiers ou légataires adhèrent au préalable à la convention conclue entre la société et les ministres de la Culture et des Finances et conservent leurs parts pendant 15 ans.
- Possibilité de conserver le bien pour son usage personnel, mais dans ce cas déduction de 50 % des travaux, avec la possibilité cependant d'imputer le déficit des intérêts d'emprunt et des charges sur le revenu global.
- Le dispositif est cumulable avec d'autres investissements locatifs bénéficiant eux aussi d'avantages fiscaux (Pinel, Duflot…).

Note

Les biens sont soumis à l'impôt sur la plus-value ainsi qu'à l'IFI.

Application

Revenus imposables d'un couple d'investisseurs : 210 000 €, taux marginal à 41 %.

Investissement global : 300 000 € (foncier + travaux).

Intérêts d'emprunt : 10 500 €.

Frais de gestion et d'entretien : 4 500 €.

Foncier : 100 000 €.

Travaux réalisés sur 2 ans : 200 000 €.

Déduction 1re année : 100 000 €.

Montant total charges : 100 000 + 10 500 + 4 500 = 115 000 €.

Impôt avant acquisition : 210 000 × 0,90 = 189 000 €.

(189 000 × 0,41) − (13 694,61 × 2) = 50 101 €.

Déduction des revenus : 210 000 − 115 000 = 95 000 €.

QF : 95 000 / 2 = 47 500. Le client passe dans la tranche de 30 %.

(95 000 × 0,30) − (5 706,74 × 2) = 17 087 €.

Avantage fiscal : 50 101 − 17 087 = 33 014 €.

Le dispositif Cosse, le « louer abordable »

Depuis le 1er janvier 2017, ce dispositif remplace les dispositifs « Besson ancien » et « Borloo ancien » pour les logements conventionnés avec l'Agence nationale de l'habitat (Anah). Il permet un abattement variant de 15 % à 85 % en fonction de la zone géographique, du niveau de loyer et du mode de gestion du bien.

Logements concernés :
- logements situés sur le territoire métropolitain ou en outre-mer (Guadeloupe, Guyane, Martinique, La Réunion et Mayotte) ;

- logements conventionnés avec l'Anah entre le 1er janvier 2017 et le 31 décembre 2019 (possibilité de prorogation) ;
- logements respectant les normes de décence prévues par le décret du 30 janvier 2002.

Les avantages :

- abattement forfaitaire sur les RFB en fonction de la convention ;

Tableau 7.8. Taux d'abattements forfaitaires 2019

Dispositif Cosse	Zones A, A bis, B1	Zone B2	Zone C
Loyer intermédiaire	30 %	15 %	–
Loyer « social » et « très social »	70 %	50 %	50 % si travaux
Intermédiation locative	85 %	85 %	85 %

Les propriétaires choisissant de confier la gestion de leur bien à une association agréée faisant de la location sociale ou de l'intermédiation locative bénéficient du taux le plus important de déduction fiscale. L'ambition est d'encourager prioritairement la location sociale et très sociale.

- Des garanties pour les propriétaires bailleurs qui louent aux ménages les plus démunis.
- Dans le cadre d'un conventionnement social ou très social, l'APL est versée en tiers payant.
- Les charges sont déductibles des RFB et peuvent générer un déficit foncier à hauteur de 15 300 € par an.

« La loi Élan, pour rendre ce dispositif encore plus attractif, permet un plafond de déficit imputable majoré de 10 700 à 15 300 € et les logements pourront dorénavant se situer aussi en zone rurale. »

Les conditions :

- signature d'une convention avec l'Agence nationale de l'habitat (Anah) ;
- respect des plafonds de loyers en fonction du type de convention signée.

Tableau 7.9. Les plafonds de loyers « Louer abordable » 2019

Plafonds de loyer 2019 (loyer au m²)	Zone A bis	Zone A	Zone B1	Zone B2	Zone C
Plafond intermédiaire	17,17 €/m²	12,75 €/m²	10,28 €/m²	8,93 €/m²	8,93 €/m²
Plafond social	12,01 €/m²	9,24 €/m²	7,96 €/m²	7,64 €/m²	7,09 €/m²
Plafond très social	9,35 €/m²	7,19 €/m²	6,20 €/m²	5,93 €/m²	5,51 €/m²

- Vérifier si les candidats sont éligibles en fonction des plafonds de ressources (plafonds sur site locataires Anah).
- Louer en logement nu, à usage d'habitation principale.
- Le louer à une personne autre qu'un membre du foyer fiscal, un ascendant ou un descendant du contribuable.
- Ne pas le louer à une personne occupant déjà le logement, à moins de procéder au renouvellement exprès du bail.
- Durée de location de 6 ans minimum et de 9 ans si des travaux subventionnés par l'Anah sont effectués.
- Dispositif prorogeable par période triennale.

L'intermédiation locative

1. le locataire est un organisme public ou privé qui s'engage à loger ou à héberger des personnes physiques dont les revenus sont modestes (voir plafonds Anah). Le locataire est le sous-locataire de l'organisme.
2. Le propriétaire fait appel à une agence immobilière sociale (AIS) (telle que AIVS – réseau FAPIL – Soliha-AIS) qui le met en relation avec le locataire, établit le bail (3 ans minimum) entre le locataire et le propriétaire.

Une AIS est une structure à but social (association, unité économique et sociale, société coopérative d'intérêt collectif).

Application

Un couple marié, avec un enfant, a un appartement de 69 m^2 pour de l'investissement locatif en Z B1. Leurs revenus nets mensuels sont de 3 300 €.

Les charges : gestion locative à 7 % HT sur le loyer annuel, assurance pour loyers impayés à 2,50 % sur le loyer annuel, taxe foncière de 950 €, les charges propriétaires s'élèvent à 1 300 € par an, les intérêts d'emprunt annuels sont de 478 € et les travaux d'un montant de 12 000 €. Ils choisissent de le louer avec une convention Anah « social ».

Leur IR avec dispositif est égal à **1 557 €**.

RFB : 69 × 7,96 × 12 = **6 590,88 €**.

Abattement en social : 6 590,88 × 0,70 = **4 613,61 €**.

Intérêt d'emprunt : **478 €**.

Charges :
- honoraires de gestion : 6 590,88 × 0,07 × 1,2 = 553,63 €
- assurance : 6 590,88 × 0,025 = 164,77 €
- charges propriétaires : 1 300 €
- taxe foncière : 950 €
- travaux : 12 000 €
- total : **14 968,40 €**
- **RFN ou DF :** 6 590,88 – (4 613,61 + 478 + 14 968,40) = **– 13 469,13 €** les charges étant supérieures aux RFB, nous avons un DF de 13 469,13 €

Impôt après dispositif :
- RNI : 3 300 × 12 × 0,90 = 35 640 €
- Tranche : 35 640 / 2,5 = 14 256 → 14 %
- RNI diminué du DF : 35 640 – 13 469 = 22 171 / 2,5 = 8 868,40. Le quotient familial étant inférieur à 9 807 €, ce couple investisseur est non imposable :
- pour preuve après application de la formule : (22 171 × 0,14) – (1 372,98 × 2,5) = **– 328,51 €**
- avantage fiscal : **1 557 €**

La TVA immobilière

La loi de finances rectificative 2014 apporte des modifications sur le taux de TVA concernant les travaux de rénovation. Ainsi, à compter du 1er janvier 2014, les taux de TVA sont de 5,5 %, 10 % ou 20 %.

Personnes concernées

Toutes les personnes ou sociétés qui font faire par un professionnel des travaux dans un logement : locataire, occupant à titre gratuit, propriétaire occupant ou propriétaire bailleur… que le logement soit une résidence principale ou secondaire.

Travaux concernés

Taux réduit à 5,5 %, art. 9 de la loi de finances 2014

- Travaux de rénovation ou d'amélioration énergétique comme la pose, l'installation et l'entretien de matériaux et d'équipements d'économie d'énergie, respectant des caractéristiques techniques et des critères de performances minimales (chaudière à condensation, pompe à chaleur, isolation thermique, appareil de régulation de chauffage ou de production d'énergie renouvelable).
- Travaux induits, indissociablement liés aux travaux d'efficacité énergétique, qui figurent sur la même facture que les travaux principaux comme le déplacement de radiateurs. Les travaux d'ordre esthétique ou de rénovation en sont exclus.

Ces travaux sont éligibles au CIDD (crédit d'impôt développement durable).

Taux intermédiaire à 10 %

- Les travaux d'amélioration

  Exemple : réalisation de l'isolation thermique ou acoustique d'un logement, remplacement des menuiseries extérieures, remise aux normes de l'installation électrique. Installation ou réfection d'un chauffage central en maison individuelle ou à l'intérieur d'un appartement, raccordement au tout-à-l'égout (partie privative uniquement).
- Les travaux de transformation. Dans la mesure où ils n'équivalent pas à une reconstruction à neuf.

  Exemple : aménagement d'un grenier en chambre d'enfant sans excéder 10 % de la surface hors œuvre nette existante, création d'une cuisine (à l'exception des appareils électroménagers), d'une salle de bains, redistribution des pièces, rénovation intérieure, installation de cloisons, création d'une ouverture dans un mur.
- Les travaux de gros entretien[1]

  Exemple : ravalement, réfection d'une toiture.
- Les travaux de petit entretien[1]

  Exemple : changement de moquette, pose de papier peint, travaux de peinture, changement de volets.

---

1. Les travaux d'entretien doivent avoir pour objet de maintenir le local en bon état d'occupation, ce qui exclut les simples travaux ménagers tels que les travaux de nettoyage.

Un contribuable fait installer une cuisine équipée. Dans ce cas, outre la main-d'œuvre du prestataire qui la pose et la fournit, le taux réduit de 10 % s'applique aux éléments de rangement, car ils s'incorporent aux locaux dans lesquels ils sont installés. En revanche, les équipements ménagers (fours, plaques de cuisson, réfrigérateurs…) restent soumis au taux normal, même s'ils sont intégrés dans les meubles.

Taux normal à 20 %

Sont exclus du taux réduit de la TVA les travaux qui :

- portent sur des locaux autres que d'habitation à l'issue des travaux, ou achevés depuis moins de 2 ans ;
- conduisent à une surélévation du bâtiment ou à une addition de construction ;
- rendent à l'état neuf plus de 50 % des fondations (semelles, longrines, radiers, etc.) ou des autres éléments qui déterminent la résistance et la rigidité de l'ouvrage (murs extérieurs, de refend, piliers, planchers, charpente), ou de la consistance des façades hors ravalement (exemple : parement bois) ;
- rendent à l'état neuf plus des deux tiers de chacun des 6 éléments de second œuvre ;
- augmentent la surface de plancher des locaux existants de plus de 10 %.

Document nécessaire pour établir une facture au taux de 5,5 % ou 10 %

Pour établir une facture au taux réduit de 5 % ou 10 %, l'entrepreneur doit recevoir de la part du client final, avant le commencement des travaux, ou au plus tard au moment où la facture est établie, une des deux attestations types définissant la proportion de rénovation sur chacun des lots ainsi que l'engagement que ce local est à usage d'habitation et a été construit depuis plus de 2 ans à la date de commencement des travaux (voir modèle).

Bénéfice d'un crédit d'impôt

Un crédit d'impôt pour certains travaux d'isolation thermique, chaudière, menuiseries, régulation peut se cumuler avec la TVA à taux réduit, mais seulement pour les résidences principales de plus de 2 ans. Ce crédit d'impôt est restituable aux contribuables non imposables.

CHAPITRE 8

Analyse financière de l'acquéreur

Avant d'établir un plan de financement le professionnel doit avant tout maîtriser les formules de crédits pour proposer la solution la mieux adaptée au futur acquéreur.

Les crédits immobiliers

Le plan d'épargne logement et le compte épargne logement

Les PEL et CEL ont été créés en 1969. Ce sont des comptes épargne réglementés qui permettent d'obtenir des « droits à prêt » en fonction des intérêts acquis sur le montant épargné. Toute personne majeure ou mineure peut ouvrir un PEL ou CEL. La réglementation prévoit l'ouverture d'un seul PEL et CEL à la condition que les 2 comptes soient gérés dans la même banque.

Ils sont formés en 2 phases :

- période d'épargne ;
- obtention du crédit (non obligatoire).

Le PEL est assez rigide, on ne peut retirer une somme de l'épargne sous peine de le voir annuler ou transformer en CEL.

Le CEL est plus souple, l'épargnant a la possibilité d'effectuer des retraits, mais les conditions sont peu intéressantes.

Depuis le 1er mars 2011 sont finançables :

- l'acquisition ou la construction d'une résidence principale. Le PEL ou le CEL est destiné à l'emprunteur, à une personne de sa famille ou la résidence principale du locataire de l'emprunteur ;
- l'acquisition d'une résidence neuve pour la jouissance personnelle de l'emprunteur ;
- l'acquisition d'une place de stationnement liée à la résidence principale ;

- l'acquisition d'un terrain à construire pour une résidence principale ;
- l'acquisition de parts de SCPI.

Tableau 8.1. Caractéristiques du PEL et CEL

	PEL	CEL
ÉPARGNE		
Dépôt initial	225 €	300 €
Versement minimum	540 €/an	aucun
Versement libre minimum	Aucun	75 €/an
Plafond des dépôts	61 200 € (pas de retrait possible)	15 300 € (retrait possible avec solde minimum de 300 €)
Rémunération	Ouverture du compte au 1er août 2016 1 %	0,50 %
Prime maximum	1 525 €/personne à charge 1 000 € logement non BBC	50 % des intérêts utilisés, 1 144 € maximum
Durée	4 à 10 ans (prêt à compter de 3 ans)	illimitée (prêt à compter de 18 mois)
PRÊT		
Montant maximum	92 000 €	23 000 €
Taux d'intérêt (hors assurance)	2,20 %	2,25 %
Remboursement	2 à 15 ans	Idem

Les droits à prêt pour le PEL

Le montant retenu pour les droits à prêt correspond au total des intérêts générés sur le PEL à la date d'échéance contractuelle, ou à la date anniversaire précédente en cas de retrait avant cette échéance contractuelle. À noter que des droits peuvent aussi être obtenus par cession de droits.

Les primes d'État

Prime d'épargne versée par l'État

Pour les PEL ouverts à compter du 1er mars 2011, cette prime est désormais conditionnée à l'octroi d'un PEL supérieur ou égal à 5 000 €. L'obtention de la prime maximale de 1 525 € est réservée au financement de certaines opérations d'acquisition ou de construction de « logements verts » label BBC ou RT 2012, ou pour un logement ancien justifiant d'un classement A, B, C ou D sur l'échelle de référence du diagnostic de performance énergétique.

Si ce n'est pas le cas, la prime est plafonnée à 1 000 €.

Le montant de la prime dépend des droits à prêt obtenus et représente une majoration de 100 points de base du taux de rémunération du PEL.

Exemple

Une personne a obtenu des droits à prêt de 4 000 € sur un PEL au taux contractuel (fictif) de 3,20 %. La prime d'État, avant application des plafonds, sera calculée de la manière suivante : $100 \times 4\ 000\ /\ 320 = 1\ 250\ €$.

Majoration de prime d'État

Une majoration de la prime peut être accordée pour les opérations concernant son propre logement. La majoration est de 10 % des intérêts acquis, dans la limite d'un plafond, par personne à charge vivant habituellement dans le logement. Le plafond est de 153 € pour le financement d'un logement vert et de 100 € dans les autres cas.

Prime d'État du CEL

Son plafond est de 1 144 € maximum en fonction de la date d'ouverture du compte.

Elle est calculée sur la base de la moitié des intérêts acquis.

4 000 € de droits à prêt : 100 × 2 000 / 320 = 625 €.

Le prêt

L'obtention d'un prêt implique obligatoirement la clôture préalable du PEL ou CEL.

Lors de la clôture, la banque délivre une attestation d'intérêts acquis ou droits à prêt sur laquelle figurent les informations nécessaires au calcul des prélèvements sociaux.

Le souscripteur ou le bénéficiaire de la cession de droits dispose alors d'un délai d'un an à compter du retrait des fonds pour utiliser ses droits à prêt.

Le montant et la durée du prêt sont déterminés de telle sorte que les intérêts à payer par l'emprunteur pour le remboursement du prêt (hors assurance et frais de gestion) sont égaux :

- au total des intérêts acquis et pris en considération pour la demande de prêt ;
- multiplié par un coefficient dit « coefficient de conversion » fixé à 2,5 (1,5 pour le financement de parts de SCPI).

Tableau 8.2. Conversion des droits à prêt et coefficient de mensualité

Durée du prêt	Conversion des droits à prêt	Coefficient de mensualité
2 ans	73,7303	0,04380883
3 ans	49,5548	0,0299082
4 ans	37,2225	0,02296605
5 ans	29,7440	0,01880728
6 ans	24,7256	0,01604019
7 ans	21,1253	0,01406834
8 ans	18,4169	0,0125935
9 ans	16,3058	0,01144998
10 ans	14,6142	0,01053838
11 ans	13,2287	0,00979543
12 ans	12,0731	0,00917896
13 ans	11,0949	0,00865976
14 ans	10,2561	0,00821699
15 ans	9,5291	0,00783533

Source : Caisse nationale du Crédit agricole.

Application

1. On multiplie le montant des droits à prêt par le coefficient correspondant pour obtenir le montant du prêt : un droit à prêt de 2 391 € permettra d'emprunter sur 5 ans :

$$2\ 391 \times 29{,}7440 = 71\ 118\ €$$

2. On multiplie le montant du prêt par le coefficient correspondant pour connaître le montant des mensualités de remboursement (hors assurance).

   Le prêt de 71 118 € sur 5 ans entraînera des mensualités de :

$$71\ 118 \times 0{,}01880728 = 1\ 337{,}54\ €$$

Le PTZ 2019/2020

Le prêt à taux zéro (PTZ) est un prêt d'État consenti sans intérêt d'emprunt. Créée en 1995, cette initiative a été mise en place pour aider les familles modestes à devenir propriétaires de leur logement. Depuis sa création, il a été plusieurs fois remanié et, depuis 2012, il favorise l'acquisition de logements neufs respectant les normes énergétiques.

Il est considéré comme un complément d'apport personnel, un seul PTZ est accordé par opération et il est obligatoirement assorti d'un ou plusieurs prêts complémentaires.

Le prêt à taux zéro plus (PTZ+) est réservé aux primo-accédants, c'est-à-dire à ceux qui n'ont pas été propriétaires de leur résidence principale au cours des 2 années précédant l'émission de l'offre de prêt.

Cette condition n'est pas exigée lorsque l'emprunteur ou l'un des occupants du logement financé avec le prêt à taux zéro est :

- titulaire d'une carte d'invalidité et dans l'incapacité d'exercer une profession ;
- bénéficiaire d'une allocation adulte handicapé ou d'une allocation d'éducation de l'enfant handicapé ;
- victime d'une catastrophe ayant conduit à rendre inhabitable de manière définitive sa résidence principale.

Les acquisitions éligibles

- Acheter un terrain pour construire sa résidence principale.
- Acquérir un logement neuf qui n'a encore jamais encore été occupé.
- Acquérir un logement dans lequel ont été effectués, ou sont effectués lors de l'acquisition, des travaux d'une importance telle qu'il est assimilé après travaux à un logement neuf.
- Transformer un local (bureau, grange…) dont l'emprunteur est déjà propriétaire en logement, ou acquérir et transformer un tel local.
- Acquérir un logement social existant.
- Acquérir son logement lorsqu'il est vendu par l'organisme HLM ou la société d'économie mixte.
- Financer une opération réalisée dans le cadre d'un contrat de location-accession.
- Financer l'acquisition de la nue-propriété ou de l'usufruit.

- Acquérir un logement dont les travaux représentent 25 % du coût total de l'opération. Ils doivent être réalisés dans un délai de 3 ans à compter de l'émission de l'offre.
- Les travaux peuvent correspondre :
  - à la création de surfaces habitables supplémentaires ;
  - à la modernisation, l'assainissement ou l'aménagement de surfaces habitables ; ou
  - à des travaux d'économies d'énergie ou de mise aux normes.

Le montant du PTZ

Ce prêt est consenti sans frais de dossier ni frais d'expertise. Aucun intérêt ou intérêt intercalaire ne peut être perçu sur le PTZ.

L'Agence nationale pour l'information sur le logement rappelle que « le montant des revenus pris en compte est celui qui correspond au montant le plus élevé suivant la somme des revenus fiscaux de référence du ou des emprunteurs (année N-2) ».

La banque compare ce revenu fiscal de référence avec le coût total de l'opération divisé par dix (voir tableau 8.3).

Tableau 8.3. PTZ 2019. Plafonds des ressources. Revenus maximums du foyer à ne pas dépasser.

Nombre de personnes destinées à occuper le logement	Zone A	Zone B1	Zone B2	Zone C
1	37 000 €	30 000 €	27 000 €	24 000 €
2	51 800 €	42 000 €	37 800 €	33 600 €
3	62 900 €	51 000 €	45 900 €	40 800 €
4	74 000 €	60 000 €	54 000 €	48 000 €
5	85 100 €	69 000 €	62 100 €	55 200 €
6	96 200 €	78 000 €	70 200 €	62 400 €
7	107 300 €	87 000 €	78 300 €	69 600 €
8 et plus	118 400 €	96 000 €	86 400 €	76 800 €

On compare ces 2 éléments pour retenir le montant le plus élevé et l'appliquer à la grille des plafonds de ressources.

Le montant du PTZ ne peut excéder le montant du ou des autres prêts d'une durée supérieure à 2 ans concourant au financement de l'opération.

Le montant du PTZ est fonction de :
- la zone géographique d'implantation du logement ;
- son niveau de performance énergétique et du nombre de personnes destinées à occuper le logement.

Il est égal au coût de l'opération pris en compte dans la limite d'un plafond, auquel s'applique une quotité variable en fonction de l'opération (voir tableaux 8.4 et 8.5).

Tableau 8.4. Montant du plafond du coût de l'opération. Offre de prêt à taux zéro émise par la banque à compter du 1er octobre 2014

PTZ +	Logement neuf			
	Zone A	**Zone B1**	**Zone B2**	**Zone C**
1 personne	150 000 €	135 000 €	110 000 €	100 000 €
2 personnes	210 000 €	189 000 €	154 000 €	140 000 €
3 personnes	255 000 €	230 000 €	187 000 €	170 000 €
4 personnes	300 000 €	270 000 €	220 000 €	200 000 €
5 personnes et +	345 000 €	311 000 €	253 000 €	230 000 €

Tableau 8.5. Quotité applicable au coût de l'opération en 2018

Le bien	Zone A	Zone A bis	Zone B1	Zone B2	Zone C
Neuf	40 %	40 %	40 %	20 %	20 %
Ancien avec travaux	Exclu	Exclu	Exclu	40 %	40 %
Logement HLM	10 %	10 %	10 %	10 %	10 %

Le coût de l'opération TTC comprend :

- le coût de la construction (ou le coût des travaux éventuellement prévus lors de l'acquisition, à l'exception de ceux financés par un éco-prêt à taux zéro) ;
- les honoraires de négociation ;
- les frais d'assurance dommages-ouvrage ;
- certaines taxes afférentes à la construction (taxe locale d'équipement, taxe pour le financement des CAUE [conseils d'architecture, d'urbanisme et de l'environnement] taxes départementales des espaces naturels sensibles) ;
- les coûts d'aménagement et de viabilisation du terrain et les honoraires afférents ;
- les frais d'acte notarié et les droits d'enregistrement ne sont, en revanche, pas pris en compte dans le coût de l'opération pour les terrains à bâtir ou l'acquisition d'un logement ancien.

Conditions de performance énergétique

Le PTZ+ sera accordé pour une acquisition neuve en label BBC (bâtiment basse consommation) ou en label RT 2012 (réglementation thermique).

Pour un logement ancien, il devra :

- bénéficier du label « haute performance énergétique rénovation, HPE rénovation 2009 » ; ou
- bénéficier du label « bâtiment basse consommation énergétique rénovation BBC 2009 » ; ou
- respecter des exigences de performance énergétique sur au moins deux des quatre catégories suivantes :
  - isolation de la toiture ou des murs donnant sur l'extérieur,
  - fenêtres,
  - système de chauffage,
  - système de production d'eau chaude sanitaire.

Dans ce dernier cas, l'acquéreur certifie par un document que son logement respecte ces exigences, ou qu'il s'engage à ce qu'il les respecte à l'achèvement des travaux.

Remboursement du PTZ

Les conditions de remboursement varient selon :
- le nombre de personnes destinées à occuper le logement ;
- la localisation du logement acquis ;
- les ressources de l'emprunteur : plus ses revenus sont élevés, plus la durée du prêt est courte.

En fonction de ses revenus, l'emprunteur bénéficie ou non d'un différé de remboursement partiel. Pendant cette période, il ne rembourse qu'une fraction du montant du prêt à taux zéro (voir tableaux 8.6, 8.7 et 8.8).

Tableau 8.6. Coefficient à appliquer aux ressources des occupants**

Nombre de personnes occupant le logement	1	2	3	4	5	6	7	≥ 8
Coefficient	1,0	1,4	1,7	2,0	2,3	2,6	2,9	3,2

** Ressources des occupants divisées par le coefficient = montant en euros déterminant la tranche applicable dans les tableaux ci-dessous.

Tableau 8.7. Détermination du profil de remboursement à appliquer

Tranches	Zone A	Zone B1	zone B2	Zone C
Tr.1	< 22 000	< 19 500	< 16 500	< 14 000
Tr.2	de 22 001 à 25 000	de 19 501 à 21 500	de 16 501 à 18 000	de 14 001 à 15 000
Tr.3	de 25 001 à 37 000	de 21 501 à 30 000	de 18 001 à 27 000	de 15 001 à 24 000

Tableau 8.8. Tableau de remboursement

Remboursement PTZ			
	Différé	Durée de remboursement	Durée totale
Tranche 1	15 ans	10 ans	25 ans
Tranche 2	10 ans	12 ans	22 ans
Tranche 3	5 ans	15 ans	20 ans

Application

M. et Mme Durand, 2 enfants, ont des revenus annuels (N-2) de 31 000 €. Ils désirent acquérir un logement neuf à 250 000 € sous le label RT 2012 en Z B1.

Revenu fiscal de référence :

31 000 × 0,90 = 27 900 €

Le plafond des ressources maximum en Z B1 dans leur situation est de 60 000 € annuels. Ils peuvent obtenir un PTZ.

Montant du PTZ :

Le plafond du coût de l'opération est à 270 000 € et la quotité à 40 %.

L'acquisition est inférieure au plafond maximum, nous utiliserons le prix d'acquisition.

250 000 × 40 % = 100 000 €

Remboursement :

Quotient familial : 27 900 / 2 = 13 950 = tranche 1

Ils rembourseront le PTZ en différé.

Les 15 premières années seront utilisées pour rembourser un prêt amortissable, puis, les 10 années suivantes, ils rembourseront le PTZ ainsi que le prêt amortissable si celui-ci n'est pas totalement soldé.

Mensualité du PTZ : 100 000 / 120 = 833,33 €/mois

Prêt amortissable :

Considérons le taux à 1,50 % avec un remboursement sur 15 ans.

Reste à financer : 250 000 − 100 000 = 150 000 €

Mensualité : (capital à emprunter × taux mensuel) / $[1 - (1 + TM)^{-\text{nbre M}}]$ (voir plan de financement)

Taux mensuel (TM) : 1,50/12 = 0,00125

$(150\ 000 \times 0,00125)\ /\ [1 - (1 + 0,00125)^{-240}] = 723,81$ €

Un PTZ ne pouvant couvrir le montant total d'une opération, il est toujours assorti d'un prêt amortissable. L'explication détaillée se fera dans la partie « Plan de financement ».

Les 15 premières années, ils rembourseront 723,81 € de prêt amortissable et, les 10 années suivantes, 833,33 € de PTZ.

L'éco-PTZ 2019

Changements à compter du 1er juillet 2019 :

- extension de l'éco-PTZ aux logements achevés depuis plus de 2 ans ;
- extension de l'éco-PTZ aux travaux d'isolation des bas planchers ;
- uniformisation de la durée d'emprunt pour tous les éco-prêts à 15 ans ;
- possibilité de recourir à un éco-PTZ complémentaire dans un délai porté à 5 ans.

L'éco-prêt à taux zéro s'adresse à tous les propriétaires, occupants ou bailleurs, sans condition de ressources, pour tous types de logements, maisons ou appartements.

Depuis le 1er juillet 2019, l'éco-PTZ est étendu à tous les logements achevés depuis plus de 2 ans, le dispositif est prorogé jusqu'au 31 décembre 2021.

Les travaux concernés

- l'isolation thermique de la toiture ;
- l'isolation thermique des murs du logement donnant sur l'extérieur ;
- l'isolation thermique des ouvertures donnant sur l'extérieur ;
- l'installation, la régulation ou le remplacement de systèmes de chauffage ;
- l'installation de systèmes de chauffage utilisant une énergie renouvelable ;
- l'installation d'équipements de production d'eau chaude sanitaire utilisant une énergie renouvelable ;

- l'isolation des planchers bas.

Les travaux doivent être effectués par un artisan certifié RGE « reconnu garant de l'environnement ».

Montant du crédit

Le montant est plafonné à 30 000 € :
- 10 000 € : réalisation d'une seule catégorie de travaux éligibles au dispositif ;
- 20 000 € : bouquet de 2 travaux ;
- 30 000 € : bouquet de 3 travaux.

La durée de remboursement est de 15 ans pour l'ensemble du dispositif.

Accession sociale à la propriété en zone Anru

L'Anru (Agence nationale pour la rénovation urbaine) met en œuvre des projets de renouvellement urbain afin de transformer les conditions de vie des populations.

À travers le programme national de rénovation urbaine et le programme « Quartiers anciens », l'Anru intervient notamment sur les logements, les espaces publics, les équipements scolaires, les crèches, les commerces, l'activité économique.

Dans les quartiers dits « Anru », sous convention ANRU ou dans un périmètre de moins de 500 m de la limite de ces quartiers, la loi a établi une possibilité de soumettre à un taux réduit de TVA les ventes de logements neufs à destination de résidence principale de l'acquéreur.

Une zone Anru est un secteur urbain défini par les collectivités en vue de le revaloriser.

De très nombreux quartiers bénéficient d'une transformation :
- logements neufs ;
- réhabilitation ou démolition d'immeubles vétustes ;
- amélioration des espaces publics ;
- mise en place d'opérations en faveur du développement économique ou social ;
- installation de commerces, d'équipements sociaux et culturels.

Ces opérations permettent de favoriser la mixité sociale, des projets de développement durable et une nouvelle dynamique économique.

Les conditions d'éligibilité

- Être une personne physique et acheter sa résidence principale (logement neuf).
- Le logement doit se trouver à l'intérieur d'un périmètre Anru.
- L'acquéreur ou les acquéreurs doivent respecter un plafond de ressources actualisé chaque année.
- Les acquisitions concernent les logements en Véfa.

Les plafonds à respecter

Plafonds de ressources

Les plafonds de ressources pour la zone Anru correspondent aux plafonds du prêt locatif social (PLS) majorés de 11 % (voir tableau ci-dessous).

Les ressources prises en compte sont celles de l'année N-2 et correspondent pour un salarié aux revenus nets imposables.

La date qui fait référence est celle de l'avant-contrat (contrat de réservation ou contrat préliminaire dans le cas d'un achat en Véfa) et non plus celle de l'acte de vente définitif notarié, dans le but de sécuriser les décisions d'achat en cas de changement de situation de l'acquéreur entre la date de l'avant-contrat et celle de l'acte.

Tableau 8.9. Les plafonds de ressources pour la zone Anru (année 2019)

Catégorie ménage	Paris + communes limitrophes	IDF hors Paris	Autres régions
1 : une personne seule	34 229 €	34 229 €	29 759 €
2 : deux personnes sans aucune personne à charge (un ménage)	51 157 €	51 157 €	39 740 €
3 : trois personnes (couple avec une personne à charge)	67 061 €	61 495 €	47 791 €
4 : quatre personnes	80 066 €	73 659 €	57 694 €
5 : cinq personnes	95 283 €	87 199 €	67 872 €
6 : six personnes	107 195 €	98 125 €	76 491 €
Personne supplémentaire	+ 11 945 €	+ 10 934 €	+ 8 531 €

Plafonds acquisition

Pour les logements dont le permis de construire a été déposé après le 27 mars 2009, le prix de vente doit respecter les prix plafonds du dispositif du prêt social location accession (PSLA), à savoir :

- zone A bis : 4 754 € ;
- zone A : 3 602 € ;
- zone B1 : 2 885 € ;
- zone B2 : 2 518 € ;
- zone C : 2 202 €.

Note

Ces prix de vente se comprennent hors taxes par mètre carré de surface utile, valeur 2014.

La définition de la surface utile pour l'application du dispositif zone Anru comme pour celle du PSLA correspond à la surface habitable plus la moitié des surfaces annexes, dans la limite de 6 m². Est prise en compte la moitié de la surface de l'emplacement d'un stationnement privatif ou d'un garage.

Revente du bien immobilier

Par dérogation, les opérations situées à plus de 300 m et à moins de 500 m de ces quartiers bénéficient d'une TVA à 5,5 %.

En cas de revente du bien avant une période de 10 ans, vous devrez rembourser la différence de TVA soit 14,5 % (20 – 5,5 %), diminuée de 1/10 par année de détention au-delà de la 5e année.

Cependant cette condition peut être annulée dans les cas suivants :
- mobilité professionnelle impliquant un trajet de plus de 70 km entre le nouveau lieu de travail et le logement ;
- chômage d'une durée supérieure à un an ;
- divorce ou dissolution d'un PACS ;
- délivrance d'une carte d'invalidité ;
- décès de l'acquéreur ;
- décès d'un descendant direct faisant partie du foyer.

Le prêt à l'accession sociale (PAS)

C'est un prêt aidé qui a été mis en place pour favoriser l'accession à la propriété des ménages modestes.

Le type de projet

Le PAS finance l'achat de la résidence principale :
- l'acquisition d'un logement neuf ;
- la construction d'une maison individuelle ;
- l'achat d'un logement ancien qu'il y ait ou non des travaux, ainsi que des travaux à effectuer sous certaines conditions ;
- les travaux d'amélioration ou d'économie d'énergie d'un montant minimum de 4 000 €.

Il peut financer 100 % du prix d'achat. Il est cumulable avec d'autres prêts : le prêt d'épargne logement, le 1 % logement, les prêts aux fonctionnaires, ainsi que les prêts accordés par des organismes sociaux. Il est soumis à un plafond de ressources.

Tableau 8.10. Plafonds de ressources pour l'octroi du PAS en 2019

Nombre de personnes qui vont occuper le logement	Zone A	Zone B1	Zone B2	Zone C
1	37 000 €	30 000 €	27 000 €	24 000 €
2	51 800 €	42 000 €	37 800 €	33 600 €
3	62 900 €	51 000 €	45 900 €	40 800 €
4	74 000 €	60 000 €	54 000 €	48 000 €
5	85 100 €	69 000 €	62 100 €	55 200 €
6	96 200 €	78 000 €	70 200 €	62 400 €
7	107 300 €	87 000 €	78 300 €	69 600 €
8 et plus	118 400 €	96 000 €	86 400 €	76 800 €

Habitabilité

Une surface minimale est définie en fonction du nombre de personnes vivant dans le logement.

Tableau 8.11. Détermination de la surface par foyer

Composition de la famille	Surface habitable minimale (m^2)
Une personne seule ou ménage sans personne à charge	27
Une personne seule ou jeune ménage avec un enfant ou une personne à charge	41
Ménage avec un enfant ou une personne à charge	54
Ménage avec deux enfants ou personnes à charge	66
Ménage avec trois enfants ou personnes à charge	79
Ménage avec quatre enfants ou personnes à charge	89
Ménage avec cinq enfants ou personnes à charge	103
Par personne supplémentaire, ajouter	+ 10

Les taux d'intérêt

L'emprunteur peut choisir entre un prêt à taux fixe ou à taux variable. Les organismes peuvent aussi proposer des taux mixtes (taux révisable et fixe) qui permettent d'alléger ou d'augmenter les mensualités en fonction de la situation de l'emprunteur.

Les taux d'intérêt appliqués dépendent de la durée du prêt, qui est comprise entre 5 et 35 ans.

Le taux dépend de la durée d'emprunt et de l'établissement qui le propose. Cependant, des taux maximums sont fixés.

Tableau 8.12. Taux d'intérêt applicables en fonction de la durée de l'emprunt

Taux maximums légaux du PAS au 1er février 2017		
Durée du prêt	Taux fixe	Taux variable
12 ans ou moins	2,75 %	
Entre 12 et 15 ans	2,95 %	2,75 %
Entre 15 et 20 ans	3,10 %	
Plus de 20 ans	3,20 %	

La mise en place du prêt

Les garanties exigées pour l'obtention d'un PAS sont une hypothèque de premier rang sur le logement et une assurance décès-invalidité. L'assurance chômage peut aussi être demandée.

Le prêt conventionné

Le prêt conventionné peut être accordé par tous les établissements bancaires ayant passé une convention avec l'État. Il s'agit d'un prêt à taux plafonné en fonction de la durée de l'emprunt, sans condition de ressources. Il ouvre droit à l'APL et peut être accordé sans apport personnel initial.

Opérations finançables

- Achat d'un logement neuf ou ancien, sans obligation de travaux.
- Construction d'une maison individuelle.
- Achat d'un terrain (limite 2 500 m^2) et la construction pour ce terrain, celle-ci doit être achevée dans les 3 ans qui suivent l'acquisition du terrain.
- Travaux d'amélioration ou liés à l'économie d'énergie dont le montant minimal est de 4 000 €.
- Achat d'un logement destiné à la location.

Caractéristiques du logement

Deux conditions :

- la destination : le logement doit être destiné à la résidence principale, occupé au moins 8 mois par an par le bénéficiaire ou sa famille. L'acquisition en investissement locatif est elle aussi destinée à la résidence principale du locataire ;
- la surface : le logement est soumis à un plafond minimal de surface habitable (voir tableau 8.13). Lorsque le prêt est prévu pour des travaux d'agrandissement, la surface créée doit être de 14 m^2 minimum.

Tableau 8.13. Plafonds surface habitable minimale

Composition du ménage	Surface habitable minimale (m^2)
Personne seule	9
2 personnes	16
Par personne supplémentaire	9

Le prêt

Il est amortissable sur une durée de 5 à 30 ans, mais il est possible de l'allonger sur une durée de 35 ans ou de le raccourcir sans durée minimale.

Le coût total de l'opération inclut le prix d'acquisition, les honoraires d'agence ou de géomètre, les assurances ainsi que les différentes taxes.

Les taux d'intérêt sont fixés par les banques dans la limite d'un taux plafond. La banque est tenue de proposer à l'emprunteur au moins un prêt à taux fixe et un à taux révisable. Elle peut également proposer un taux mixte, combinant des périodes à taux fixe et d'autres à taux variable.

Tableau 8.14. Taux d'emprunt maximum

Durée du prêt	Taux fixe	Taux variable
Inférieure ou égale à 12 ans	3,05 %	3,05 %
Entre 12 et 15 ans	3,25 %	3,05 %
Entre 15 et 20 ans	3,40 %	3,05 %
Supérieure à 20 ans	3,50 %	3,05 %

Le taux est toujours supérieur à celui d'un prêt amortissable classique, ce qui lui enlève le principal de ses attraits.

Il peut être complété si nécessaire par différents prêts :

- PTZ ;
- 1 % logement ;
- PEL ou CEL ;
- prêt relais ;
- certains petits prêts comme le prêt fonctionnaire, départemental, régional.

Participation des employeurs à l'effort de construction : le 1 % employeur ou « action logement »

Le 1 % logement a été transformé en prêt « action logement ». Il est accordé dans les entreprises de plus de 10 salariés, la cotisation apparaît automatiquement dans les fiches de paie.

Il existe deux types d'avantages fixés librement par l'employeur :

- des locations à taux préférentiels (réserve de logements locatifs) ;
- des prêts pour l'acquisition d'un logement.

Il existe dans les entreprises un ordre de priorité en fonction des salaires et de la situation familiale.

Le 1 % ne peut être le prêt principal. Il est accordé dans le cadre de la résidence principale pour l'employé ou ses ascendants ou descendants.

Objet du prêt

- Achat d'un terrain en vue d'une construction (logement).
- Construction d'une maison individuelle.
- Financement de travaux pour mettre le logement aux normes d'habitabilité mais aussi des travaux d'agrandissement ou d'aménagement.
- Acquisition d'un logement neuf ou ancien.
- Acquisition de locaux avec changement de destination.
- Travaux pour remise aux normes des performances énergétiques.

Taux, montant et durée du prêt action logement

Il a un taux très attractif de 1,00 %. Le montant varie en fonction de la zone géographique du bien immobilier et ne doit pas dépasser 30 % du coût total de l'opération.

Tableau 8.15. Montant maximum de l'emprunt

Montant	Zone A	Zone B1	Zone B2	Zone C
Maximum	25 000 €	20 000 €	15 000 €	10 000 €
Minimum	15 000 €	15 000 €	7 000 €	7 000 €

Le prêt peut être majoré de 16 000 € pour financer certains travaux d'accessibilité et d'adaptation du logement aux personnes handicapées.

Le prêt peut également être majoré de 5 000 € pour :

- les salariés en mobilité professionnelle ;
- les acquéreurs de logements dans le cadre de la vente de logements HLM ou de logements appartenant à une filiale de CIL (Comité interprofessionnel du logement) ;
- les acquéreurs, anciens locataires d'un logement HLM en zone A et B1.

Les modalités du prêt sont différentes en fonction du collecteur auquel est affilié l'employeur. La durée de remboursement est en général de 15 à 20 ans. Le remboursement anticipé est possible.

Le prêt fonctionnaire

Ce prêt est accordé pour la construction ou l'acquisition d'un logement neuf ou ancien, avec ou sans travaux.

Il s'adresse aux agents (titulaires et contractuels) des 3 fonctions publiques (État, collectivités territoriales, établissements publics santé et action sociale).

Son montant est de 1 220 € pour un logement d'une pièce à 3 888 € pour 7 pièces en zone A.

Tableau 8.16. Montant du crédit par zone

Logement	Zone 1 (Paris et région parisienne)	Zone 2 (villes et agglomérations de + de 100 000 habitants)	Zone 3 (reste du territoire)
1 pièce	1 585,47 €	1 402,53 €	1 219,59 €
2 pièces	1 981,84 €	1 753,16 €	1 524,49 €
3 pièces	2 286,74 €	2 012,33 €	1 768,41 €
4 pièces	2 698,35 €	2 393,45 €	2 088,55 €
5 pièces	3 155,69 €	2 789,82 €	2 423,94 €
6 pièces	3 506,33 €	3 109,96 €	2 698,35 €
7 pièces	3 887,45 €	3 414,86 €	2 972,76 €

Tableau 8.17. Montant pour des travaux de transformation (en €/m²)

Type de travaux	Zone 1	Zone 2	Zone 3
Agrandissement (en €/m²)	31,25	29,73	28,20
Transformation (en €/m²)	19,82	19,06	18,30

Sa durée est comprise entre 10 et 15 ans avec un différé d'amortissement. Les quatre premières années, l'emprunteur règle les intérêts et non le capital au taux de 4 % puis à 7 % pour les sept dernières années. Ce prêt s'obtient auprès du crédit social des fonctionnaires.

Pour les fonctionnaires de l'Éducation nationale, des conditions avantageuses peuvent être obtenues auprès de la Casden (Caisse des enseignants) en fonction du nombre de points acquis.

Les prêts départementaux

Les conditions et les caractéristiques des prêts consentis par les conseils généraux varient selon les départements mais restent des prêts dits « sociaux » réservés la plupart du temps aux familles aux ressources modestes. Ils viennent en complément d'autres prêts comme le prêt PAS ou le prêt 1 % employeur. Les taux d'intérêt de ces prêts s'échelonnent, selon les départements, de 2 à 5 %.

Le prêt *in fine*

Le prêt *in fine* s'adresse aux investisseurs.

Le fonctionnement est simple, l'investisseur place un capital sur un compte bloqué, la plupart du temps une assurance-vie. En contrepartie l'organisme bancaire prête le montant de la somme placée pour acquérir un investissement locatif.

Pendant la durée du crédit, l'emprunteur règle uniquement les intérêts et ne remboursera le capital qu'à la dernière échéance. Ce capital est garanti par le placement.

L'investisseur pourra bénéficier d'un avantage fiscal, les intérêts d'emprunt seront entièrement déduits du revenu brut foncier (voir chapitre 7).

Tableau 8.18. Comparatif des taux du crédit *in fine* 2017

Durée	Taux minimum	Taux du marché	Taux maximum
7 ans	1,15 %	1,35 %	1,85 %
10 ans	1,50 %	1,70 %	1,90 %
12 ans	1,65 %	1,85 %	2,10 %
15 ans	1,80 %	2,00 %	2,35 %
20 ans	2,00 %	2,20%	2,45 %

Le prêt relais

C'est une avance consentie par un organisme prêteur sur la future vente d'un bien qui servira à financer au moins partiellement l'acquisition d'un autre bien. Le montant de l'avance représente entre 60 et 80 % de la valeur du bien estimé par un professionnel. Le « vendeur acquéreur » dispose ainsi d'un délai pour vendre correctement son bien sans pour autant être bloqué pour sa nouvelle acquisition. Il se présente sous 3 formes :

- le prêt « sec » : en attendant la vente définitive du bien, le propriétaire vendeur ne paiera que les intérêts et remboursera l'avance à la signature de l'acte ;
- le prêt « avec franchise totale » : l'organisme avance la trésorerie, mais le remboursement, intérêts et capital, se fera en totalité à la signature de l'acte ;
- le prêt « adossé » : il est proposé aux propriétaires n'ayant pas soldé leur premier emprunt. L'organisme inclut dans le prêt amortissable de la nouvelle acquisition le prêt relais et ses intérêts. À la signature de l'acte du bien sous prêt relais, le prêt amortissable sera allégé du remboursement de l'avance et des intérêts.

Ce prêt est prévu pour du court terme, sa durée maximale est de 2 ans avec possibilité de prorogation d'un an avec l'accord de l'organisme prêteur. Son coût, selon la situation, est de 1,20 à 2,10 %. L'intérêt pour le client est de ne pas dépasser quelques mois, d'où la nécessité d'évaluer le bien au prix réel du marché.

Le prêt bancaire

Le prêt bancaire ou prêt classique est un prêt amortissable distribué par tous les établissements de crédit. Il est libre et non aidé par l'État. Les banques fixent librement les taux et le montant des frais.

Le taux d'intérêt peut être fixe ou révisable. Il varie selon le « risque » présenté par un projet. La durée varie de 5 à 30 ans, mais plus cette durée augmente, plus le taux d'intérêt est élevé.

Tableau 8.19. Taux d'emprunt en fonction de la durée du prêt

Durée	10 ans	15 ans	20 ans	25 ans	30 ans
Taux minimum	0,50 %	0,72 %	0,93 %	1,12 %	1,37 %
Taux du marché	0,90 %	1,10 %	1,35 %	1,55 %	1,85 %

La loi Scrivener

La loi Scrivener du 13 juillet 1979 concernant les prêts immobiliers est régie par les articles L. 312-1 et suivants du Code de la consommation.

La volonté du législateur est de protéger le consommateur, de la demande du crédit jusqu'à la fin de vie du contrat.

Elle s'applique à tous les prêts concernant l'achat d'immeubles à usage d'habitation ou à usage professionnel et d'habitation, l'achat de terrains à construire, de parts de sociétés d'immeuble, les travaux de rénovation, ou construction pour un montant supérieur à 21 500 €. Peu importe le but de l'opération, habitation ou investissement.

Réglementation de l'offre préalable de crédit

Le législateur veut que le consommateur dispose, avant de prendre sa décision, d'une information complète sur le crédit qui lui sera accordé. L'information est donc plus précise que celle fournie par la publicité.

L'« offre préalable » remise par le professionnel du crédit contient une série de mentions obligatoires :
- l'identité des parties (prêteur, emprunteur(s), éventuellement caution(s)) ;
- la nature du prêt (prêt épargne logement, prêt conventionné, prêt classique…) ;
- son objet (résidence principale, secondaire, achat d'un terrain pour construire…) ;
- le montant du crédit offert ;

- les modalités du prêt : la date de mise à disposition des fonds, l'échéancier détaillé des amortissements comportant les dates et le montant global de chaque échéance avec la part d'amortissement du capital et la part des intérêts.

Dans le cas de prêt à taux variable, les modalités d'indexation sont clairement exprimées dans l'offre de crédit.

Dans le cas d'un taux révisable, le coût total des intérêts ainsi que le TEG ne sont qu'indicatifs puisqu'il n'est pas possible de prédire l'évolution des taux.

Est exigée par la banque l'assurance décès-invalidité. L'assurance perte d'emploi est facultative.

Les garanties souscrites en cas de défaillance de l'emprunteur (hypothèque, privilège de prêteur de deniers, ou cautions, etc.). Le choix des garanties appartient à la banque en fonction du bien acheté et du profil de l'acquéreur.

L'emprunteur peut rembourser son prêt par anticipation en partie ou en totalité. Si le contrat comporte une clause d'indemnité, celle-ci ne peut excéder la valeur d'un semestre d'intérêt sur le capital remboursé, sans dépasser 3 % du capital restant dû.

Le délai de réflexion

Dès réception de l'offre écrite par l'emprunteur et les cautions personnes physiques déclarées par l'emprunteur, le particulier dispose d'un délai de réflexion de 10 jours pendant lequel il ne peut accepter formellement l'offre. L'emprunteur et les cautions éventuelles doivent retourner l'offre de crédit avec mention de l'acceptation par courrier, le cachet de la poste faisant foi, mais l'offre de crédit de l'établissement financier est valable au minimum 30 jours.

L'organisme bancaire doit joindre le tableau d'amortissement du prêt, l'offre de crédit, la notice d'information du contrat d'assurance indiquant les risques garantis et les modalités de mise en jeu de l'assurance. Toute modification ultérieure de la police d'assurance serait inopposable à l'assuré car non conforme à la police d'origine qu'il a acceptée au départ.

Le contrat de vente ne devient exécutoire qu'à partir de l'obtention du prêt ou des prêts.

La condition suspensive est réalisée dès qu'un organisme de crédit a fait une offre préalable conforme aux caractéristiques de financement de l'opération dans la promesse de vente. L'emprunteur ne peut échapper à l'exécution de son engagement en s'abritant derrière la condition suspensive d'obtention du prêt s'il est prouvé qu'il a empêché l'accomplissement de celle-ci, par exemple en ne déposant pas de demande de crédit en temps utile, ou faisant des déclarations de revenus erronées ou incomplètes…

La condition suspensive pour obtention du prêt vise à protéger l'acquéreur contre la non-obtention de son financement, elle ne doit pas constituer un moyen de contourner le contrat initial de vente immobilière.

À la signature du compromis de vente, si l'acquéreur renonce à bénéficier d'un prêt, la promesse de vente doit indiquer expressément que le prix est payé sans l'aide d'un prêt, et l'acte doit comporter une mention manuscrite où l'acquéreur reconnaît avoir été informé que, s'il recourt néanmoins à un prêt, il ne pourra se prévaloir des dispositions de la réglementation.

Si la vente du bien immobilier ne peut se faire pour des raisons indépendantes de la volonté de l'emprunteur dans le délai de 4 mois, l'emprunteur serait dégagé du contrat de crédit qu'il a accepté.

Le plan de financement

Avant de rechercher un bien qui correspond à sa situation familiale, l'acquéreur doit connaître ses capacités financières.

En tant qu'agent immobilier il est inutile de proposer des biens si la situation financière n'a pas été étudiée. C'est une perte de temps pour le client ainsi que pour le professionnel.

L'enveloppe financière doit être égale au total de l'acquisition.

Le total acquisition

Il ne faut négliger aucuns frais pour accompagner le client dans son projet.

Voici les frais à prendre en compte :

- prix du bien ;
- honoraires d'agence ;
- frais de notaire ;
- travaux éventuels ;
- frais de dossier financier.

La liste n'est pas exhaustive, chaque opération est unique.

Enveloppe financière

Elle est composée de l'apport personnel et du « reste à financer ». Le montant doit être égal au total acquisition.

Exemple

Des clients désirent acquérir un logement neuf d'une valeur de 290 000 €. La provision pour frais de notaire est évaluée à 2 % du prix du bien. 1 000 € de frais annexes ont été prévus. Ils ont un apport personnel de 80 000 €.

Tableau 8.20. Comparatif entre le coût de l'opération et le financement prévisionnel

	Total acquisition		Enveloppe financière
Le logement	290 000 €	Apport personnel	80 000 €
Les frais de notaire	5 800 €	Reste à financer	216 800 €
Frais généraux	1 000 €		
TOTAL	296 800 €	TOTAL	296 800 €

Dès que l'enveloppe est cernée, on doit étudier la solvabilité de l'acquéreur.

Sa capacité d'endettement lui permettra-t-elle d'emprunter la somme nécessaire ?

En fonction des ressources d'un ménage, les organismes bancaires ont des critères essentiels pour éviter un endettement trop lourd.

L'organisme met en place un « reste à vivre », c'est le budget nécessaire pour un ménage (factures courantes, alimentaires, vestimentaires, transports…). Le prêteur va déterminer un disponible pour l'emprunt. Il est fixé par un taux d'endettement sur les revenus du ménage. Ce taux varie selon les situations et les organismes de 30 à 33 % maximum des revenus.

Exemple

Un ménage a 4 500 € de revenus mensuels.

Taux d'endettement à 33 % = 4 500 × 33 % = 1 485 €

1 485 € sera la mensualité maximale pour emprunter.

Le ménage aura un reste à vivre de : 4 500 − 1 485 = 3 015 €.

Attention

Les prêts à la consommation d'une durée supérieure ou égale à 6 mois doivent être retirés des revenus avant de calculer le taux d'endettement pour éviter une surcharge dans le budget du ménage.

Calcul de l'emprunt

À partir de la mensualité on calcule l'emprunt.

Deux solutions pour déterminer le montant du crédit :

1. À l'aide de grilles, on détermine la mensualité de remboursement pour 10 000 €, 5 000 € ou 1 000 € empruntables. Cette mensualité précalculée est fonction du taux de l'emprunt et de la durée du prêt.

Tableau 8.21. Montant des mensualités hors assurances pour 10 000 € empruntés

	12	18	24	30	36	48	60	75	84	120
1,00 %	837,85	559,96	421,02	337,66	282,08	212,61	170,94	137,60	123,31	87,60
1,25 %	838,99	561,07	422,11	338,74	283,16	213,69	172,02	138,68	124,39	88,69
1,50 %	840,12	562,18	423,21	339,83	284,25	214,78	173,10	139,76	125,48	89,79
1,75 %	841,25	563,28	424,30	340,92	285,34	215,86	174,19	140,85	126,57	90,90
2,00 %	842,39	564,39	425,40	342,01	286,43	216,95	175,28	141,95	127,67	92,01
2,25 %	843,52	565,50	426,50	343,11	287,52	218,04	176,37	143,05	128,78	93,14
2,50 %	844,66	566,62	427,60	344,21	288,61	219,14	177,47	144,16	129,89	94,27
2,75 %	845,80	567,73	428,71	345,30	289,71	220,24	178,58	145,27	131,01	95,41
3,00 %	846,94	568,84	429,81	346,41	290,81	221,34	179,69	146,39	132,13	96,56
3,25 %	848,08	569,96	430,92	347,51	291,92	222,45	180,80	147,51	133,26	97,72
3,50 %	849,22	571,08	432,03	348,61	293,02	223,56	181,92	148,64	134,40	98,89
3,75 %	850,36	572,19	433,14	349,72	294,13	224,67	183,04	149,78	135,54	100,06
4,00 %	851,50	573,31	434,25	350,83	295,24	225,79	184,17	150,91	136,69	101,25
4,25 %	852,64	574,43	435,36	351,94	296,35	226,91	185,30	152,06	137,84	102,44
4,50 %	853,79	575,56	436,48	353,06	297,47	228,03	186,43	153,21	139,00	103,64
4,75 %	854,93	576,68	437,60	354,18	298,59	229,16	187,57	154,36	140,17	104,85
5,00 %	856,07	577,81	438,71	355,29	299,71	230,29	188,71	155,53	141,34	106,07
5,25 %	857,22	578,93	439,83	356,41	300,83	231,43	189,86	156,69	142,52	107,29
5,50 %	858,37	580,06	440,96	357,54	301,96	232,56	191,01	157,86	143,70	108,53
5,75 %	859,52	581,19	442,08	358,66	303,09	233,71	192,17	159,04	144,89	109,77
6,00 %	860,66	582,32	443,21	359,79	304,22	234,85	193,33	160,22	146,09	111,02
6,25 %	861,81	583,45	444,33	360,92	305,35	236,00	194,49	161,41	147,29	112,28
6,50 %	862,96	584,58	445,46	362,05	306,49	237,15	195,66	162,60	148,49	113,55
6,75 %	864,12	585,71	446,59	363,18	307,63	238,30	196,83	163,80	149,71	114,82
7,00 %	865,27	586,85	447,73	364,32	308,77	239,46	198,01	165,00	150,93	116,11
7,25 %	866,42	587,99	448,86	365,46	309,92	240,62	199,19	166,21	152,15	117,40
7,50 %	867,57	589,12	450,00	366,60	311,06	241,79	200,38	167,42	153,38	118,70
7,75 %	868,73	590,26	451,13	367,74	312,21	242,96	201,57	168,64	154,62	120,01
8,00 %	869,88	591,40	452,27	368,88	313,36	244,13	202,76	169,87	155,86	121,33

C'est effectivement la méthode la plus simple pour accéder au montant du prêt et de la mensualité.

Deux formules pour comprendre le mode de calcul :

- Vous désirez trouver le montant de l'emprunt à partir d'une mensualité :

  Mensualité souhaitée × tranche à emprunter / Mensualité pour tranche à emprunter

  Exemple

  4 500 € de revenus mensuels.

  Taux d'endettement : 4 500 × 30 % = 1 350 €

  Prêt amortissable à 1,50 % sur 20 ans

  (1 350 × 10 000) / 48,25 = 279 793 €

- Vous désirez trouver la mensualité en partant du capital à emprunter :

  Montant à financer × mensualité pour tranche à emprunter / tranche à emprunter

  Exemple

  Opération frais inclus 310 000 €, 50 000 € d'apport personnel.

  Prêt amortissable à 1,50 % sur 20 ans.

  Reste à financer : 310 000 € − 50 000 € = 260 000 €

  Mensualité pour 260 000 € d'emprunt :

  (260 000 × 48,25) /10 000 = 1 254,50 € par mois hors assurance

2. À l'aide du taux d'emprunt

- Trouver une mensualité en fonction du capital à financer et de la durée du crédit.

  Formule : (Capital à emprunter × taux mensuel) / $[1 - (1+TM)^{-nbre\,M}]$

  Exemple

  Un emprunt de 150 000 € au taux de 1,50 % sur 20 ans.

  On ramène le taux annuel à un taux mensuel / 1,50 % / 12 = 0,00125

  $(150\,000 \times 0,00125) / [1 - (1 + 0,00125)^{-240}] = 723,81$ €

- Trouver le montant des intérêts inclus dans une mensualité.

  Formule : Capital × TM

  Exemple

  150 000 × 0,00125 = 187,50 €

  L'emprunteur réglera dans la première mensualité de 723,81 € :

  187,50 € d'intérêts ;

  536,31 € de capital.

Amortissement du crédit

Chaque mois, l'emprunteur règle sur une mensualité constante une partie d'intérêts et une partie du capital.

Tableau 8.22. Tableau d'amortissement (2 premières échéances)

Échéances	Capital à rembourser	Intérêts réglés	Capital remboursé	Capital restant dû	Intérêts cumulés	Mensualités
1	150 000	187,50	536,31	149 463,69	187,50	723,81
2	149 463,69	186,82	536,99	148 926,70	374,32	723,81

L'assurance

L'assurance décès invalidité est obligatoire, elle se substitue à l'emprunteur en cas de décès ou d'invalidité.

Son coût se situe entre 0,40 et 1,30 % du coût total de l'emprunt, par tête et en fonction de l'âge de l'emprunteur et de son état de santé.

La loi Lagarde permet de choisir son assureur, cela signifie que l'emprunteur peut faire jouer la concurrence. La loi Hamon n° 2014-344 du 17 mars 2014 relative à la consommation a renforcé certaines dispositions relatives à l'assurance emprunteur.

Depuis le 26 juillet 2014, l'assurance doit être exprimée en « taux annuel effectif de l'assurance » TAEA, en donner le coût périodique et le montant total sur la durée du prêt. La loi Hamon étend un droit de substitution de l'assurance sur la première année de l'emprunt, 15 jours avant la fin de cette période qui démarre à la signature de l'offre de prêt.

Le calcul des quotités

L'emprunteur doit être assuré à 100 %, il s'agit d'une assurance sur une tête. Les co-emprunteurs doivent choisir leur pourcentage de couverture en prenant le plus souvent comme référence la proportion des revenus de chacun. La répartition peut être de 30/70 %, 50/50 % ou 100/100 %. L'addition des 2 quotités doit être égale à 100 % minimum et 200 % maximum.

Dans le cas d'un couple avec une assurance 70/30, si l'un décède, l'assurance prend en charge 70 % de l'emprunt et le conjoint survivant 30 %. Avec une assurance 100/100, si l'un décède, l'ensemble du crédit est pris en charge par l'assurance.

L'organisme va établir un tableau récapitulatif des risques si l'un ou l'autre décède.

Application

Exemple

M. et Mme Zazy sont d'anciens locataires à qui vous avez vendu un T2 il y a 4 ans. Grâce à vos conseils, ils ont pris la décision d'acheter plus grand avant la naissance de leur deuxième enfant. Comme convenu, ils viennent vous voir aujourd'hui pour bénéficier de vos conseils en matière d'analyse patrimoniale. Ils veulent que vous les aidiez à concevoir un plan de financement pour se rendre compte de la faisabilité du projet.

M. et Mme Zazy ne souhaitent pas s'endetter à plus de 30 % de leurs revenus mensuels et sur une période maximale de 20 ans.

M. Zazy est professeur de lettres, il gagne 2 000 €/mois sur 12 mois. Mme Zazy est technicienne spécialisée de laboratoire dans un grand groupe pharmaceutique pour un salaire de 2 300 €/mois avec 13e mois.

Le couple n'a aucun crédit en cours.

Le couple revendrait sa résidence principale actuelle (que vous avez estimée à 225 000 € net vendeur). Depuis 6 ans, ils ont placé sur un support assurance-vie une somme de 20 000 € à 4 % par an. Ils l'utiliseront pour compléter leur apport personnel.

Le couple souhaite acheter un bien à 425 000 € qu'ils ont repéré dans la vitrine de l'agence. Vous êtes prêt à leur consentir une commission de 4 % sur le prix de vente à leur charge. Les frais de notaire représentent 6,26 % du prix du bien. La banque propose aux clients une assurance décès invalidité sur le prêt principal à des tarifs préférentiels. Le coût est de 0,24 % annuel pour chaque co-emprunteur et pour une couverture à 100 % par tête, la cotisation est unique et identique sur toute la durée du crédit et le taux est un taux proportionnel au montant total du prêt. Vous leur conseillez de s'assurer tous les deux à 100 %, notamment à cause des enfants.

Travail à faire

À l'aide du tableau 8.23, vous procédez à l'analyse patrimoniale de ce couple.

Vous calculerez la somme à emprunter, la part de l'apport personnel, le taux d'effort mensuel du couple hors assurance et assurance comprise ainsi que le coût du crédit.

Établissez un tableau d'amortissement sur les 4 premières échéances.

Tableau 8.23. Taux d'emprunt par quotité d'apport personnel

Taux d'emprunt	% de l'apport constitué
1 %	Supérieur ou égal à 40 %
1,20 %	Supérieur ou égal à 30 %
1,50 %	Supérieur ou égal à 25 %
1,80 %	Supérieur ou égal à 20 %
2,10 %	Supérieur ou égal 10 %

Solution

Total acquisition :

Prix du bien : 425 000 €

Honoraires agence : 425 000 × 4 % = 17 000 €

Notaire : 425 000 × 6,26 % = 26 605 €

Total : 468 605 €

Enveloppe financière

Apport personnel : 20 000 × $1,04^6$ = 25 306 € + 225 000 = 250 306 €

Reste à financer : 468 605 – 250 306 = 218 299 €

Analyse patrimoniale

Revenus mensuels du couple : 2 492 + 2 000 = 4 492 €

Endettement 30 % : 4 492 × 30 % = 1 348 € L'emprunteur ne désire pas dépasser cette mensualité.

Pourcentage de l'apport personnel : (250 306 × 100) / 468 605 = 53,41 %. Ce pourcentage nous permet de déterminer le taux d'emprunt en utilisant l'annexe.

Taux retenu 1 % sur 20 ans.

Mensualité : (218 298 × 0,00083) / [1 – (1 + 0,00083) – 240] = 1 003,55 €

Taux d'effort hors assurance (c'est l'effort pratiqué par l'emprunteur en fonction de ses revenus) : (1 003,55 × 100) / 4 492 = 22,34 %

Calcul de l'assurance de l'emprunt : [(218 298 × 0,40 %) / 100] × 2 = 145,53 €/mois

Mensualité assurance comprise : 1 003,55 + 145,53 = 1 149,08 €

Taux d'effort assurance comprise : 1 149,08 × (100 / 4 492) = 25,58 %

Coût du crédit sur 20 ans hors assurance : 1 003,55 × 240 = 240 852€

240 852 – 218 298 = 22 554 €

Coût du crédit assurance comprise : 1 149,08 × 240 = 275 779 €

275 779 – 218 298 = 57 481 €

La différence entre le capital emprunté et le montant total du remboursement nous indique le coût du crédit.

Tableau 8.24. Tableau d'amortissement hors assurance

Échéances	Capital dû	Mensualité	Intérêts	Capital réglé	Capital restant dû
1	218 298	1 003,55	181,18	822,37	217 475,63
2	217 475,63	1 003,55	180,50	823,04	216 652,59
3	216 652,59	1 003,55	179,82	823,73	215 828,86
4	215 828,86	1 003,55	179,13	824,41	215 004,45

Vos clients peuvent prétendre à l'acquisition du bien. Son analyse patrimoniale correspond à leurs attentes.

Ils ont 2 solutions : ou ils vendent leur bien et achètent dès la signature du compromis dépassé le délai de rétraction, ou ils contractent un prêt relais qui fera la jonction entre la vente et l'acquisition.

Exemple Emprunt avec PTZ + Prêt amortissable

M. et Mme X, mariés avec 2 enfants, sont intéressés par un appartement neuf en ZA ; prix d'acquisition 255 000 € ; provision pour frais d'acte 3 % ; revenu fiscal de référence RFR N-2 : 51 000 € ; apport personnel 55 000 € ; PTZ + prêt amortissable sur 15 ans à 1,75 % avec une assurance décès invalidité (ADI) à 0,20 % sur une tête et pour le PTZ une ADI sur une tête à 0,18 % pour 1 000 € empruntés.

Provision frais de notaire : 255 000 × 3 % = 7 650 €

Total acquisition : 255 000 + 7 650 = 262 650 €

Reste à financer : 262 650 − 55 000 = 207 650 €

Endettement : (3 000 × 13 / 12) + 3 100 = 6 350 × 33 % = 2 095,50 €

Concernant le PTZ, il faut vérifier si le client est éligible. Son RFR est de 51 000 €, le plafond pour 4 personnes est à 74 000 €, il est donc éligible au PTZ.

Montant du PTZ : 255 000 × 0,40 = 102 000 €

Tranche de remboursement : RFR / coeff. → 51 000 / 2 = 25 500 → Tranche 2

Remboursement PTZ : sur 22 ans dont 10 ans en différé et le remboursement sur les 12 dernières années → 102 000 / 144 = 708,33 €

ADI PTZ = 102 000 × 0,18 / 1 000 × 2 = 36,72 €

Total mensualité PTZ → 708,33 + 36,72 = 745,05 €

Reste à financer en prêt amortissable : 207 650 − 102 000 = 105 650 €

Taux mensuel : 1,75 % / 12 = 0,00145

Mensualité prêt amortissable sur 15 ans : (105 650 × 0,00145) / [(1 − (1 + 0,00145)] − 180 = 667,29 €

ADI : 105 650 × 0,40 % / 12 × 2 = 70,43 €

Total mensualité prêt amortissable : 667,29 + 70,43 = 737,72 €

Taux d'effort les 10 premières années sans le PTZ : 737,72 × 100 / 6 350 = 11,60 %

Taux d'effort les 5 années suivantes (PTZ + PA) : 737,72 + 745,05 = 1 482,77 × 100 / 6 350 = 23,35 %

Taux d'effort les 7 dernières années de PTZ : 745,05 × 100 / 6 350 = 11,73 %

Ce plan de financement est de qualité, l'opération est envisageable même avec une acquisition plus spacieuse d'un montant plus élevé.

Exemple emprunt avec table financière

M et Mme Dumas sont intéressés par l'acquisition d'une maison. Elle est affichée au prix de 525 000 € honoraires d'agence inclus à 5,5 % à la charge du vendeur. Une prévision pour frais d'acte estimée à 7,5 %. Ce sont des clients fidèles, vous avez la possibilité d'offrir une réduction maximale de 10 % sur le prix du bien, en fonction du taux d'endettement.

– Revenus : 6 000 €/mois

– Apport personnel : 30 % du total acquisition

– Épargne : 20 000 € à 3 % sur 4 ans

  Assurance invalidité sur une tête à 0,15 %

– Prêt amortissable sur 20 ans à 1,75 %

A/ Vérifiez si l'apport personnel est suffisant, sinon prenez en compte un complément.

B/ Établissez le meilleur plan de financement.

C/ Effectuez un tableau d'amortissement sur les 3 premières échéances.

- Droit de mutation : 525 000 × 7,5 % = 39 375 €
- Total acquisition : 525 000 + 39 375 = 564 375 €
- Apport personnel : 564 375 × 0,30 = 169 313 €
- Épargne : 20 000 × 1,030^4 = 22 510 €
- Total apport personnel : 169 313 + 22 510 = 191 823 €
- Reste à financer : 564 375 − 191 823 = 372 552 €
- Endettement : 6 000 × 33 % = 1 980 €
- Taux mensuel : 1,75 / 12 = 0,00145
- Mensualité prêt amortissable : 372 552 × 0,00145 / (1 − (1 + 0,00145)^ − 240 = 1 839,15 €
- Taux d'effort hors assurance : 1 835,15 × 100 / 6 000 = 30,59 %
- Assurance : 372 552 × 0,30 % / 12 = 93,14 €
- Mensualité assurance comprise : 1 839,15 + 93,14 = 1 932,29 €
- Taux d'effort assurance comprise : 1 932,29 × 100 / 6 000 = 32,20 %
- Pour un financement plus confortable nous appliquons 5 % de réduction sur le prix du bien : 525 000 × 0,05 = 26 250 €, l'apport personnel reste inchangé.
- Reste à financer : 372 552 − 26 250 = 346 302 €
- Mensualité prêt amortissable : 346 302 × 0,00145 / (1 − (1 + 0,00145) ^ − 240 = 1 709,56 €
- Assurance : 346 302 × 0,30 % / 12 = 86,58 €
- Mensualité globale : 1 709,56 + 86,58 = 1 796,14 €
- Taux d'effort assurance comprise : 1 796,14 × 100 / 6 000 = 29,94 %

Le financement est correct, nous pouvons proposer une réduction de 5 % au lieu de 10 %. Il est inutile de réclamer un apport personnel supplémentaire.

Tableau d'amortissement de l'emprunt :

Échéances	Capital à rembourser	Intérêts	Capital remboursé	Capital restant dû	Intérêts cumulés	Mensualités
1	346 302	502,14	1 209,17	345 094,58	502,14	1 709,56
2	345 094,58	500,39	977,30	343 885,41	1 002,53	1 709,56
3	343 885,41	498,63	1 210,93	342 674,48	1 501,16	1 709,56
4	342 674,48					

1/ Intérêts : 346 302 x 0,00145 = 502,14 €

Capital remboursé : 1 709,56 − 502,14= 1 207,42 €

Capital restant dû : 346 302 − 1 207,42 = 345 094,58 €

2/ Intérêts : 345 094,58 x 0,00145 = 500,39 €

Capital remboursé : 1 709,56 − 500,39 = 1 209,17 €

Capital restant dû : 345 094,58 − 1 209,17 = 343 885,41 €

Intérêts cumulés : 502,14 + 500,39 = 1 002,53 €

3/ Intérêts : 343 885,41 x 0,00145 = 498,63 €

Capital remboursé : 1 709,56 − 498,63 = 1 210,93 €

Capital restant dû : 343 885,41 − 1 210,93 = 342 674,48 €

Intérêts cumulés : 1 002,53 + 498,63 = 1 501,16 €

CHAPITRE 9

La succession

La mutation du patrimoine du défunt au profit de ses héritiers engendre des droits de succession qui varient en fonction du lien de parenté et de l'importance du patrimoine.

La succession est soumise à un impôt « droits de succession ». Son taux est d'autant plus élevé que le lien de parenté est éloigné. L'héritier bénéficie d'abattements différents selon le lien de parenté.

Part de la succession revenant aux descendants

En l'absence de conjoint survivant

Si le défunt n'a pas fait de legs ou de donation, les descendants reçoivent l'intégralité des biens.

En présence d'un conjoint survivant

Il faut distinguer les cas où les enfants ou descendants sont issus des deux époux de ceux où les enfants ou descendants ne sont pas issus des deux époux.

Si les enfants ou descendants sont issus des deux époux, le conjoint survivant a le choix entre :

- un quart en propriété (dans ce cas les descendants se partagent les trois quarts de la propriété) ;
- l'usufruit de la totalité des biens existants (les descendants recueillent la nue-propriété de ces mêmes biens).

En principe, le conjoint survivant peut opter pour l'un ou l'autre choix, à tout moment jusqu'au partage de la succession, sauf si un héritier lui demande par écrit de formuler son option. Dans ce cas, il a 3 mois pour répondre par écrit. En l'absence de réponse, il est réputé avoir opté pour l'usufruit.

Si un ou des enfant(s) ne sont pas issus des 2 époux (enfant du défunt né hors mariage ou issu d'une précédente union) : le conjoint survivant perd son droit d'option et recueille un quart de la pleine propriété des biens. Les enfants recueillent les trois quarts de la propriété.

Conditions pour hériter

Conditions générales

Il faut être vivant ou être conçu à la date du décès et être né viable.

Les descendants au degré (génération) le plus proche recueillent la succession.

La règle de la représentation permet cependant aux descendants d'un héritier prédécédé de recueillir sa part d'héritage. Ainsi, les petits-enfants ne sont appelés à la succession que si le parent lui-même est décédé.

Cas des enfants nés hors mariage (dits « adultérins »)

Les enfants nés de parents non mariés entre eux, dits « adultérins » (dont le père et/ou la mère étaient mariés avec une autre personne que le décédé au moment de sa naissance ou de sa conception), bénéficient des mêmes droits que les autres enfants.

Cas des enfants adoptés

L'enfant qui a fait l'objet d'une adoption plénière[1] bénéficie également des mêmes droits qu'un enfant né de parents mariés dans la succession de l'adoptant ou dans la succession d'un membre de sa famille.

Il est cependant exclu dans la succession de sa famille d'origine.

En revanche, l'enfant ayant fait l'objet d'une adoption simple[2] bénéficie, d'une part, des droits successoraux dans sa famille d'origine et, d'autre part, de ceux de la famille adoptive. L'adopté et ses héritiers sont ainsi héritiers réservataires dans les 2 familles, à l'exception des parents de l'adoptant (c'est-à-dire des grands-parents) qui peuvent le déshériter.

Les abattements

Conjoint et partenaire de Pacs

Pour les décès survenus depuis le 22 août 2007, l'époux ainsi que le partenaire de Pacs sont exonérés de droits de succession.

---

1. Adoption plénière : les liens avec la famille d'origine sont rompus.
2. Adoption simple : les liens avec la famille d'origine sont conservés. Exemple : un enfant orphelin de père se voit adopter par le nouvel époux de sa mère, il conservera son patronyme suivi de celui de son père adoptif.

Héritier direct

Pour les décès survenus depuis le 17 août 2012, l'héritier en ligne directe (enfant vivant ou venant en représentation d'un parent décédé, parents, grands-parents) bénéficie sur sa part d'un abattement de 100 000 €.

Frère ou sœur du défunt

Pour les décès survenus depuis le 22 août 2007, le frère ou la sœur du défunt est exonéré des droits de succession sous réserve de remplir les 3 conditions suivantes au moment du décès :
- être célibataire, veuf, divorcé, ou séparé de corps ;
- être âgé de plus de 50 ans ou infirme ;
- avoir été constamment domicilié avec le défunt pendant les cinq années précédant le décès.

Si ces conditions ne sont pas remplies, un abattement spécifique s'applique néanmoins sur la part de chacun des frères et sœurs. Cet abattement est de 15 932 € pour les décès survenus depuis le 1er janvier 2011.

Neveux et nièces

Pour les décès survenus depuis le 1er janvier 2011, les neveux et nièces bénéficient d'un abattement de 7 967 €.

Héritier handicapé

Pour les décès survenus depuis le 1er janvier 2011, l'héritier ou le légataire frappé d'une infirmité physique ou mentale qui l'empêche de travailler dans des conditions normales de rentabilité bénéficie d'un abattement de 159 325 € sur sa part.

Cet abattement peut se cumuler avec celui prévu en faveur notamment des parents en ligne directe et des frères et sœurs.

Autre cas

Pour les décès survenus depuis le 1er janvier 2011, les autres héritiers bénéficient d'un abattement de 1 594 € sur chaque part successorale.

Répartition des parts

La part qui revient à chacun est déterminée en fonction de l'ordre des héritiers (enfants, petits-enfants notamment) et du degré de parenté avec le défunt.

Un barème est ensuite appliqué par fraction.

Abattement pour la résidence principale du défunt

Un abattement de 20 % est pratiqué si le logement du défunt constitue également la résidence principale de son enfant handicapé mineur ou majeur ou de son conjoint.

Tableau 9.1. Les abattements

Lien de parenté	Donation (en €)	Succession (en €)
Conjoint survivant ou partenaire pacsé	80 724	0
Ligne directe (entre parents et enfants)	100 000	100 000
Enfants handicapés	159 325	159 325
Entre grands-parents et petits-enfants	31 365	31 365
Entre arrière-grands-parents et arrière-petits-enfants	5 310	5 310
Frères/sœurs	15 932	15 932
Neveux/nièces	7 967	7 967
Tiers (concubins ou amis)	0	

Donations antérieures

Les abattements sont diminués de ceux dont la personne a bénéficié à l'occasion de donations antérieures consenties par le défunt de son vivant et depuis moins de 15 ans à partir du décès.

L'attestation de propriété

L'attestation de propriété, autrement appelée attestation immobilière, est un acte déclaratif. Cela veut dire que cet acte ne transfère pas les droits immobiliers aux héritiers. En effet, les droits immobiliers sont transférés du seul fait du décès. L'attestation de propriété se contente de constater la transmission des droits du fait du décès.

L'attestation de propriété est rédigée par le notaire au vu des éléments en sa possession lui permettant d'établir l'acte de notoriété, soit par application du testament, soit en son absence, par application des règles légales de dévolution successorale.

Les frais de l'attestation immobilière sont calculés sur la valeur de l'immeuble de la façon suivante :

- les émoluments du notaire TTC (voir tableau 6.2) ;
- le salaire du conservateur des hypothèques : 0,10 % ;
- la taxe de publicité foncière forfaitaire : 125 € ;
- les frais de formalités administratives.

Tableau 9.2. L'attestation immobilière. Émoluments du notaire HT

Jusqu'à 6 500 €	1,972 %
De 6 500 à 17 000 €	1,085 %
De 17 000 à 30 000 €	0,740 %
Au-dessus de 30 000 €	0,542 %
Auxquels s'ajoute la TVA au taux de 20 %. CSI : 0,10 % Taxe de publicité foncière : 125 € Frais de formalités administratives : 57,69 HT	

La déclaration de succession

Ses frais sont calculés sur l'actif brut successoral ou de l'actif brut de communauté (lors du 1$^\text{er}$ décès).

Cette déclaration doit être en principe déposée dans les 6 mois du décès, auprès de la recette des impôts du dernier domicile du défunt.

Les héritiers en ligne directe et le conjoint survivant sont dispensés de déposer une déclaration de succession lorsque l'actif brut est inférieur à 50 000 €. Pour les autres successions, l'actif doit être inférieur à 3 000 € (voir tableau 9.3).

Tableau 9.3. La déclaration de succession. Émoluments du notaire HT

Jusqu'à 6 500 €	1,578 %
De 6 500 à 17 000 €	0,868 %
De 17 000 à 30 000 €	0,592 %
Au-dessus de 30 000 €	0,434 %
Auxquels s'ajoute la TVA au taux de 20 %.	

Le partage

L'article 883 du Code civil précise que le partage a un effet déclaratif et non translatif, la translation de propriété étant intervenue dès l'ouverture de la succession, c'est-à-dire à l'instant du décès. Durant la période s'écoulant entre le décès et le partage, en cas de pluralité d'héritiers, leur situation juridique est celle de l'indivision.

Le partage, c'est le fait de faire cesser cette indivision.

Si à la suite du décès tous les héritiers s'entendent, le partage sera amiable. En cas de mésentente, le partage deviendra judiciaire, et c'est le tribunal qui tranchera après avoir nommé un notaire de son choix pour procéder aux opérations de liquidation de la succession et à la répartition des biens.

Tableau 9.4. Les frais de partage. Émoluments du notaire HT

Jusqu'à 6 500 €	4,931 %
De 6 500 à 17 000 €	2,034 %
De 17 000 à 60 000 €	1,356 %
Au-dessus de 60 000 €	1,017 %
Auxquels s'ajoute la TVA au taux de 20 %. CSI : 0,10 % Frais d'enregistrement et publicité foncière : 2,5 % Émoluments fixes : 58,50 HT + 220 € de droits d'enregistrement	

Chaque cohéritier reçoit une portion de biens indivis d'une valeur égale à ses droits.

L'abattement portant sur les droits de donation et de succession passe de 159 325 € à 100 000 €, par enfant et par parent, à partir du 17 août 2012. Les droits à payer sur les donations et les successions consenties, à partir du 17 août 2012, sont plus coûteux, du fait de la réduction de l'abattement en ligne directe de 159 325 € à 100 000 €.

Tableau 9.5. Tarifs des droits de succession en 2014

Montant hérité	Taux
de 0 à 8 072 €	5 %
de 8 073 € à 12 109 €	10 %
de 12 110 € à 15 932 €	15 %
de 15 933 € à 552 324 €	20 %
de 552 325 € à 902 838 €	30 %
de 902 839 € à 1 805 677 €	40 %
Plus de 1 805 677 €	45 %

Tableau 9.6. Tarifs des droits de succession entre frères et sœurs

Part taxable après abattement	Barème d'imposition
Inférieure à 24 430 €	35 %
Supérieure à 24 430 €	45 %

Tableau 9.7. Tarifs des droits de succession en ligne collatérale et entre non-parents

Situation où les montants sont taxables après abattement	Barème d'imposition
Succession entre parents jusqu'au 4ᵉ degré inclus	55 %
Succession entre parents au-delà du 4ᵉ degré ou entre personnes non parentes	60 %

Applications

Exemple sur un unique héritier

Un enfant hérite de 210 000 € de l'un de ses parents. En tant que descendant, il bénéficie de l'abattement applicable en ligne directe, soit 100 000 €.

Les 100 000 € sont retranchés à la valeur du bien hérité, il sera taxé sur les 110 000 € restants.

Droits de succession

8 072 × 5 % = 403,60 €

4 036 (12 109 – 8 073) × 10 % = 403,60 €

3 822 (15 932 – 12 110) × 15 % = 573,30 €

94 070 (110 000 – 15 930) × 20 % = 18 814 €

Montant total des droits : 20 194,50 €

Attestation immobilière

6 500 × 1,972 % = 128,18 €

10 500 × 1,085 % = 113,93 €

13 000 € × 0,740 % = 96,20 €

180 000 × 0,542 % = 975,60 €

Total TTC : 1 313,91 × 1,20 = 1 576,69 €

Salaire conservateur : 210 000 × 0,10 % = 210 €

Taxe de publicité foncière (TPF) : 125 €

Frais de formalités administratives : 57,69 × 1,2 = 69,23 €

Montant total de l'attestation immobilière : 1 980,92 €

Déclaration de succession

6 500 × 1,578 % = 102,57 €

10 500 × 0,868 %= 91,14 €

13 000 × 0,592 % = 76,96 €

180 000 × 0,434 % = 781,20 €

Total émoluments TTC : 1 051,87 × 1,20 = 1 262,24 €

Nous ne calculerons pas le partage, l'enfant étant seul héritier.

Total sur la succession

Droits de succession : 20 194,50 €

Attestation immobilière : 1 980,92 €

Déclaration de succession : 1 262,24 €

Total : 23 438 €

Il faudra rajouter les frais de formalités et débours.

Exemple avec 2 héritiers

Deux enfants héritent d'un bien évalué à 500 000 €.

Le partage se fait sur 250 000 € chacun avec un abattement respectif de 100 000 €. La taxation s'effectuera sur 150 000 € par enfant.

Droits de succession

8 072 × 5 % = 403,60 €

4 036 × 10 % = 403,60 €

3 822 × 15 % = 573,30 €

134 067 × 20 % = 26 813,40 €

Total : 28 194 €

Attestation immobilière (sur la valeur du bien)

6 500 × 1,972 % = 128,18 €

10 500 × 1,085 % = 113,93 €

13 000 × 0,740 % = 96,20 €

470 000 × 0,542 % = 2 547,40 €

Total TTC : 2 885,71 × 1,2 = 3 462,85 €

CSI : 500 000 × 0,10 % = 500 €

TPF : 125 €

Frais de formalités administratives : 57,69 × 1,2 = 69,23 €

Total : 4 157 € / 2 = 2 078,50 par enfant

Déclaration de succession

6 500 × 1,578 % = 102,57 €

10 500 × 0,868 % = 91,14 €

13 000 × 0,592 % = 76,96 €

470 000 × 0,434 % = 2 039,80 €

Total TTC : 2 310,47 × 1,2 = 2 772,56 / 2 = 1 386,28 par enfant

Les frais de partage

6 500 × 4,931 % = 320,52 €

10 500 × 2,034 % = 213,57 €

13 000 × 1,356 % = 176,28 €

470 000 × 1,017 % = 4 779,90 €

Total TTC : 5 490,07 × 1,2 = 6 588,08 €

CSI : 500 000 × 0,10 % = 500 €

Émoluments fixes + droits d'enregistrement : (58,50 × 1,2) + 220 = 290,20 €

TPF : 500 000 × 2,50 % = 12 500 €

TOTAL : 19 878,28 / 2 = 9 939 € par enfant

Total pour chacun des enfants : 41 598 €

**L'abattement portant sur les droits de donation et de succession est passé de 159 325 €
à 100 000 €, par enfant et par parent, depuis le 17 août 2012.** De fait les droits à payer sur
les donations et les successions sont plus coûteux, du fait de la réduction de l'abattement en
ligne directe.

Paiement des droits de succession

Principe

Les héritiers s'acquittent des droits de succession auprès du service des impôts des entreprises
du domicile du défunt, lors de la déclaration de succession.

Le paiement se fait en numéraire ou en nature (titres, biens mobiliers ou immobiliers).

La réduction des « droits pour charge de famille » a été supprimée depuis le 1er janvier 2017.
Avant cette date, l'héritier qui avait au moins trois enfants bénéficiait d'une réduction sur le
montant des droits de succession (610 € par enfant, à partir du troisième, pour une succession en ligne directe, et 305 € par enfant, à partir du troisième, pour une succession hors ligne
directe).

L'héritier peut bénéficier de facilités de paiement : paiement différé ou fractionné. En contrepartie, l'héritier devra s'acquitter d'intérêts.

Paiement différé

L'héritier a la possibilité de demander le paiement différé des droits de succession dans les cas
suivants :
- Il reçoit la nue-propriété d'un ou plusieurs biens du défunt ;
- Il doit régler à terme une soulte ou une indemnité aux autres héritiers ;
- La succession fait l'objet d'une attribution préférentielle d'une exploitation agricole dans
  les conditions prévues par le Code civil.

Dans ces hypothèses, le paiement intervient ainsi dans un délai de 6 mois à compter de la date
de réunion de l'usufruit et de la nue-propriété ou de la date fixée pour le paiement de la soulte
ou des indemnités aux cohéritiers.

En contrepartie de ce délai de paiement, l'héritier est redevable d'un intérêt de retard à un
taux calculé à partir du taux moyen pratiqué pour les crédits immobiliers à taux fixe, à savoir,
pour 2019, 1,3 % du montant des droits de succession dus.

> « La "**soulte**" est la somme d'argent qui doit être payée par celui qui, à l'occasion du
> partage d'une indivision, reçoit un lot d'une valeur plus élevée que celle à laquelle ses
> droits lui permettent de prétendre. Il en est de même en cas d'échange, si les choses échan-
> gées ont des valeurs différentes. »

Paiement fractionné

Tous les héritiers d'une succession ont la possibilité de payer leurs droits de succession de manière fractionnée en plusieurs versements de montant égal sur une période d'un an maximum.

Ce délai d'un an maximum est porté à 3 ans dès lors que plus de 50 % au moins de l'actif successoral est constitué de bien non liquides. Le nombre de paiement fractionné de l'impôt est alors limité à 7 sur 3 ans, avec intérêt de retard.

Un taux de 1,3 % supplémentaire s'applique sur le montant de chaque versement des droits de succession.

Déclaration incomplète

Le contribuable ne paiera pas la totalité des droits de succession, il lui sera appliqué des pénalités, en l'absence de déclaration dans les trente jours qui suivent la mise en demeure :

- Si c'est une erreur de bonne foi :

  0,20 % d'intérêts par mois à partir du 7e mois suivant le décès du testamentaire.

  Les intérêts sont calculés sur le montant des droits de succession dus.

- Si c'est une erreur de mauvaise foi, comme la sous-évaluation d'un bien :

  0,20 % d'intérêts par mois plus 40 % de majoration sur les intérêts dus en supplément.

CHAPITRE 10

Le viager

La vente en viager est prévue aux articles 1968 et suivants du Code civil et concerne essentiellement les personnes âgées qui veulent s'assurer un complément de revenus.

Vendre un bien en viager, c'est en transférer la propriété à un tiers qui devra, en compensation, verser une rente au vendeur jusqu'à son décès (viager sur une seule tête), ou jusqu'au décès de la dernière personne vivante (viager sur plusieurs têtes).

La vente en viager est fondée sur un impératif, la longévité du vendeur. Le décès futur du crédirentier doit être imprévisible. Ainsi, le débirentier ne doit pas avoir eu connaissance d'une maladie dont était atteint le crédirentier au moment de la signature de l'acte de vente (art. 1975 CC). Si le vendeur décède dans les 20 jours qui suivent la signature de l'acte de vente, la loi considère alors que l'événement était prévisible et que par conséquent la vente n'est pas valable. La nullité de la vente peut être alors invoquée par les héritiers du vendeur.

Le viager doit être considéré comme une vente normale, à l'exception près que les modalités de paiement du prix sont particulières.

Cette opération garantit au crédirentier (vendeur) des revenus jusqu'à son décès, tout en permettant au débirentier (acquéreur) d'acquérir un bien immobilier sans être obligé d'avoir à verser la totalité du prix de vente.

Comme toutes les ventes immobilières, la vente en viager nécessite l'intervention d'un notaire, ainsi l'acquéreur doit-il s'acquitter des droits de mutation.

Le principe

Le contrat

La vente viagère, comme toute acquisition, est validée par un contrat de vente et répond aux mêmes règles que la vente immobilière.

La signature de la promesse de vente est soumise au délai de rétractation des 7 jours.

Le crédirentier n'est plus propriétaire ni locataire, son statut est à définir pour la signature de l'acte. Il peut devenir usufruitier, bénéficiaire de la jouissance du bien ou choisir de ne plus habiter le logement.

La fiscalité du viager (art. 81 et 158 du CGI)

Les droits de mutation sont identiques à ceux de l'acquisition d'un bien dans l'ancien : taxes à 5,80 %, honoraires du notaire, salaire du conservateur des hypothèques à 0,10 % du prix d'acquisition et les débours.

Comme il s'agit d'une vente à titre onéreux, dès lors que le bien n'est pas l'habitation principale, le vendeur est soumis à l'impôt sur la plus-value.

La rente est imposable entre les mains du crédirentier, après un abattement qui dépend de son âge au moment de la vente. L'abattement est de 70 % si le vendeur a plus de 70 ans, 60 % de 60 à 69 ans, 50 % entre 50 et 59 ans et 30 % en deçà de 50 ans.

Les charges

Quand le vendeur se réserve un droit d'usufruit, le débirentier prend en charge les « grosses réparations » définies par l'article 606 du Code civil. De même, la taxe d'habitation est à la charge de l'occupant et la taxe foncière à la charge du propriétaire (le débirentier). Mais les 2 parties peuvent librement fixer la répartition des charges et réparations, qu'il s'agisse d'un usufruit ou d'un droit d'usage et d'habitation.

Les grosses réparations concernent « les gros murs et les voûtes, le rétablissement des poutres et des couvertures entières, celui des digues et des murs de soutènement et de clôture ».

Quand le viager est libre, l'acheteur a la libre disposition du bien et doit donc assurer toutes les charges et réparations.

La rente viagère

L'article 1976 du Code civil précise que le montant de la rente viagère peut être fixé librement par les 2 parties sans être dérisoire par rapport à la valeur du bien.

La rente viagère est calculée sur la base de quelques critères :

- la valeur vénale du bien, en fonction du prix du marché estimé par expertise ;
- l'âge du ou des crédirentiers ;
- l'espérance de vie estimée par des organismes tels que les compagnies d'assurances (voir tableau 10.1) ;
- le versement d'un bouquet (voir ci-après) ou non ;
- l'application d'un coefficient diviseur référencé par âge. On divise le capital par ce coefficient pour obtenir la rente viagère (voir tableau 10.2) ;

Le viager peut s'établir sur plusieurs têtes, ainsi la rente sera-t-elle payable jusqu'au décès du dernier survivant.

Si le débirentier décède avant le crédirentier, la charge de la rente est transférée aux héritiers et le bien rentrera dans la succession.

Tableau 10.1. Espérance de vie

Âge	Femme	Homme	Couple
70	17,36 ans	13,74 ans	15,67 ans
80	9,83 ans	7,82 ans	8,99 ans
90	4,64 ans	3,92 ans	4,40 ans

Source : INSEE.

Tableau 10.2. Coefficient diviseur

Âge	Coefficient	Âge	Coefficient
60	12,702	61	12,412
62	12,117	63	11,818
64	11,516	65	11,212
66	10,905	67	10,597
68	10,287	69	9,977
70	9,667	71	9,358
72	9,051	73	8,745
74	8,442	75	8,143
76	7,848	77	7,558
78	7,273	79	6,995
80	6,723	81	6,458
82	6,201	83	5,952
84	5,711	85	5,480
86	5,257	87	5,044
88	4,840	89	4,646
90	4,461	91	4,286
92	4,120	93	3,963
94	3,814	95	3,675

Le bouquet

C'est un versement d'une partie de la valeur du bien au moment de la signature de l'acte. Il n'est pas obligatoire.

Son montant varie de 0 à 50 % de la valeur estimée, mais la moyenne des bouquets se situe entre 20 et 30 %.

Il faut savoir que plus le bouquet est important, moins la rente est élevée.

Le viager occupé

Le crédirentier bénéficie d'un revenu mensuel, trimestriel ou annuel tout en gardant la jouissance du bien.

Deux possibilités :
- le viager occupé sans bouquet ;
- le viager occupé avec bouquet.

Le viager occupé sans bouquet

Dans le cadre d'une occupation du bien par le crédirentier, un « abattement d'occupation » sera appliqué sur le calcul de la rente.

Il peut être appliqué de 2 façons mais aucune n'est obligatoire.
- Un taux forfaitaire :
  - une décote de 50 % si le vendeur est âgé de 70 ans ;
  - une décote de 40 % à partir de 80 ans.
- On appliquera le prix de l'immobilier au quartier ou à la ville. Le prix des loyers constatés sera déduit de la valeur du bien.

Exemples

1re méthode

Un bien de 240 000 €, le crédirentier a 80 ans, on accorde 7 ans d'espérance de vie au crédirentier.

On déduit 40 % d'abattement sur la valeur du bien.

$240\ 000 \times 0{,}60 = 144\ 000$ €

$(144\ 000\ /\ 7)\ /\ 12 = 1\ 714$ €/mois de rente viagère.

2e méthode

Loyers constatés dans le secteur : 1 200 €

$(1\ 200 \times 12) \times 7 = 100\ 800$ €

100 800 € correspond à la réduction due à l'occupation.

$240\ 000 - 100\ 800 = 139\ 200$ €

Le calcul de la rente viagère se fera sur 140 000 € (arrondir).

$(140\ 000/7)\ /\ 12 = 1\ 667$ € par mois de rente viagère

On peut constater qu'il y a peu de différences entre les 2 méthodes. Il est préférable d'utiliser la seconde, on obtient un résultat plus précis grâce à l'étude du marché locatif et, de plus, les services fiscaux apprécient ce calcul.

Le viager occupé avec bouquet

On doit déduire le bouquet de la valeur vénale du bien, puis calculer la rente viagère.

Exemple

Suivons le même crédirentier.

L'acquéreur propose un bouquet de 60 000 €.

240 000 – 60 000 = 180 000 €

Loyers constatés : 1 200 €

1 200 × 12 × 7 = 100 800 €

100 800 / 6,723 (coefficient diviseur) = 14 993 / 12 = 1 249 € par mois de rente viagère

Le viager libre

Le crédirentier quitte le logement. Il percevra une rente viagère avec ou sans bouquet.

Le viager libre sans bouquet

Le crédit rentier quitte les lieux, le débirentier prend possession du logement.

Exemple

(Toujours le même crédirentier.)

240 000 / 6,723 = 35 698 €

35 698 / 12 = 2 975 € par mois de rente viagère

Le viager libre avec bouquet

Exemple

L'acquéreur verse 60 000 € à la signature de l'acte.

Calcul de la rente sur 180 000 € :

180 000 € / 6,723 = 26 773 €

26 773 / 12 = 2 231 € par mois de rente viagère

Évaluation usufruit et nue-propriété

Le droit de propriété donne au propriétaire 3 sortes de prérogatives :
- le droit d'utiliser le logement (l'habiter) ;
- le droit de percevoir les revenus du logement (le louer) ;
- le droit de disposer du logement (le vendre).

Il est possible, pour le propriétaire, de séparer ces prérogatives en 2 groupes :
- l'usufruit qui comprend le droit d'utiliser et de percevoir les revenus ;
- la nue-propriété qui comprend le droit de disposer.

Le droit de propriété est donc la combinaison de l'usufruit et de la nue-propriété.

L'usufruit est le plus souvent viager, c'est-à-dire qu'il s'éteint par la mort de son titulaire.

Un inventaire des meubles et/ou un état des immeubles en usufruit doit ainsi être établi en présence du nu-propriétaire. L'usufruitier a la charge d'assurer la conservation du bien, il doit effectuer à sa charge toutes les réparations d'entretien du bien (assimilables aux réparations locatives dans le cas d'un immeuble en usufruit) et est tenu d'en assumer les charges (paiement de la taxe d'habitation).

L'usufruitier a le droit d'utiliser la chose à condition de respecter l'usage auquel elle est destinée.

Fin de l'usufruit

Le droit d'usufruit peut prendre fin dans différentes circonstances :
- en cas d'abus de l'usufruitier, lorsque celui-ci laisse dépérir le fonds faute d'entretien ou lorsqu'il commet des dégradations ;
- en cas d'achat de la nue-propriété ;
- lorsque l'éventuel délai d'usufruit prend fin ;
- en cas de non-usage pendant trente années ;
- en cas de perte totale de la chose ;
- en cas de décès de l'usufruitier.

Usufruit temporaire

1. Le droit d'usufruit peut également être transmis pour une durée préalablement établie. Cette forme d'usufruit est souvent mise en place par un parent en faveur de son enfant.

   Avantage : pendant la durée de l'usufruit, le bien sort du patrimoine imposable du nu-propriétaire.

   Le nu-propriétaire récupère la pleine propriété du bien au terme de l'usufruit.

2. La nue-propriété consiste en un montage financier qui scinde la propriété d'un bien en deux. Elle est alors répartie entre un particulier épargnant (le nu-propriétaire) et un investisseur institutionnel (le bailleur usufruitier), bien souvent un bailleur social.

   Durant une période de 15 à 20 ans, le bailleur usufruitier prend en charge la gestion et la location du bien, perçoit les loyers issus de la location et s'acquitte des charges liées à celle-ci.

   Le nu-propriétaire ne paiera aucun impôt sur les loyers durant la période de démembrement car il ne perçoit aucun revenu locatif.

   Il ne sera pas redevable de l'IFI sur la valeur du bien qu'il détient en nue-propriété.

   À l'issue de la période de démembrement, il redevient pleinement propriétaire du bien à sa valeur vénale, sans les droits de mutation.

Âge de l'usufruitier	Valeur de l'usufruit	Valeur de la nue-propriété
USUFRUIT VIAGER		
Moins de 21 ans	90 %	10 %
De 21 à 30 ans	80 %	20 %
De 31 à 40 ans	70 %	30 %
De 41 à 50 ans	60 %	40 %
De 51 à 60 ans	50 %	50 %

Âge de l'usufruitier	Valeur de l'usufruit	Valeur de la nue-propriété
De 61 à 70 ans	40 %	60 %
De 71 à 80 ans	30 %	70 %
De 81 à 90 ans	20 %	80 %
À partir de 91 ans	10 %	90 %
USUFRUIT TEMPORAIRE		
De 0 à 10 ans	23 %	77 %
De 11 à 20 ans	46 %	54 %
De 21 à 30 ans	69 %	31 %

Exemple de vente d'un bien en usufruit viager

Pour un usufruitier âgé de 75 ans, l'usufruit sur un bien d'une valeur de 100 000 € est évalué à 30 000 € (100 000 × 30 %).

La valeur de la nue-propriété (quel que soit l'âge du ou des nus-propriétaires) est évaluée à 70 000 € (100 000 × 70 %).

Exemple d'un usufruit temporaire

Sur une durée fixe de 20 ans pour un bien de 100 000 €.

46 % pour le bailleur usufruitier → 46 000 €

54 % pour le nu-propriétaire → 54 000 €

Il ne faut pas confondre usufruit et droit d'usage et d'habitation (DUH). Le droit d'usage et d'habitation est strictement personnel et limité à la seule habitation du logement (sans pouvoir le louer) alors que l'usufruit est un droit réel et peut porter tant sur des immeubles que sur des meubles (ex : portefeuille de titres).

Comparatif DUH et usufruit

	Avantages	Inconvénients
Droit d'usage et d'habitation	Ne paie pas l'impôt foncier Ne paie pas les gros travaux	Impossibilité de louer son bien Ne peut pas revendre son DUH à un tiers
Usufruit	Peut louer son bien Possibilité de revendre l'usufruit à un tiers L'acquéreur réduit sa base fiscale de l'IFI.	Paie la taxe foncière

Exemple

Une cliente âgée de 80 ans désire proposer son bien en viager. La valeur vénale de l'appartement est de 300 000 €.

Après une évaluation, vous lui proposez un droit d'usage et d'habitation à 70 % de l'usufruit avec un bouquet fixé à 35 % de la valeur occupée fiscale.

La valeur occupée fiscale est la valeur vénale du bien après déduction de l'abattement d'occupation.

Les différentes étapes :

1. Espérance de vie du vendeur : 9,83 ans ;

2. Valeur de l'usufruit : 300 000 × 0,30 = 90 000 € ;

3. Abattement d'occupation : 90 000 × 0,70 = 63 000 € ;

4. Valeur occupée fiscale : 300 000 − 63 000 = 237 000 € (valeur vénale − abattement d'occupation) ;
5. Bouquet : 237 000 × 0,35 = 82 950 € ;
6. Capital à mettre en rente : 237 000 − 82 950 = 154 050 € (valeur occupée fiscale − bouquet) ;
7. Rente mensuelle : 154 050 / 12 / 9,83 = **1 305 €** (capital / 12 / espérance de vie).

Le prêt viager hypothécaire

Il a été officialisé par l'ordonnance du 23 mars 2006, « rendre liquide la valeur du patrimoine immobilier dormant ». Il est régi par les articles L. 314-1 et suivants du Code de la consommation.

Principes de fonctionnement du prêt

Le propriétaire emprunte sur une durée viagère.

Le prêt est accessible dès l'âge de 65 ans.

Il est garanti par une hypothèque prise sur le bien immobilier.

Le montant du prêt est déterminé en fonction de la valeur du bien pris en garantie et de l'âge de l'emprunteur (ou des emprunteurs).

Le propriétaire dispose des fonds selon ses besoins (à l'exception du financement d'une activité professionnelle).

Avantages

Le propriétaire ne rembourse rien de son vivant.

Il reste propriétaire et conserve son bien.

Il ne laisse pas de charges aux héritiers au-delà de la valeur de revente du bien à son décès.

Il est non imposable, la somme est issue d'un prêt et non d'un revenu.

Obligations vis-à-vis de l'organisme bancaire

- Entretenir le bien.
- Autoriser l'organisme à vérifier l'état du bien.
- Le bien ne pourra être mis à la location, même si le propriétaire transfère sa résidence principale.

Les inconvénients

- Prêt particulièrement onéreux.
- Des frais de dossier entre 5 et 8 % du montant du crédit.
- Un taux d'emprunt à 7 % en moyenne.

Note

Ce prêt viager peut paraître intéressant mais c'est pourtant le dernier recours, ces frais et taux d'intérêt étant trop élevés et les modalités assez contraignantes.

Vente à réméré

La vente à réméré est un contrat de vente qui permet au vendeur de racheter son bien s'il arrive à restituer le prix de la vente en plus des autres frais engagés.

Article 1659 : « *La faculté de rachat ou de réméré est un pacte par lequel le vendeur se réserve de reprendre la chose vendue, moyennant la restitution du prix principal et le remboursement dont il est parlé à l'article 1673.* »

Le vendeur dispose d'une date butoir, définie dans le contrat, dans un délai maximum de 5 ans.

Article 1660 du Code civil : « *La faculté de rachat ne peut être stipulée pour un terme excédant cinq années. Si elle a été stipulée pour un terme plus long, elle est réduite à ce terme.* »

Le vendeur peut occuper le logement.

Cette vente s'adresse aux vendeurs en difficulté financière, pour éviter un rachat de crédit ou une saisie immobilière. Cette vente permet d'avoir des liquidités pour faire face à des dettes quand le client ne peut plus accéder à des crédits à cause d'un dossier de surendettement ou d'une inscription au FICP.

Les dettes ne doivent pas dépasser 70 % de la valeur du bien. La vente s'effectue par acte notarié et est soumise aux mêmes droits de mutation qu'une vente classique. Le contrat stipule le prix de rachat et le vendeur occupe le logement en réglant une indemnité d'occupation, évaluée dans une fourchette de 1 à 5 % du montant de la vente. Les charges foncières et les travaux restent à la charge du vendeur. Le notaire conserve le montant de la vente, règle les dettes et conserve le solde qui pourra être utilisé pour racheter le crédit.

Pour récupérer son bien le vendeur doit rembourser le prêt avec les frais, prouver la stabilité financière de sa situation. Le vendeur peut faire une demande de crédit.

Si la situation financière du vendeur n'est pas rétablie, l'acquéreur récupère le bien ainsi que les fonds bloqués chez le notaire.

CHAPITRE 11

Les techniques commerciales

Synthèse des techniques de vente

Les étapes d'une vente

- La préparation
- La prise de contact
- La découverte
- La reformulation
- La proposition
- Les objections
- Le prix
- La conclusion

Les qualités du négociateur

Deux attitudes clés :

- l'empathie : *capacité à écouter pour comprendre ;*
- l'enthousiasme : *être dynamique et positif ;*

Le premier contact détermine si la relation avec le client perdurera.

C'est la règle des 4 × 20 :

- les 20 premiers pas ;
- les 20 premiers gestes ;
- les 20 premiers mots ;
- les 20 premières secondes.

Le client est recentré sur lui-même, on doit ouvrir le dialogue avec des questions sur ses préoccupations professionnelles, personnelles ou autre, pour terminer sur « je vous écoute ».

Prospection

1. Prospection « baskets » (physique) marketing direct, carte de visite
2. Exploitation des petites annonces (pige)
3. Marketing téléphonique (téléprospection)
4. Mailing (poste)
5. Annonce recherche de biens
6. Relationnel (*farming*)

Méthode CROC

Contact, **R**aison de l'appel, **O**bjectif (le rdv), **C**ongé

L'entretien téléphonique

Déroulement de l'entretien

Phase de présentation	Phase de développement et d'action	Phase de conclusion
Phase lente et courtoise Identification de « lui » et « moi » Salutations d'usage ↓ Pause	Phase de pression : – accroche préparée – question technique et orientée – susciter l'intérêt – recentrer vers le but : le « rendez-vous » – alternative favorable des dates ↓ Intérêt	Phase lente et courtoise Noter et projeter le « rendez-vous » Rappeler ses coordonnées Remercier et saluer ↓ Rendez-vous

Phase de présentation → Identification claire et réciproque

- « lui » s'assurer de son identité : « Vous êtes bien M. … ? ».
- « moi » présentation claire et lente en reprenant toujours le nom de la personne « M. Martin », mon nom est M. … poste et société.
- Éviter la présentation « M. Dupont » préférer l'emploi du prénom « Bernard Dupont… » pour créer une forme d'intimité.
- Si le nom est un prénom : « Mon nom est Roger, René Roger. »

Phase de développement et d'action

- Commencer la conversation.
- Accroche préparée → Doit contenir un élément insolite mais ayant un intérêt pour l'autre.
- Cette phase doit amener une réaction positive. La relation étant aveugle, adopter une tonalité basse avec un rythme relativement lent.
- Dans la phase d'action, passer ensuite à un ton persuasif.

- Question technique et orientée :
  - parler de ce qui l'intéresse « lui », la question doit être basée sur du concret pour éveiller l'attention ;
  - éviter les formules banales telles que «je voudrais savoir si vous avez besoin… », « j'aimerais vous rencontrer… » ;
  - éviter pour les prises de rendez-vous : problèmes, achat, ventes, enquête…

Verbes faibles :

Je pense… nous espérons… je crois… je sens…

Ou

Peut-être… il est possible que… probablement…

Susciter l'intérêt et recentrer sur le rendez-vous.

- Savoir écouter.
- Ne pas oublier que la seule chose à vendre est un rendez-vous.
- Il faut proposer et non demander.
- Donner l'impression qu'il choisit lui-même la date : « Quand cela vous arrange-t-il », et faire très vite une proposition : « Lundi vers 10 heures… ou mardi… »
- S'il paraît gêné par les dates, pratiquez la technique de la « nasse ».

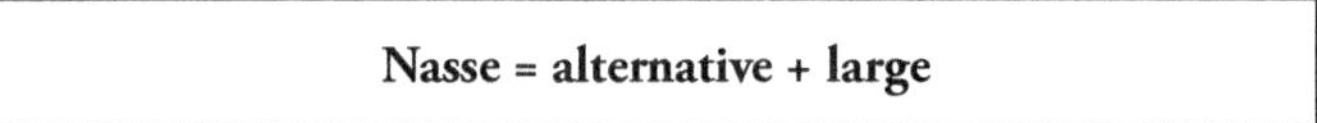

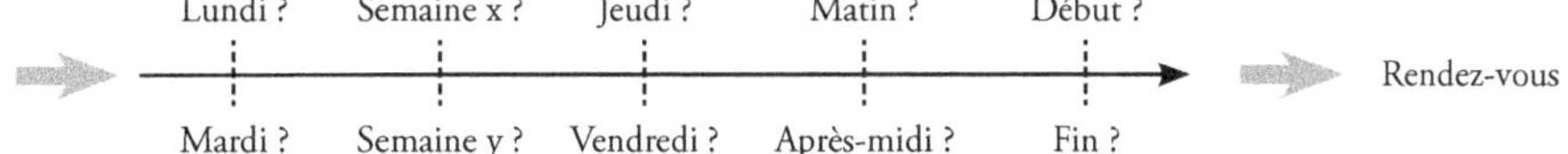

Phase conclusion

- Vérifier par reformulation.
- Noter et répéter : « J'ai bien noté, M. …, lundi 15… à 10 heures, lieu, adresse,… Je vous rappelle mon nom et mon numéro de téléphone… Merci M. … Je vous souhaite une bonne journée. »
- Remercier et utiliser une formule de politesse.
- Raccrocher après l'interlocuteur.

Si barrage

Pour éviter les barrages, être toujours très courtois avec les secrétaires, même si le barrage ne cède pas le premier jour.

Erreur des commerciaux : sur 100 commerciaux refoulés une première fois, seuls vingt appellent une deuxième fois, quatre une troisième fois et un seul une quatrième fois.

Découverte prospect

Besoins et motivations d'achat (désirs, attentes)

C'est une approche psychologique et non comportementale.

Connaître son client

Les questions posées permettent de gagner :

- la confiance (intérêt) ;
- du temps.

Mais elles permettent aussi :

- de convaincre (atteindre la phase de négociation) ;
- d'aboutir (phase de conclusion).

Elles permettent d'éviter :

- les discussions stériles et inutiles ;
- de trop parler, ce qui amène à dire des banalités pour « meubler » ;
- d'être négatif trop souvent ;
- de bloquer les entretiens par des affirmations ou des évidences ;
- de susciter des objections (sinon permettent de mieux les traiter et les limiter).

Les motivations

Motivations positives/rationnelles

- Acheter un bien

Motivations positives/psychologiques

- *hédonistes* (profiter des plaisirs de l'existence)
- *oblatives* (désir de faire du bien à autrui)
- *d'auto-expression* (désir de se distinguer des autres ou d'exprimer sa personnalité)

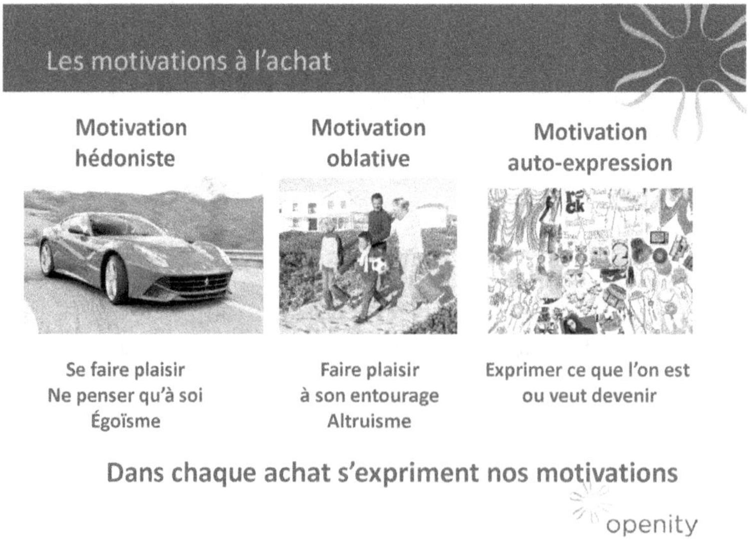

Motivations éthiques

Sentiment de devoir qui pousse à consommer.

Il peut correspondre au besoin de :

- protéger l'environnement : maison en bois, travaux d'amélioration pour diminuer les dépenses d'énergie ;
- faciliter la réussite des enfants : investissement locatif pour laisser un capital ;
- maintenir une tradition familiale : acquisition d'une résidence principale pour créer un patrimoine immobilier familial.

Motivations négatives ou freins

- *Peurs* (craintes d'avoir des difficultés au niveau de l'acquisition)
- *Inhibition* (inquiétudes au sujet du type d'acquisition)
- *Risques* (incertitudes procurées par l'acte d'achat)

Distinguons plusieurs facteurs ou phases :

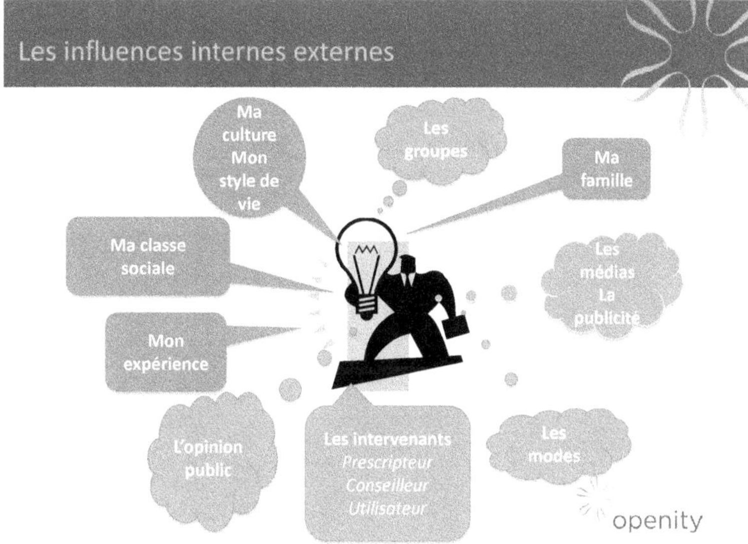

Le processus d'achat de notre client

Stimulus

Révélation du besoin

Stimulus

Définition du besoin en fonction des :
- Des facteurs internes
- Des facteurs externes

Recherche d'informations

Évaluation des solutions possibles

Prise en compte du risque d'erreur

Comportement

Décision d'achat Ou De non achat

Expérience apprentissage

Réaction

Evaluation

openity

Leviers de motivations (ou freins): méthode **SONCAS**

Dans la tête du client

S.O.N.C.A.S à connaître ou découvrir

Sécurité : le besoin du client d'être rassuré dans son choix, la qualité du produit ou de l'entreprise, de sa conformité aux normes légales

Orgueil : l'image de lui-même que le client va avoir en achetant votre produit

Nouveauté : le besoin d'innovation, de trouver des solutions nouvelles, d'avoir un produit moderne

Confort : C'est la facilité d'utilisation du produit, qu'il puisse couvrir les contraintes plus grandes que prévue

Argent : c'est le prix payé pour le produit, le moins cher ou le meilleur qualité / prix

Sympathie : le client aime faire plaisir, fait confiance aux autres

openity

Environnement : respect de la planète, recherche des économies d'énergie, recherche des matériaux nobles.

Les motivations d'achat

CONSCIENT 10 %

SUBCONSCIENT 90 %

Motif		**Réel**
Objectif		
Rationnel		**Exprimé**
Raisonnable		
Alibi		**Alibi**
Irrationnel		
Affectif		**Non exprimé**

Les motivations rationnelles : la sécurité, l'argent, l'intérêt, la nécessité, la commodité, le confort, la simplicité, l'économie, la rentabilité, l'efficacité, la méthode, le bien-être…

Les motivations affectives : la sympathie, le sentiment, l'amitié, l'amour, l'orgueil, l'idéal, la considération, l'estime, le désir d'être utile, l'idole, la compétition, la nouveauté, la satisfaction, la passion, le pouvoir…

À partir de sa motivation, il va développer ses mobiles d'achat :

Facteurs qui déclenchent l'achat

Ou bien développer ses freins :

Facteurs psychologiques ou matériels qui empêchent l'achat

Après identification de ces éléments, le négociateur peut adapter sa communication à celle de son client.

Des approches permettent de regrouper autour de comportements types les motivations et les mobiles d'achat.

Les différentes méthodes

SONCASE

S : SÉCURITÉ = fidèle, peur de la nouveauté, individu réfléchi et angoissé

O : ORGUEIL = fier, égocentrique, dominant, recherche la considération, la notoriété…

N : NOUVEAUTÉ = curieux, aime la création, le progrès, recherche l'originalité, le changement…

C : CONFORT = recherche le bien-être, la commodité, la facilité, l'aspect fonctionnel…

A : ARGENT = compare, évalue, recherche le gain, la plus-value, l'économie, optimise…

S : SYMPATHIE = individu convivial, motivation oblative, prolixe, aime le contact humain…

E : ENVIRONNEMENT = respecte la nature, sensible au développement durable, écologique, recherche l'économie d'énergie

SABONE

S : SÉCURITÉ

A : AFFECTIVITÉ

B : BIEN-ÊTRE

O : ORGUEIL

N : NOUVEAUTÉ

E : ÉCONOMIE

PICASSO

P : PRATIQUE
I : INNOVATION
C : CONSIDÉRATION
A : AVIDITÉ
S : SÉCURITÉ
S : SENTIMENT
O : ORGUEIL

BESOIN

B : BIEN-ÊTRE
E : ÉGOISME
S : SÉCURITÉ
O : ORGUEIL
I : INTÉRÊT
N : NOUVEAUTÉ

SICSIC

Elle permet de classer les motivations en 2 groupes logiques en rapport avec l'iceberg des motivations rationnelles et motivations affectives.

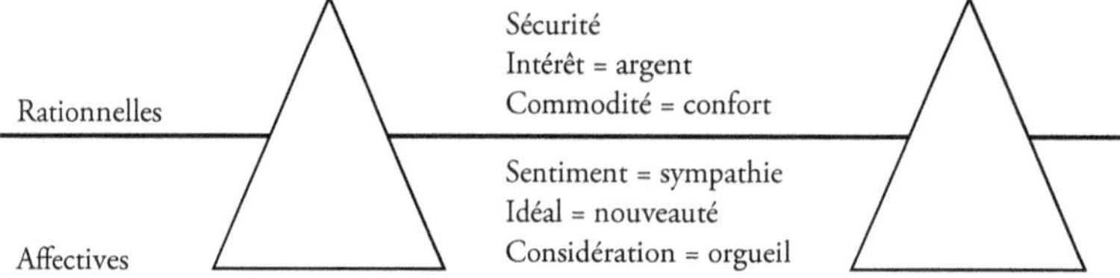

Utiliser les signes de reconnaissance ou *strokes* (les attentions envers les autres).

Conditionnel ou inconditionnel, le vendeur doit pouvoir émettre ces signes de reconnaissance envers son client.

Création d'un argumentaire

Méthode CAP

Caractéristique + **A**vantage + **P**reuve

L'argumentaire consiste donc à répertorier l'ensemble des arguments construits à partir de la méthode CAP.

Cette méthode présente 2 atouts :

* chaque argument doit être adapté aux besoins et aux motivations du client ;
* elle permet aussi de choisir les biens à visiter en fonction du profil du client.

Exemple :

- caractéristique du bien : séjour de 50 m^2 ;
- avantage : spacieux et convivial ;
- preuve : plan, visite, photo, etc. ;
- SONCAS : sympathie.

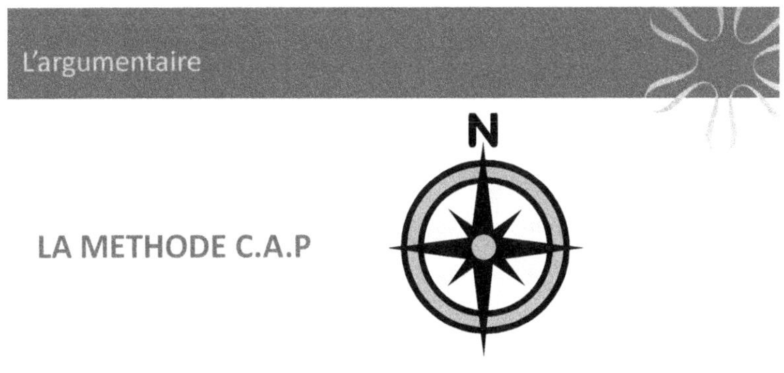

Argumentaire CAP/SONCAS
Pour être sûr d'avoir un argumentaire personnalisé.

Types d'acheteur	Caractéristiques	Avantages	Preuves
Sécurité			
Orgueil			
Nouveauté			
Confort			
Argent			
Sympathie			

Comment, **q**uoi, **q**ui, **c**ombien, **o**ù, **q**uand, **p**ourquoi ?

Différents types de questions

Questions ouvertes

Phrases interrogatives dont le but est de faire parler.

Elles doivent commencer par des adverbes ou par des pronoms interrogatifs tels que : « Qui, que, quoi, où, quand, comment, combien, quel, lequel, laquelle, pourquoi… ».

Questions fermées

Elles débutent en principe par un verbe et suscitent un oui ou un non pour réponse.

« Aimez-vous cet appartement ? »

Il faut éviter de poser ce genre de questions au début d'un entretien, car nous ne savons pas encore ce que pense notre interlocuteur.

Par contre, *à la fin*, lorsque nous sommes éclairés sur ses intentions, *elles sont nécessaires pour obtenir une récapitulation des points d'accord et ainsi arriver au « oui final ».*

Questions de contrôle

Ce sont des questions tests, qui amènent l'interlocuteur à préciser sa pensée. Elles ont pour but de contrôler les vraies motivations.

« Si je comprends bien, vous appréciez particulièrement les chambres spacieuses… »

Questions négatives

Éviter d'employer une phrase interro-négative qui donne la réponse en même temps que la question. Ces questions entraînent systématiquement un « non ».

« Vous n'investirez pas cette année ? »

« Combien investirez-vous cette année ? »

La seconde question est préférable.

Questions relais

Elles se pratiquent dans un entretien à 3 personnes, deux négociateurs se passent le relais (à utiliser avec réserve, excellents rapports et complicité professionnelle nécessaires).

Les différentes étapes

Analyse du besoin

Questions ouvertes

Reformulation

Argumentation

Alternative
(pour conclure)

Technique d'écoute active

Méthode de questionnement FOCA

F = questions factuelles, **O** = questions d'opinion,
C = questions sur le changement, **A** = questions d'action

Elle permet de découvrir le client, de rechercher ses besoins et de l'aider dans sa réflexion et sa prise de décision.

1/ Les faits

Les questions de base pour cerner la vie, les habitudes du client, vont permettre de découvrir les pratiques du client mais sans encore permettre de découvrir ses besoins.

« Vivez-vous en appartement ou en maison ? »

« Recherchez-vous un appartement ou une maison ? »

« Êtes-vous locataire ou propriétaire ? »

2/ L'opinion

Le négociateur doit poser des questions pour sonder l'opinion du client.

« Pourquoi un appartement plus grand ? »

« Pourquoi passer de l'appartement à la villa ? »

Ces questions vont permettre de découvrir si sa demande est un véritable besoin.

3/ Le changement

Découvrir si le client est prêt à envisager un véritable changement dans un avenir proche (bénéfices de ce changement)

« Êtes-vous prêt à vous éloigner de votre lieu d'habitation actuel d'au moins 20 km pour acquérir le bien que vous recherchez ? »

Sa réponse va permettre d'entrevoir *s'il* existe une ouverture et ainsi passer à la 4e phase.

Si la réponse ferme le sujet, le négociateur doit revenir à l'étape 1 des questions factuelles.

4/ L'action

C'est la dernière étape qui permet de savoir ou le client se situe dans sa volonté de changement.

« Prenons un rendez-vous pour visiter deux biens sélectionnés pour vous. »

Cette série de questions permet au client de cheminer vers la solution finale.

Analyser pour qualifier son prospect

COMMUNICATION EFFICACE

Ajuster ses propos et son attitude

1. **Métaprogramme**

    Le commercial doit s'interroger sur ses propres croyances pour améliorer son système de communication.

2. **Rôle dans l'entretien**

    La négociation est un jeu social entre vendeur et acheteur.

    Chacun va essayer d'atteindre ses objectifs respectifs.

    Le vendeur doit savoir écouter, s'affirmer et être convaincu lui-même de ses propos.

3. **Être assertif**

    Se montrer capable de s'affirmer tout en respectant l'autre.

4. **Canaliser son stress**

    S'adapter à l'environnement : réduire le mauvais stress.

5. **Déchiffrer les postures**

Postures du corps exprimées par la tête :

- *Tête inclinée* : à l'écoute (baissée = soumission)
- *Buste en avant* : implication (recul = désintérêt)
- *Bras écartés* : ouverture (croisés = fermeture)

Il faut adopter une posture voisine pour se mettre à la portée de son interlocuteur.

Les trois formes de la communication

Communication verbale

Le verbal correspond au contenu de ce que l'on dit. Il peut contenir des prédicats, des systèmes de représentation et de référence.

Communication paraverbale

La communication paraverbale est relative à la partie de la communication qui touche à l'oral mais pas au contenu : ton de la voix, rythme vocal, pauses.

Communication non verbale

Le non-verbal correspond aux attitudes, aux mouvements imperceptibles ou inconscients qu'adopte le corps pendant qu'une personne communique.

Une étude nous indique les parts de nos différents modes de communication :

- 55 % de notre comportement observable (gestes, expressions du visage…) ;
- 38 % de notre paraverbal (ton de voix, rythme, pauses…) ;
- 7 % de nos mots (verbal).

Soit un total de 93 % pour le non-verbal contre 7 % pour le verbal.

Le non-verbal s'avère un outil puissant : celui qui a appris à lire les expressions et la voix d'autrui sait déceler, même sans entendre ses mots, s'il exprime quelque chose de positif ou négatif.

Exemple

Vous faites une proposition à un client. Il vous écoute et avant même sa réponse vous savez si elle vous sera ou non favorable : sa position, son regard, l'expression de sa bouche, vous lisez tout cela en une fraction de seconde alors qu'il n'a pas encore prononcé un mot.

Communication non verbale et congruence

En termes de communication, être congruent, c'est être cohérent entre la communication verbale et la communication non verbale.

C'est-à-dire prononcer des mots et avoir une attitude du corps en cohérence.

Le contraire est incongru.

Si nous cherchons à exprimer une opinion à laquelle nous n'adhérons pas, cela se verra.

Exemple

« De cet appartement, le temps pour arriver en ville à une heure de pointe ? Heu… 10 minutes maxi… ».

L'interlocuteur n'entend plus les mots du négociateur (7 % de sa perception) qui peine à cacher ce que son intonation, ses points de suspension et l'hésitation de sa voix trahissent. Sans compter peut-être son attitude corporelle pas affirmative.

Quand il y a incongruence entre le non-verbal et les mots, la balance pèse du côté du non-verbal.

Si c'est l'interlocuteur qui présente cette incohérence, il faut se centrer sur son non-verbal et décoder son message.

Parfois le non-verbal n'est pas en contradiction avec le message, il est faiblement manifesté, ou il a du mal à s'exprimer pour diverses raisons (peurs, croyances, manque de conscience de soi…).

Connaissance et comportement du client

Certains traits de caractère, certains comportements permettent, par l'observation psychologique, de mieux connaître la personnalité d'un individu. Ces techniques demandent une certaine expérience, et le risque de se tromper existe.

Le négociateur devra utiliser son sens de l'observation, car les réactions non verbales sont riches d'informations.

La morphopsychologie

Cette technique vise à analyser les visages et les corps afin de repérer le tempérament de l'individu.

Le visage est coupé en 3 parties :

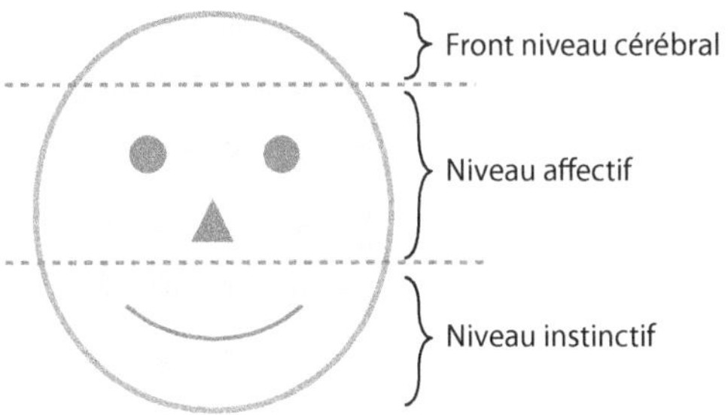

À partir de ces données le tempérament dominant :

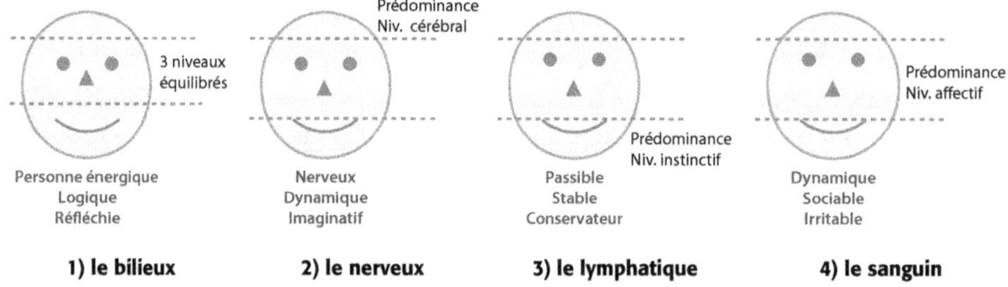

Analyser grâce à la programmation neurolinguistique (PNL)

Repérer le système de perception privilégié de l'interlocuteur

Il existe trois canaux sensoriels principaux VAK :
- *canal **visuel*** (images) ;
- *canal **auditif*** (sons) ;
- *canal **kinesthésique*** (tactile),

auxquels s'ajoutent :
- *canal des **odeurs*** (olfactif) ;
- *canal du **goût*** (gustatif).

Les sens olfactifs et gustatifs étant le plus souvent difficiles à mobiliser dans l'acte de vente, l'acronyme **VAKOG** est souvent réduit à celui de VAK.

La perception du monde repose sur nos cinq sens

Chacun a tendance à privilégier l'un des canaux VAK selon les situations ou les interlocuteurs.

Le repérage des mots utilisés

Le vendeur identifie les mots et expressions employés le plus souvent par son interlocuteur, qui traduisent son canal de communication.

1. Mots utilisés

Selon les termes :
- *référence visuelle* : « c'est clair », « je vois bien » ;
- *référence auditive* « je me dis que », « c'est très éloquent » ;
- *référence kinesthésique* « je sens que » « je suis sensible à ».

2. Détections des mouvements oculaires

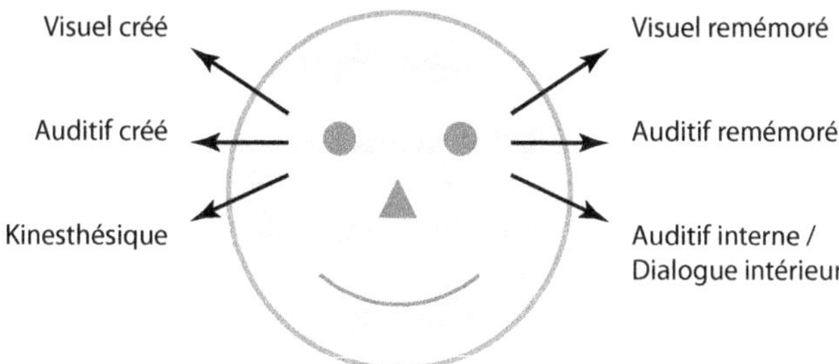

3. Se synchroniser par mimétisme discret

Visuel : besoin d'observer

Auditif : mots employés et a besoin de regarder pour comprendre

Kinesthésique : sensible aux ambiances

Les mouvements involontaires des yeux renseignent sur la façon dont la personne pense, en images, sons ou sensations.

Les yeux vers le haut indiquent une représentation visuelle, le prospect utilise une image mentale.

À droite, on fait appel à des souvenirs : on retrouve des images, on crée.

Les yeux vers le milieu, c'est une représentation auditive, le prospect entend des sons.

À droite, on fait appel à la mémoire auditive : on recherche une phrase déjà entendue.

À gauche, on imagine des sons, on cherche des arguments, on construit son discours.

Les yeux vers le bas à droite, on mène une réflexion profonde dans un dialogue interne ; vers le bas à gauche, on ressent des émotions et des sensations.

Adaptation au système de perception

Le négociateur doit repérer le système de représentation sensorielle du prospect et s'y adapter.

Le visuel aura besoin d'observer et de regarder pour comprendre et retenir.

L'auditif est attentif aux mots employés, il aime bavarder autant qu'écouter.

Le kinesthésique est sensible aux ambiances et pourra se bloquer en cas de ressenti négatif.

> Déjouer les pièges du langage grâce au **métamodèle**

1. **Distorsions** : « Vous êtes bien jeune pour faire ce métier » → « En quoi le fait d'être jeune nuit-il à la compétence ? »
2. **Généralisations** : « Avec les vendeurs, c'est toujours la même chose » → « De quels vendeurs parlez-vous ? »
3. **Les omissions.** Le métamodèle est un outil de questionnement afin d'éviter les ambiguïtés sous forme d'objections.

Pratiquer l'ancrage :

En associant une sensation vécue positive lors d'une situation délicate par un geste reproductible (pouce + index)

Pratiquer l'**analyse transactionnelle** (AT)

Distinguer les trois états du moi

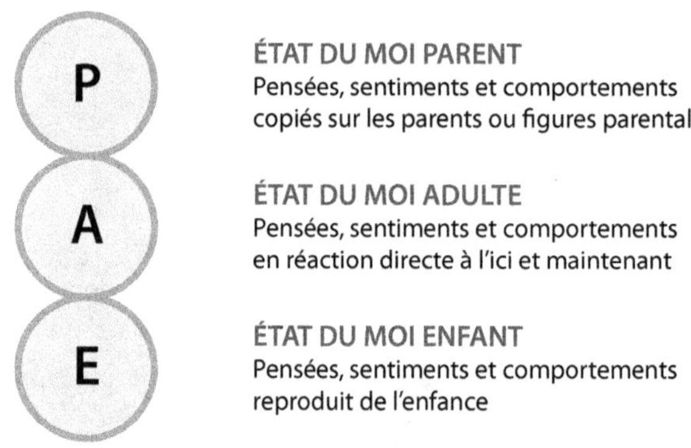

Diagramme structural de premier ordre : le modèle des états du Moi

Comprendre les transactions (relation entre deux états du moi)

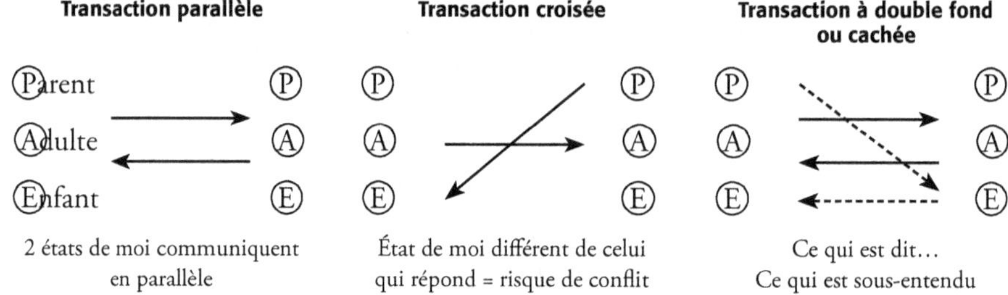

2 états de moi communiquent
en parallèle

État de moi différent de celui
qui répond = risque de conflit

Ce qui est dit…
Ce qui est sous-entendu

Analyser les positions de vie

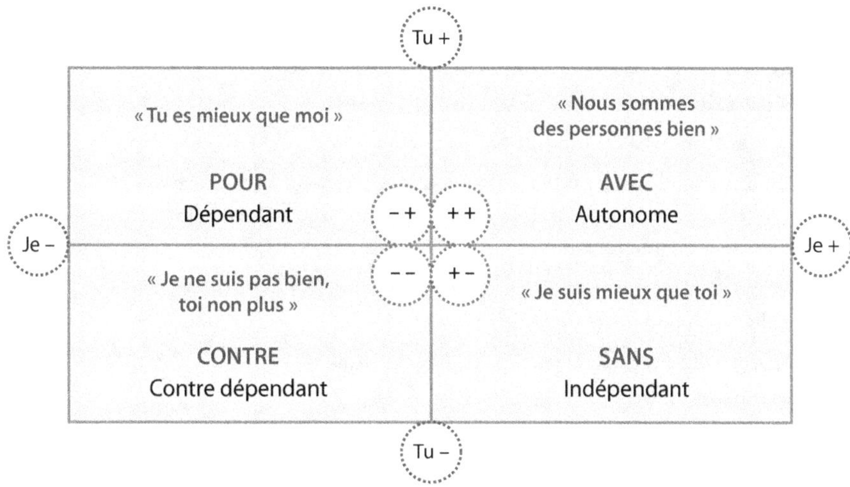

Le regard que je porte sur l'autre conditionne la façon dont je me positionne dans la relation avec lui.

Pour harmoniser la communication, faire en sorte que chacun se trouve en « +/+ »

Utiliser les signes de reconnaissance ou *strokes* (les attentions envers les autres).

Conditionnel ou inconditionnel, le vendeur doit pouvoir émettre ces signes de reconnaissance envers son client.

Le traitement des objections

1/ se taire et ne jamais entrer en conflit

2/ écouter et accepter l'objection (son bien-fondé)

3/ l'affaiblir et la neutraliser

Trois types principaux d'objections :

- **Objection réelle** (vraie ou sincère)

  Manque de compréhension du client mais souhaite poursuivre l'entretien.

- **Objection prétexte** (fausse ou alibi)

  Manque d'intérêt du client ou cache une objection plus profonde qu'il ne veut verbaliser, souhaite écourter l'entretien.

- **Objection réactive** (psychologique)

  Le client désire résister face au négociateur, il veut impressionner et dominer la situation.

Différents types de réponses :

- **L'addition**

  Additionner les avantages du produit :

  « Ce prix très compétitif vous fait bénéficier d'un appartement au calme, dans un quartier résidentiel avec jardin privatif. »

- **La soustraction**

  Faire ressortir tous les avantages que perd le client :

  « La semaine prochaine, vous ne pourrez plus bénéficier d'un taux d'intérêt aussi avantageux, ce qui majorera le coût de votre emprunt de …… €. »

- **La multiplication**

  Multiplier les avantages du produit par sa durée :

  « À raison d'un crédit de … € par mois, vous réaliserez un investissement de … € par an. Au bout de 10 ans, vous aurez acquis … € pour vous, une somme que vous n'auriez pas pu mettre de côté avec une location. »

- **La division**

  Ramener le prix à une unité de temps :

  « Cet appartement ne vous revient qu'à … € par mois. »

- **La comparaison**

  Comparer avec un autre produit :

  « C'est le prix d'une location en dehors du centre-ville. Le même bien dans l'immeuble s'est vendu à … €. »

- **La minimisation**

  Argumenter uniquement sur la différence de prix entre deux produits similaires :

  « Pour une différence de … €, vous bénéficiez en plus d'une terrasse et de la proximité du bus, ce qui est très intéressant, vous êtes d'accord ? »

Autres techniques possibles :

- **Silence**

  Pour répondre aux objections de mauvaise foi, le laisser continuer à s'exprimer (attention : à ne pas utiliser systématiquement).

- **Interrogative**

  Transformer l'objection en question pour que le client s'exprime sur ses craintes et ses désirs.

- **Désamorçage**

  Créer une participation en évitant l'étalage de sa connaissance.

- **Dilatoire**

  Si objection délicate ou prématurée, permet d'éviter d'y répondre trop vite/tôt : « Je termine ce point sinon je vais perdre le fil et on y reviendra plus tard… »

- **Compensatoire**

  Abonder dans le sens du client, en l'amenant à envisager une autre possibilité.

- **Affaiblissement**

  Reformuler en atténuant (« Je n'aime pas » : « Vous hésitez »).

- **Implication**

  À utiliser en fin de négociation :

  Demander ce qu'il ferait dans un cas précis : « Alors vous proposeriez combien ? »

- **Élimination**

  Le client présente plusieurs objections à la fois, traiter d'abord la plus faible.

- **Boomerang**

  Transformer l'objection en argument (avoir de solides arguments).

La conclusion

La conclusion directe

Elle termine logiquement un entretien bien mené, le négociateur a déterminé les besoins du client et propose le bien correspondant.

De nombreux clients n'attendent qu'une chose : que le négociateur leur demande de prendre la décision, les aides à entamer leur processus d'engagement.

Le négociateur doit se dire qu'il n'a rien à perdre, la seule réponse que puisse faire le client, c'est « oui » ou « non » et, dans ce dernier cas, il existe quelques techniques pour l'aider à rattraper le futur acquéreur.

La conclusion implicite ou l'alternative

On suppose l'accord du client obtenu et on lui propose un choix. Cette méthode met le client devant l'alternative suivante :

- Achèterez-vous le bien sans le garage ou avec le garage ? Elle élimine la possibilité de ne pas acheter.

La seconde proposition doit toujours être plus réaliste que la première, car le client répète souvent la seconde offre comme un écho.

La balance

Appelée aussi méthode du bilan, elle consiste à faire le bilan des + et des –.

Deux possibilités :

- Le négociateur reprend les arguments positifs en faveur de l'offre pour démontrer qu'ils l'emportent sur les négatifs ;
- Le négociateur fait participer le client à la recherche des arguments pour l'aider à découvrir les raisons favorables d'accepter la proposition.

Conclusion conditionnelle

Elle consiste à demander préalablement l'accord au client avant de lui répondre.

Exemple : « Si je vous donne mon accord pour cette offre, l'achetez-vous ? »

La mise en garde

Appelée aussi supposition, parce qu'elle suppose une situation antérieure agréable ou désagréable à laquelle notre offre apporte une solution.

Rappelez-vous, M. x a regretté de ne pas avoir acheté dans cette résidence.

Vider l'abcès

C'est faire admettre par le client qu'il ne reste plus qu'une seule raison de ne pas acheter, et en lui faisant réexprimer.

Cela peut se résumer par cette question : « Est-ce tout ce qui s'oppose à votre acceptation ? »

L'élimination

Cette méthode oblige le client à révéler son objection réelle ou à admettre que notre offre correspond à son attente.

Il faut éliminer les obstacles un à un et, si le client émet un oui, reprendre l'argumentation.

Le challenge

Face à un client tenté mais hésitant, le négociateur doit essayer de lui offrir un challenge :

« Cette maison vous a plu dès la première visite, pourquoi ne pas laisser vos craintes de côté et vous laisser aller au plaisir de l'acquérir ? »

Anticiper la possession

C'est tout doucement donner au client le sentiment d'être déjà propriétaire. Le négociateur doit pousser à l'action :

« Quand vous serez installé, quel plaisir pour vous de prendre votre café le matin sur cette terrasse. »

Faire désirer

C'est priver le client de la possession du bien, c'est développer un sentiment de frustration qui crée le désir de posséder.

« J'ai de nombreux clients intéressés dont un qui désire me faire une offre, j'ai rendez-vous ce soir... »

La diversion

Méthode à utiliser lorsque le client nous dit « je vais réfléchir ». Éviter de brusquer le client et arrêter l'argumentation, en soulignant que réfléchir est important, et enchaîner de la manière suivante :

« Si je comprends bien, vous voulez réfléchir, c'est que l'affaire vous intéresse, si vous le permettez, je peux vous aider... » ou avec humour : « On peut réfléchir ensemble ! »

Continuer soit par la récapitulation soit par l'élimination.

La haute pression

Dans cette méthode, la pression du négociateur est intensive et ses questions sont rapides, ses arguments sensibles et orientés. Le dynamisme et l'enthousiasme doivent être communicatifs.

C'est une pression morale :

- « Cela fait combien de fois que l'on se rencontre ? »
- « Vous n'avez pas confiance en moi ? »
- « Pensez-vous que je suis un professionnel, que je peux correctement vous conseiller ? »

Il faut donc sortir le compromis, c'est maintenant ou jamais et il faut tout tenter. L'essentiel est d'éviter de reculer dès le premier barrage du client, car le recul est un alibi facile pour le vendeur. Cette méthode est à utiliser si elle correspond à votre personnalité.

Les 7 C de la vente

Ce document propose un découpage possible d'un entretien de vente en sept phases.

Conception

La préparation suppose de la veille informationnelle, la définition d'objectifs et des outils d'aide à la vente.

Contact

Les **4 x 20** :

- les 20 premiers pas ;
- les 20 premiers gestes ;
- les 20 premiers mots ;
- les 20 premières secondes.

Le SBAM : sourire, bonjour, au revoir, merci. Méthode positive basée sur l'empathie. Le client conserve une image agréable du négociateur et reviendra volontiers vers lui.

Connaître

La base du processus de vente est la satisfaction des besoins du client ; pour cela, il faut passer avec lui par une phase d'identification de ses besoins par un questionnement intelligent : c'est le plan de découverte.

La typologie **SONCASE** vous aide à découvrir le profil du client.

→ Utilisation des techniques de questionnement : question ouverte, question rebond…

Comprendre

Reformuler les besoins du client ; vérifier que rien n'a été oublié, obtenir un « oui » de validation.

Convaincre

Argumenter et traiter les objections.

Argumenter

Il s'agit de présenter l'offre en développant 2 à 3 arguments.

La caractéristique du produit est transformée en avantage pour le client…

Le vendeur développe 2 à 3 arguments

Pour développer un argument :

1. « Vous m'avez dit que vous cherchez à… C'est en effet essentiel. »

2. « Ce produit dispose de… »

3. « Cela vous permettra de… »

4. « Qu'en pensez-vous ? » silence… attendez la réponse du client !

5. « D'ailleurs vérifiez par vous-même… »

1. Valoriser le besoin exprimé par le client.

2. Présenter la caractéristique correspondante du produit.

3. Présenter l'avantage en mettant en évidence la satisfaction que le client pourra tirer de l'usage du produit.

4. Contrôler l'impact de l'argumentation par une question… se taire et attendre l'acceptation de l'avantage.

5. Le client doute… administrer une preuve…

Le langage verbal doit être :

- rassurant (éviter certains mots…) ;

- impliquant (utilisez le « vous » ; conjuguez au présent…) ;

- convaincant (évitez les expressions du type « il me semble que… »).

Les mots ou expressions à éviter …

Il faut proscrire certains mots et expressions de votre vocabulaire : peut-être, plutôt, quand même, éventuellement, je crois que, problème, je pense que…

Éviter aussi l'emploi du conditionnel.

Traiter les objections … en prenant l'AIR !

Méthode AIR

1. Accepter l'objection

Ne pas démentir sèchement mais plutôt dire : « Vous avez bien fait d'attirer mon attention sur…)

> **2. Interroger**
>
> Chercher à comprendre = poser des questions pour comprendre ce qui se cache derrière l'objection (préciser le contenu de l'objection) ; permet de transformer l'objection en demande d'informations ce qui permet de l'effriter. → C'est-à-dire ? Pouvez-vous m'en dire plus ?
>
> Parfois le client répond lui-même à son objection.
>
> 3. **Répondre = le traitement, la réfutation de l'objection par une technique de traitement** (compensation, boomerang…)
>
> Penser à vérifier l'adhésion du client aux explications données par une question de contrôle → Ai-je répondu à votre inquiétude ? Êtes-vous rassuré ? Nous sommes d'accord ?
>
> **Le traitement de l'objection prix (cas particulier)**
>
> Chaque vendeur doit savoir faire face à des objections insistantes sur les prix.
>
> Les techniques :
>
> - **additionner :** justifier le prix en additionnant tous les avantages ;
> - **soustraire :** lister les avantages qui disparaîtraient si le prix baissait ;
> - **diviser :** diviser le prix par sa durée d'utilisation ou par un autre critère ;
> - **relativiser :** comparer le prix du produit à celui d'un produit plus cher ou d'un produit courant.

Conclure

- Lorsque l'acheteur a manifesté des signaux d'achat, **obtenir l'accord définitif** en utilisant par exemple la technique de « l'invitation directe » : « Donc, nous prenons rendez-vous pour la signature le … »
- Puis **prendre congé**

Deux cas se présentent : la vente a été réalisée ou non.

- La vente se réalise :
  - conforter le client dans son achat ;
  - susciter une prochaine visite.
- La vente ne se réalise pas :
  - assurer le client d'un suivi efficace.

Quitter le client de façon chaleureuse.

Conserver

Assurer le suivi du contact commercial : **fidéliser…**

En conclusion, vous pouvez vous rendre compte, que la technique des 7 C de la vente est un condensé de toutes les méthodes à notre disposition.

Partie II

La gestion locative modifiée par la loi Alur

CHAPITRE 12

La location d'un logement nu

Loi n°89-462 du 6 juillet 1989 modifiée par la loi Alur n° 2014-366 du 24 mars 2014

La loi du 6 juillet 1989 vise à protéger le locataire. Elle a été mise en place dans le but d'améliorer les rapports locatifs. Elle concerne la location de logements nus en habitation principale ainsi que les locations à usage mixte (professionnel et habitation). Les garages ou emplacements de parking loués avec les logements sont couverts par le champ d'application de la loi.

Elle fixe de nombreuses règles et a été souvent modifiée.

Lors de la prise d'un bien en mandat, si le professionnel se voit confier la mise en place d'un locataire puis la gestion locative, la signature d'un mandat de location ne sera plus nécessaire. La loi Alur a modifié **l'article 1ᵉʳ de la loi Hoguet** du 2 janvier 1970 qui précise : « Est considérée comme relevant de l'activité de gestion immobilière la location ou la sous-location, saisonnière ou non, en nu ou en meublé, d'immeubles bâtis ou non bâtis lorsqu'elle constitue l'accessoire d'un mandat de gestion. »

Les locations exclues de la loi de 1989

- Les logements de fonction.
- Les locations meublées et les locations saisonnières.
- Les locaux professionnels (6 ans).
- Les locaux commerciaux (Code du commerce).
- Les locations avec accession à la propriété.
- Les locations d'emplacement pour le stationnement (loc. logement + garage loi 89, loc. garage hors loi 89).
- Les logements foyers.

Le logement décent

Loi SRU du 13 décembre 2000 précisée par le décret du 30 janvier 2202 et insérée dans la **loi de 1989 – Art. 6**

Le droit de contester la décence de son logement est ouvert à tous locataires, y compris ceux du parc social.

La loi du 13 juillet 2006 a sensiblement renforcé le mécanisme de la décence. Les litiges entrent dans le champ de compétence de la commission départementale de conciliation. Le rôle du juge est renforcé, il peut désormais réduire, voire suspendre le montant du loyer avec ou sans consignation jusqu'à l'exécution des travaux par le bailleur si ce dernier refuse de les réaliser à la demande du locataire.

Lorsque le logement ne correspond pas aux critères de décence, le versement de l'allocation logement en tiers payant n'est plus possible.

Voici les critères du logement décent :

- le clos et le couvert ;
- protection contre les infiltrations d'eau ;
- utilisation de matériaux ne comportant pas de risques ;
- équipements de chauffage ;
- installation d'électricité et de gaz en bon état d'entretien ;
- ventilation et clarté ;
- eau potable chaude et froide ;
- une cuisine ou un coin cuisine permettant de recevoir un appareil de cuisson ;
- dans les logements de plus d'une pièce, une installation sanitaire complète (douche, WC) ;
- un logement minimum de 9 m^2 lorsque la cuisine est séparée et de 12 m^2 avec coin cuisine ;
- hauteur sous plafond d'au moins 2,20 m ;
- soit un volume habitable de 20 m^3.

La loi relative à la transition énergétique pour la croissance verte (TECV) du 17 août 2015 a intégré la performance énergétique aux caractéristiques du logement décent. Le décret du 9 mars 2017 définit les critères minimaux pour classer le bien en logement décent.

Depuis le 1er janvier 2018, le logement doit être étanche à l'air.

Les critères :

- Il doit être protégé contre les infiltrations d'air parasites (poussières et pollution) ;

- Les portes et fenêtres du logement ainsi que ses murs et parois donnant sur l'extérieur ou sur des locaux non chauffés doivent présenter une étanchéité à l'air suffisante ;
- Les ouvertures des pièces donnant sur des locaux annexes non chauffés doivent être munies de portes ou de fenêtres ;
- Les cheminées doivent être munies de trappes.

Depuis le 1er juillet 2018, le logement doit apporter une réelle aération. En voici les conditions :

- Les dispositifs d'ouverture et les dispositifs de ventilation du logement doivent être en bon état et permettre un renouvellement de l'air ainsi qu'une évacuation de l'humidité adaptés aux besoins d'une occupation normale du logement et au fonctionnement des équipements.

Le locataire peut demander la mise en conformité de l'appartement.

Lois, décrets et jurisprudences

(1) Loi SRU (solidarité et renouvellement urbain) n° 2000-1208

(2) Article 6 de la loi n° 89-462 (loi Mermaz) tendant à améliorer les rapports locatifs

(3) Décret n° 2002-120, *JO* du 31 janvier 2002

(4) RM JO 6 mai 2002 p. 2428

(5) La loi Alur du 24 mars 2014 a renforcé l'obligation de délivrance d'un logement décent.

(6) La loi TECV du 17 août 2015 et son décret d'application du 9 mars 2017 définissent les critères de logement décent en matière de performance énergétique.

Jurisprudences

- Les magistrats ont jugé que le bailleur n'était pas déchargé de son obligation de délivrer un logement décent par le fait que le preneur a accepté le logement en l'état. (Cassation, 3e Civ., 28 avril 2009, n° 08-11749).
- En outre, la remise aux normes des installations lui incombe et ne saurait être mise à la charge du locataire. (CA Caen, 7 juin 2007, n° 05/3363).
- Enfin, sa responsabilité peut être engagée en cas d'aggravation d'une maladie du locataire (dans ce cas, l'asthme) due au caractère indécent ou insalubre du logement. (Cassation, 3e Civ., 19 janvier 2005, n° 03-15631).

La loi Alur n'a pas modifié les normes de décence mais a rendu les textes répressifs. La mise en conformité peut être demandée par le locataire ou par la CAF en cas de versement d'allocation logement.

À défaut de mise aux normes dans le délai imparti, le bénéfice de l'allocation est définitivement perdu, le locataire ne pouvant être tenu de payer le montant correspondant à la part auparavant prise en charge.

Le juge, s'il est saisi, peut demander des travaux de mise aux normes en réduisant ou en suspendant le loyer pendant la durée des travaux. Dans le cas d'une impossibilité d'effectuer les travaux, la résiliation du bail est aux dépens du bailleur.

L'absence de décence du logement ne permet pas au locataire de retenir le paiement du loyer, sans y avoir été autorisé judiciairement (arrêt du 14 janvier 2014, Aix-en-Provence).

Les diagnostics

Un dossier de diagnostic technique est remis lors de la signature du bail. Celui-ci est annexé au contrat de location. Son objectif est d'informer sur la performance énergétique du logement et de protéger le locataire sur les risques éventuels.

La loi Alur modifie la loi Morange du 9 mars 2010 concernant les détecteurs de fumée. Depuis le 8 mars 2015, tous les lieux d'habitation doivent être équipés d'un détecteur autonome avertisseur de fumée (DAAF) à la charge du bailleur.

Tableau 12.1. Les diagnostics techniques

Diagnostic	Biens concernés	Durée de validité	Objet du document	Parties communes	Document à produire en cas de location
Exposition au plomb Code de la santé publique	Tous les logements construits avant le 01/01/1949	Si présence de plomb 6 ans location Aucune trace de plomb « illimité »	CREP (constat de risque d'exposition au plomb) Détecter les éléments contenant du plomb. Dispositif de lutte contre le saturnisme	Oui	Oui depuis le 13/08/2008
Amiante DAPP Code de la santé publique	Tous les logements construits avant le 01/07/1997	Illimitée	Détecter la présence de produits et de matériaux contenant de l'amiante	Oui	Tenu à la disposition du locataire depuis 01/06/2011
Gaz Loi ENL CCH	Tous logements de plus de 15 ans Concerne l'installation intérieure	6 ans	Détecter les risques pour la santé et la sécurité des occupants	Non	Oui
ERP **État des risques et pollutions** C. environnement	Biens bâtis ou non dans les zones ayant fait l'objet d'un arrêté de reconnaissance de l'état de catastrophe naturelle, technologique et industrielle	6 mois	Informer les locataires sur les risques existants à proximité	Non	Oui
DPE **Performance énergétique** CCH	Tous les logements et autres bâtiments occupés 4 mois/an minimum	10 ans	Renseigne sur le niveau d'isolation thermique et sur le taux d'émission de gaz à effet de serre	Non	Oui. Location vide ou meublée
Électricité Loi ENL 2008	Tous logements de plus de 15 ans seulement les parties privatives	6 ans	Détecter les risques pour la sécurité des occupants	Non	Oui
Surface loi Boutin 25/03/2009	Logements Habitation principale vide ou meublée	Illimitée si pas de modification	Informer le locataire sur la surface habitable du logement	Non	Oui Surface inscrite dans le bail depuis la loi Alur
Diagnostic radon	Biens situés dans une zone sensible, inséré dans L'ERP	6 mois	Informer l'acquéreur ou le locataire du risque	Non	Oui

Le contrat de location

L'administrateur de biens doit procéder à un examen détaillé des dossiers, sa responsabilité professionnelle est engagée en cas d'impayés.

- Justificatifs d'identité :
  - photocopie de la carte d'identité ou du passeport.
- Justificatifs de ressources :
  - derniers bulletins de salaire, les revenus doivent être supérieurs de 3 à 4 fois le montant du loyer ;
  - le contrat de travail, pour vérifier si le locataire est en CDD, CDI ou intérim ;
  - l'avis d'imposition sur le revenu, qui permet de s'assurer de la validité des bulletins ;
  - il est interdit de réclamer un relevé de compte bancaire.
- Autres justificatifs si nécessaire :
  - dernière quittance de loyer de son logement ;
  - un RIB.

Avant la publication de la loi Alur, une liste de 17 documents à ne pas réclamer était fixée à l'article 22.2 de la loi 89. Avec la loi Alur, une nouvelle liste des pièces justificatives a été définie par décret du 5 novembre 2015.

Pour se prémunir contre le risque d'impayés, la caution solidaire peut être une solution, mais elle ne peut plus se cumuler avec une assurance des loyers impayés sauf si le locataire est un étudiant ou un apprenti.

L'article 1er de la loi 89 modifié par la loi Alur rappelle qu'« aucune personne ne peut se voir refuser la location d'un logement pour un motif discriminatoire défini à l'art. 225-1 du Code pénal ».

Cet article précise : « Constitue une discrimination toute distinction opérée entre les personnes physiques à raison de leur origine, de leur sexe, de leur situation de famille, de leur grossesse, de leur apparence physique, de leur patronyme, de leur lieu de résidence, de leur état de santé, de leur handicap, de leurs caractéristiques génétiques, de leurs mœurs, de leur orientation ou identité sexuelle, de leur âge, de leurs opinions politiques, de leurs activités syndicales, de leur appartenance ou de leur non-appartenance, vraie ou supposée, à une ethnie, une nation, une race ou une religion déterminée. »

Son contenu

Le contrat de location, établi par écrit, devra respecter un contrat type défini par décret en Conseil d'État.

Il devra préciser :

- la surface habitable de la chose louée ;
- le loyer de référence et le loyer de référence majoré, correspondant à la catégorie du logement et définis par le représentant de l'État dans les départements « zones tendues » ;
- le montant du dépôt de garantie, si celui-ci est prévu ;
- le renoncement, le cas échéant au bénéfice de la garantie universelle ;

- une notice d'information relative aux droits et obligations des locataires et bailleurs ainsi qu'aux voies de conciliation et de recours mis à leur disposition ;
- le montant et la date de versement du dernier loyer acquitté par le précédent locataire, dès lors que ce dernier a quitté le logement moins de 18 mois avant la signature du bail ;
- la nature et le montant des travaux effectués dans le logement depuis la fin du dernier contrat de location ou depuis le dernier renouvellement du bail ;
- si l'immeuble est soumis au statut de la copropriété, le bailleur doit communiquer au locataire l'extrait du règlement de copropriété concernant la destination de l'immeuble, l'usage des parties et préciser la quote-part du lot loué.

En cas d'absence dans le contrat d'une de ces informations, le nouveau locataire peut, dans un délai d'un mois à compter de la prise d'effet du bail, mettre en demeure le bailleur de porter ces informations au bail. À défaut de réponse ou en cas de refus du bailleur dans le délai d'un mois, le locataire peut saisir dans le délai de 3 mois, à compter de la mise en demeure, la juridiction compétente afin d'obtenir, le cas échéant, la diminution du loyer.

Conséquence d'une erreur sur la surface habitable

Lorsqu'elle est inférieure de plus de 1/20 à celle exprimée dans le contrat, le bailleur supporte, à la demande du locataire, une diminution du loyer proportionnelle à l'écart constaté. À défaut d'accord ou de réponse du bailleur dans un délai de 2 mois, à compter de la demande en diminution du loyer, le juge peut être saisi dans un délai de 4 mois à compter de cette même demande.

La durée du bail (art. 10)

Le contrat est conclu pour une durée de 3 ans pour les bailleurs personnes physiques et 6 ans pour les bailleurs personnes morales. Le contrat parvenu à son terme est reconduit tacitement pour les mêmes périodes citées ci-dessus.

Si un événement précis justifie que le bailleur ait à reprendre le logement pour des raisons professionnelles ou familiales, les parties peuvent conclure un bail pour une durée inférieure à 3 ans mais au moins de 1 an. La raison doit être mentionnée dans le contrat. Il peut renouveler cette exception une fois si l'événement est différé ; si l'événement ne se produit pas, le contrat est réputé de 3 ans.

Clauses abusives (art. 4)

Est réputée non écrite toute clause :
- rendant la durée de la location irrévocable et empêchant les locataires ou leurs héritiers de donner congé pour une raison légitime ;
- par laquelle le locataire est obligé de souscrire une assurance auprès d'une compagnie choisie par le bailleur ;
- qui impose, comme mode de paiement du loyer, l'ordre de prélèvement automatique sur le compte courant ;
- qui oblige le locataire, en vue de la vente ou de la location du logement, à laisser visiter celui-ci plus de 2 heures les jours ouvrables ou les jours fériés ;

- par laquelle le locataire autorise le bailleur à prélever les loyers directement sur son salaire dans la limite cessible ;
- qui prévoit la responsabilité collective des locataires en cas de dégradation d'un élément commun ;
- par laquelle le locataire s'engage par avance à des remboursements sur la base d'une estimation faite unilatéralement par le bailleur au titre des réparations locatives ;
- qui prévoit la résiliation de plein droit du contrat pour un motif autre que le non-paiement du loyer, des charges, du dépôt de garantie, de la non-souscription à une assurance locative ou du non-respect du voisinage, constatés par une décision de justice ;
- qui autorise le bailleur à diminuer ou supprimer, sans contrepartie, des prestations stipulées au contrat ;
- qui interdit au locataire l'exercice d'une activité politique, syndicale, associative ou confessionnelle ;
- qui autorise le bailleur à percevoir des amendes ou des pénalités en cas d'infraction aux clauses du règlement intérieur de l'immeuble ;
- qui impose au locataire la facturation de l'état des lieux de sortie, dès lors que celui-ci n'est pas établi par un huissier de justice dans le cas prévu dans l'art. 3.2 ;
- qui prévoit le renouvellement pour une durée inférieure que celle prévue (3 ans) ;
- qui exonère le bailleur de toute responsabilité ;
- qui interdit au locataire d'héberger des personnes ne vivant pas avec lui ;
- qui impose au locataire le versement de sommes supplémentaires à celles prévues ;
- qui fait supporter au locataire des frais d'expédition de relance ou de quittance ainsi que les frais de procédure venant s'ajouter aux sommes prévues par l'art. 700 du CPC ;
- qui prévoit que le locataire est automatiquement responsable des dégradations constatées ;
- qui interdit au locataire de demander une indemnité si le bailleur réalise des travaux d'une durée supérieure à 21 jours ;
- qui permet au bailleur d'obtenir la résiliation de plein droit du bail au moyen d'une simple ordonnance de référé insusceptible d'appel.

Les obligations du locataire

Le locataire est soumis à certaines obligations.

- Régler le loyer et charges pour ne pas s'exposer à une procédure en résiliation de bail et expulsion. Le paiement partiel du loyer ne peut être considéré comme un défaut de paiement du locataire.
- S'assurer contre les risques dont il doit répondre en sa qualité de locataire. Remettre au bailleur une attestation de l'assureur.
- Réparer les dégradations qui sont de son fait. On exclut les dégradations dues à une force majeure (événement extérieur qu'on ne peut contrôler), les manquements du bailleur (logement en mauvais état) et l'intervention d'un tiers (personne entrant dans les lieux sans l'accord du locataire).
- Utiliser paisiblement les lieux, ne pas créer de troubles de voisinage (bruit, odeurs, comportement agressif).

- Effectuer l'entretien courant du logement, dont il est exonéré en cas de vétusté, malfaçon et de force majeure. Si la vétusté est à la charge du bailleur, les réparations rendues nécessaires par un usage anormal du logement sont à la charge du locataire.
- Accepter les travaux d'entretien et d'amélioration du bailleur. Le locataire ne peut s'y opposer – y compris pour les travaux d'amélioration de la performance énergétique. Les travaux ne doivent pas avoir un caractère abusif, le locataire doit être averti par LRAR ou remise en mains propres. Le juge peut prescrire l'interdiction ou l'interruption des travaux.
- Ne pas transformer les lieux et équipements loués. Le locataire doit demander une autorisation écrite du bailleur ; dans le cas contraire, le bailleur peut exiger la remise en état ou un départ sans indemnisation.
- Ne pas sous-louer les lieux sauf accord écrit du bailleur. Le locataire doit transmettre au sous-locataire, l'accord écrit et le bail (loi Alur), et le sous-loyer ne peut être supérieur au loyer principal. Le sous-locataire et le bailleur ne sont pas liés par un contrat et la responsabilité incombe au locataire. Une sous-location sans autorisation amène à une procédure d'expulsion.

Caution solidaire

Dans le cas où le bailleur souscrit une assurance qui garantit les loyers impayés (assurance privée ou GRL), il ne peut plus, comme auparavant, demander à son locataire de lui fournir également une caution solidaire de la part d'un tiers.

La caution s'engage à payer les dettes locatives du locataire.

Celles-ci comprennent :

- le loyer et les charges, ainsi que les éventuels intérêts mis à la charge du locataire pour paiement tardif des dettes locatives ;
- les frais de remise en état du logement dégradé.

Si la caution ne rembourse pas les dettes locatives, les biens personnels de la caution peuvent être saisis à la demande du propriétaire.

Il y a 2 types de cautions :

- le cautionnement simple, qui oblige à poursuivre le locataire avant de faire jouer la caution. En cas d'échec de la procédure contre le locataire, il sera fait appel à la caution ;
- le cautionnement solidaire (le plus courant), qui permet de poursuivre immédiatement la caution, dès le premier impayé, sans avoir nécessairement recours au locataire.

L'état des lieux (art. 3-2)

C'est un descriptif détaillé de l'appartement et de son équipement.

On distingue l'état des lieux d'entrée et l'état des lieux de sortie.

La comparaison des 2 états permet de vérifier si le locataire a correctement entretenu le logement.

L'article 1730 du Code civil mentionne : « S'il a été fait un état des lieux entre le bailleur et le preneur, celui-ci doit rendre la chose telle qu'il l'a reçue, suivant cet état, excepté ce qui a péri ou a été dégradé par vétusté ou force majeure. »

L'article 3 de la loi de 1989 prévoit que le locataire puisse modifier l'état des lieux au cours du premier mois de chauffe du logement pour vérifier qu'il n'y a pas de défauts ou une panne du système de chauffage.

En cas d'absence d'état des lieux, l'article 3 précise aussi : « S'il n'a pas été fait d'état des lieux, le preneur est présumé les avoir reçus en bon état de réparations locatives et doit les rendre tels, sauf la preuve du contraire. »

Avec la loi Alur, l'état des lieux d'entrée et de sortie doit répondre à un modèle type (en attente de décret). Chaque partie doit avoir un exemplaire.

Le locataire a, pendant 10 jours à compter de sa rédaction, un droit de rectification.

Si la demande est refusée, le locataire peut saisir la commission départementale de conciliation.

L'état des lieux d'entrée et de sortie doit être complété par les relevés des index des énergies utilisées. Cette indexation est mise à la disposition du technicien qui établit le DPE pour éviter une mise à disposition des factures.

État des lieux par huissier

À défaut d'accord amiable, quand le recours à un huissier de justice s'avère nécessaire, les frais sont partagés par moitié entre le locataire et le bailleur et sont plafonnés à un montant fixé par décret.

Les frais correspondent à un tarif forfaitaire, fixé par la réglementation. Il est défini en fonction de la surface du logement.

Depuis le 1er mai 2016, ces frais d'huissier sont fixés TVA comprise à :
- - 132,56 € pour les logements dont la superficie est inférieure à 50 m^2 ;
- - 155,44 € pour ceux dont la superficie est comprise entre 50 m^2 et 150 m^2 ;
- - 231,66 € pour les logements dont la superficie est supérieure à 150 m^2.

La lettre de convocation des parties à l'état des lieux est quant à elle facturée à 18,02 €. À ces frais d'huissier s'ajoutent la taxe fiscale forfaitaire de 13,04 € ainsi que les frais de déplacement de 7,67 €.

Les tarifs d'huissier ci-dessus concernent les états des lieux litigieux (constat locatif loi de 1989). En revanche, si un huissier de justice intervient dans le cadre d'un état des lieux amiable, ses tarifs sont libres.

La commission départementale de conciliation

Elle est composée équitablement de bailleurs et de locataires. Sa compétence porte sur les litiges concernant le loyer, le dépôt de garantie, les charges locatives, les réparations, le congé…

Elle rend son avis dans les 2 mois de la saisine. Son avis peut être transmis au juge par l'une ou l'autre des parties ou bien un document de conciliation est remis aux parties.

Les conditions financières de la location

Le dépôt de garantie (art. 22)

Il ne peut être supérieur à un mois de loyer.

Il ne peut faire l'objet d'aucune réévaluation en cours de location, ni même à l'occasion d'un renouvellement. Aucun dépôt de garantie ne peut être demandé si le loyer est payable d'avance pour une période supérieure à 2 mois.

Le dépôt d'un bail, depuis le 27 mars 2014, doit être restitué dans un délai de :

* 1 mois si l'état des lieux de sortie est conforme à l'état des lieux d'entrée ;
* 2 mois si l'état des lieux de sortie révèle des différences avec l'état des lieux d'entrée.

Le délai s'apprécie à compter du jour de la restitution des clés par le locataire qui peut les remettre :

* en mains propres au bailleur ou à son mandataire ; ou
* par lettre recommandée avec demande d'avis de réception.

Le dépôt de garantie ne doit pas être affecté au dernier mois de loyer.

Les honoraires (art. 3)

La loi Alur mentionne que, dans le cadre d'une location, la rémunération du professionnel est à la charge exclusive du bailleur, à l'exception de certaines prestations, pour lesquelles le montant doit être partagé entre le bailleur et le locataire :

* visite du bien ;
* constitution du dossier ;
* rédaction du bail ;
* établissement de l'état des lieux ;
* depuis le 15 septembre 2014, les honoraires ne peuvent dépasser les plafonds suivants :
    - 12 €/m^2 en zone très tendue (Paris et l'agglomération),
    - 10 €/m^2 en zone tendue (Lyon, Marseille, Toulouse, Toulon…),
    - 8 €/m^2 en zone détendue (sans problématique d'offre de logements),
    - 3 €/m^2 pour les frais d'état des lieux (France entière).

Les frais d'entremise sont libres et à la charge exclusive du bailleur.

Application

Exemple

Logement zone tendue 50 m^2, 650 € HC :

Locataire : (50 × 10) + (50 × 3) = 650 €

Bailleur : 7 % d'entremise 650 × 7 % × 12 = 546 € + 650 € = 1 196 €.

Frais pour envoi (art. 21)

L'avis d'échéance, la quittance doivent être transmis sans frais au locataire.

Si le locataire effectue un paiement partiel, le bailleur est tenu de délivrer un reçu.

Les provisions sur charges (art. 23)

Les charges locatives peuvent donner lieu au versement de provisions avec régularisation annuelle (modalités voir reddition des comptes).

Les provisions sur charges viennent en supplément du loyer principal.

À compter du 1er septembre 2015, à la demande du locataire, les pièces seront transmises par voie dématérialisée ou par voie postale.

Le loyer (art. 17)

Un encadrement des loyers est actuellement appliqué à Paris.

Dans les autres régions, le loyer est fixé librement entre les parties.

La loi Alur vise à fixer un loyer de référence qui devra être respecté par les bailleurs dans les zones tendues.

Un observatoire local des références des loyers a été mis en place et le préfet doit fixer chaque année 3 indicateurs de loyer par référence à un prix au mètre carré de surface habitable :

- un loyer de référence ;
- un loyer de référence majoré de 20 % ;
- un loyer de référence minoré d'au moins 30 %.

> Toutes les régions ne possèdent pas encore un observatoire de l'immobilier.

Une action en diminution de loyer peut être engagée si le loyer prévu est supérieur au loyer de référence majoré. Le nombre minimal de références est de 3 ou 6 pour les grandes agglomérations. L'une ou l'autre des parties doit faire parvenir la proposition 6 mois avant le terme du bail. Doit être joint l'article 17-2.I dans son intégralité.

Le locataire dispose d'un délai de 3 mois à compter de la signature du bail pour saisir la commission départementale de conciliation. Il appartient au bailleur de démontrer que le logement présente des caractéristiques de localisation ou de confort en comparaison avec des logements situés sur le même secteur.

En l'absence de conciliation, le locataire dispose d'un délai de 3 mois pour saisir le juge en demande d'annulation ou diminution du complément de loyer.

Le loyer résultant de la conciliation ou de la décision du juge s'applique à compter de la prise d'effet du bail.

Le loyer en cours de bail

La révision du loyer (art. 17-d)

En principe, le loyer est invariable, il ne peut être augmenté, à moins que le propriétaire ait inséré dans le bail une clause d'indexation.

Lorsque le contrat de location prévoit la révision du loyer, celle-ci intervient chaque année à la date convenue entre les parties ou, à défaut, au terme de chaque année du contrat.

La loi Alur a modifié les modalités de révision du loyer.

Selon le dispositif instauré par la loi Alur, le bailleur dispose d'un délai d'un an, à compter de la date prévue pour la révision, pour en faire la demande. La révision prendra effet au jour de sa demande ; elle n'est donc pas rétroactive. Passé le délai d'un an, la révision du loyer pour l'année écoulée n'est plus possible.

La révision se calcule sur la variation de l'indice de référence des loyers (IRL) créé par la loi du 8 février 2008 pour le pouvoir d'achat.

Loyer × indice du jour de révision / indice du jour de la signature du bail

L'INSEE publie les nouveaux IRL avec un seul trimestre de décalage et, plus précisément, 3 mois et 10 jours.

- • L'indice de référence des loyers du 1er trimestre sera publié vers le 15 avril.
- • L'indice de référence des loyers du 2e trimestre sera publié vers le 15 juillet.
- • L'indice de référence des loyers du 3e trimestre sera publié vers le 15 octobre.
- • L'indice de référence des loyers du 4e trimestre sera publié vers le 15 janvier suivant.

Tableau 12.2. Valeurs de l'indice de référence des loyers base 100 au 4e trimestre 1998

Période	Date de parution au *Journal officiel*	Indice de référence des loyers	Variation annuelle en %
1er trimestre 2019	11/04/2019	129,38	1,70 %
4e trimestre 2018	15/01/2019	129,03	1,74 %
3e trimestre 2018	11/10/2018	128,45	1,57 %
2e trimestre 2018	12/07/2018	127,77	1,25 %
1er trimestre 2018	12/04/2018	127,22	1,05 %
4e trimestre 2017	12/01/2018	126,82	1,05 %
3^e trimestre 2017	12/10/2017	126,46	0,90 %
2^e trimestre 2017	16/07/2017	126,19	+ 0,75
1er trimestre 2017	14/04/2017	125,90	+ 0,51
4^e trimestre 2016	14/01/2017	125,5	+ 0,18
3^e trimestre 2016	13/10/2016	125,33	+ 0,06
2e trimestre 2016	14/07/2016	125,25	0,00
1er trimestre 2016	14/04/2016	125,26	+ 0,06
4e trimestre 2015	15/01/2016	125,28	0,01
3e trimestre 2015	16/10/2015	125,26	+ 0,02
2e trimestre 2015	23/07/2015	125,25	+ 0,08
1er trimestre 2015	17/04/2015	125,19	+ 0,15

Période	Date de parution au *Journal officiel*	Indice de référence des loyers	Variation annuelle en %
4ᵉ trimestre 2014	17/01/2015	125,29	+ 0,37
3ᵉ trimestre 2014	25/10/2014	125,24	0,47
2ᵉ trimestre 2014	25/07/2014	125,15	0,57
1ᵉʳ trimestre 2014	18/04/2014	125	0,60
4ᵉ trimestre 2013	17/01/2014	124,83	0,69
3ᵉ trimestre 2013	23/10/2013	124,66	0,90
2ᵉ trimestre 2013	16/07/2013	124,44	1,20
1ᵉʳ trimestre 2013	16/04/2013	124,25	1,54
4ᵉ trimestre 2012	12/01/2013	123,97	1,88
3ᵉ trimestre 2012	13/10/2012	123,55	2,15
2ᵉ trimestre 2012	17/07/2012	122,96	2,20
1ᵉʳ trimestre 2012	18/04/2012	122,37	2,24
4ᵉ trimestre 2011	15/01/2012	121,68	2,11
3ᵉ trimestre 2011	15/10/2011	120,95	1,90
2ᵉ trimestre 2011	22/07/2011	120,31	1,73
1ᵉʳ trimestre 2011	16/04/2011	119,69	1,60
4ᵉ trimestre 2010	16/01/2011	119,17	1,45
3ᵉ trimestre 2010	16/10/2010	118,70	1,10
2ᵉ trimestre 2010	22/07/2010	118,26	0,57
1ᵉʳ trimestre 2010	16/04/2010	117,81	0,09
4ᵉ trimestre 2009	17/01/2010	117,47	- 0,06
3ᵉ trimestre 2009	16/10/2009	117,41	0,32
2ᵉ trimestre 2009	25/07/2009	117,59	1,31
1ᵉʳ trimestre 2009	17/04/2009	117,70	2,24
4ᵉ trimestre 2008	17/01/2009	117,54	2,83
3ᵉ trimestre 2008	21/11/2008	117,03	2,95
2ᵉ trimestre 2008	17/07/2008	116,07	2,38
1ᵉʳ trimestre 2008	19/04/2008	115,12	1,81

Application

Exemple

Un bail est signé au 1ᵉʳ mars 2016. La révision s'effectuera à la date anniversaire, soit au 1ᵉʳ mars 2017.

Loyer initial : 990 €. Indice notifié dans le bail : 4ᵉ trimestre 2015, 125,28. C'était le dernier indice paru au jour de la signature du bail. Au 1ᵉʳ mars 2017, l'administrateur aura appliqué la révision annuelle.

Révision au 1ᵉʳ mars 2017 = (loyer × 4ᵉ trimestre 2016)/ 4ᵉ trimestre 2015

(990 × 125,5) / 125,28 = 991,73 €

Si vous n'avez pas les dates de parution des indices, il existe une technique facile à appliquer :

Les indices ont un décalage de sortie d'environ 3 mois et 10 jours. C'est-à-dire, au 1er janvier de N nous avons l'indice du 3e trimestre de l'année N-1. En notant sur une feuille les trimestres vous ne pouvez pas vous tromper :

$\uparrow$ (3 mois et 10 jours nous reporte au 3e T N-1)

JFM   AMJ   JAS   OND

$\downarrow$ 1er janvier N (on ne compte pas janvier)

Vérifiez les dates de parution, cette méthode coïncide.

Depuis la loi Alur, dans l'exemple ci-dessus, si le locataire est contacté tardivement pour la révision du loyer, au 1er juin 2016, nous sommes toujours dans le délai d'un an, le loyer sera révisé sur la période concernée, c'est-à-dire 9 mois à 991,73 €, le bailleur perdra les mois de mars, avril et mai.

Exemple avec un bail signé en cours de mois

Justifiez le montant du loyer des mois de mai et juin 2019

1°T 2018/1°T2019 – Locataire entré le 10 mai 2018 – Loyer de 1 100 €

Révision du mois de juin : 1 100 × 129,38 / 127,22 = 1 118,68 €

Mois de mai : 1 100 / 31 × 9 = 319,35 €

1 118,68 / 31 × 22 = 793,90 €

TOTAL : 1 113,25 €

Dans cet exemple, le bail étant signé un 10 mai, la révision se fait ce jour-là. Nous établissons un *prorata temporis* ; les 9 premiers jours, le loyer est celui mentionné à la signature du bail et les 22 jours suivants, nous prenons en compte le loyer révisé.

Clause de travaux d'amélioration (art. 17-1 II)

Le locataire doit laisser les travaux se faire dans le logement qu'il occupe, une réduction de loyer proportionnelle devant être appliquée si ces travaux durent plus de 21 jours.

Les parties peuvent prévoir dans le contrat de location une clause au terme de laquelle il est prévu une révision du loyer si le bailleur s'engage à réaliser des travaux d'amélioration.

La nature des travaux doit être précisée, ainsi que leurs modalités d'exécution et le montant de la majoration. L'augmentation sera applicable à la fin des travaux.

Cette clause est valable si le logement est loué en bon état et répond aux normes d'habitabilité et aux critères de décence d'un logement.

En revanche, il est toujours possible d'améliorer le bien en installant des éléments de confort ou des équipements nouveaux souhaités par le locataire (double vitrage, bac à douche supplémentaire dans la salle de bains).

Si les travaux sont exécutés par le locataire, le montant peut être déduit sur plusieurs loyers.

Depuis la loi du 20 juillet 2012, si des travaux d'amélioration ont été effectués à la sortie du dernier locataire, la hausse du loyer ne pourra excéder 15 % du coût réel des travaux TTC si ceux-ci représentent un montant égal à la moitié de la dernière année de loyer. Sont concernées les communes précisées par décret.

Exemple

Soit un loyer précédent de 500 €. Le propriétaire a réalisé pour 3 000 € de travaux d'amélioration, soit l'équivalent de la moitié du loyer annuel. En relouant ce logement, le propriétaire peut augmenter le loyer annuel de 450 € (15 % de 3 000), soit 37,5 € par mois. Le loyer du nouveau locataire peut donc être fixé au maximum à 500 + 37,5 = 537,5 €.

Travaux pour économie d'énergie (art. 23-1)

Si des travaux d'économie d'énergie sont réalisés par le bailleur dans les parties privatives ou communes, une contribution peut être demandée au locataire. Le logement doit atteindre un niveau minimal de performance énergétique.

Cette participation est limitée à 15 ans et doit être portée sur la quittance.

Le montant est fixé et non révisable et ne peut être supérieur à la moitié du montant de l'économie d'énergie estimée.

Le loyer renouvelé (art. 17-2 II)

« Lors du renouvellement du bail, le loyer ne donne lieu à réévaluation que s'il est manifestement sous-évalué… » **Cette disposition depuis la loi Alur concerne les villes en zone non tendue.**

Le principe est que le renouvellement s'effectue dans les mêmes conditions que la révision mais, lorsque le loyer est sous-évalué, le bailleur peut proposer au locataire un nouveau loyer.

La demande doit reproduire, à peine de nullité, les dispositions de l'article 17-2 II. Elle doit être envoyée 6 mois avant l'expiration du bail en recommandé AR et dans les conditions de forme prévues à l'article 15.

Pour évaluer le nouveau loyer, il faut se baser sur les loyers habituellement constatés dans le voisinage dans les conditions définies à l'article 19 ; les logements servant de référence doivent être comparables :

- qualité de construction, d'isolation, d'entretien, d'équipement ;
- type, surface, exposition, environnement, standing ;
- quartier ou groupe d'immeubles.

Deux tiers des références doivent concerner des locations sans changement de locataires depuis 3 ans.

Le nombre de références est en principe de 3 mais s'élève à 6 pour les agglomérations de plus de 1 million d'habitants.

La fiche de référence doit être présentée avec le texte de l'article 17-2 II et contenir :

- l'adresse ;
- la qualité et l'époque de la construction ;
- l'étage avec ascenseur ou pas ;
- l'état d'équipement (chauffage, sanitaire) ;
- une attestation prouvant que le locataire est dans les lieux depuis au moins 3 ans ;
- le montant du loyer HC.

Lorsque le bailleur fait application des dispositions du présent contrat, il ne peut donner congé au locataire pour la même échéance du contrat.

Après réception des nouvelles conditions du bail, le locataire dispose de 4 mois pour remettre en cause le nouveau loyer s'il considère que le loyer est supérieur au prix du marché ou si le bailleur n'a pas joint les références et le texte de l'article 17. Sans réponse du locataire son silence vaut refus.

Dans ce cas, le bailleur doit saisir la commission départementale de conciliation. Chacun défend son dossier et la commission rend son avis dans les 2 mois à compter de la saisine.

Les délais doivent être scrupuleusement respectés sinon le bail est reconduit au loyer initial.

La hausse convenue entre les parties ou fixée judiciairement s'applique par tiers ou par sixième selon la durée du contrat.

Toutefois cette hausse s'applique par sixième annuel dès lors qu'elle est supérieure à 10 % si le premier renouvellement avait une durée inférieure à 6 ans.

Concernant les villes en zone tendue, l'augmentation ne pourra pas dépasser l'augmentation prévue par l'indice de référence des loyers.

Dérogations :

* si le loyer se situe en dessous de la moyenne de la ville, le bailleur ne pourra pas dépasser l'IRL, mais le décret autorise une revalorisation égale à 50 % de la différence entre le loyer et la moyenne du marché ; ou
* dans le cas de travaux d'amélioration, d'une majoration du loyer égale à 15 % du coût réel des travaux. Le montant doit être au moins égal à la moitié des loyers de l'année précédente. Sont concernées les communes citées par décret ;
* si le montant des travaux dépasse celui de la dernière année de loyer, le bailleur pourra fixer librement un nouveau loyer de relocation ou de renouvellement de bail ;
* si les logements sont vacants et ont fait l'objet de travaux de mise aux normes ou de conformité ;
* si les logements sont mis à la location pour la première fois.

Application

Exemple

1. Soit un loyer de 500 € pour 50 m^2, (10 €/m^2), le propriétaire prouve que le loyer est sous-évalué et que le loyer représentatif du voisinage est à 12 €/m^2 €. En relouant ce logement, le propriétaire peut augmenter le loyer de la moitié de la différence, soit de 50 € (100 / 2). L'évaluation est de 2 €/m^2 supérieure au loyer initial, on ne tiendra compte que de 1 €/m^2. Le loyer du nouveau locataire peut donc être fixé au maximum à 500 + 50 = 550 €, c'est-à-dire 50 × 11 = 550 €.

2. Réévaluation classique avec tableau de références

   Supposons un loyer en fin de bail sous-évalué à 710 €/mois.

   Les 3 références retenues dans le voisinage ont respectivement un loyer de :

$$800 € + 790 € + 820 € = 2\ 410 €$$

$$2410 € / 3 = 803 €$$

$$803 - 710 = 93 €.$$ C'est l'augmentation prévue pour le loyer réévalué.

Taux d'augmentation : (93 × 100) / 710 = 13,09 %

Le loyer sera augmenté de 1/6 par an :

$$93 / 6 = 15,50 €$$

Nouveau loyer la première année : 710 + 15,50 = 725,50 €

Ce loyer sera augmenté tous les ans de 15,50 € sur 6 ans, sans compter la révision annuelle qui sera calculée à date anniversaire en fonction des indices de référence des loyers.

Les assurances

Le locataire a l'obligation de s'assurer contre les risques locatifs (explosion, incendie, dégâts des eaux…). Le propriétaire peut réclamer tous les ans une attestation de paiement. À l'entrée dans les lieux, le locataire doit fournir l'attestation. En l'absence du document, un mois après une mise en demeure restée infructueuse, le bailleur peut souscrire une assurance pour le compte du locataire et se faire rembourser du douzième par mois.

Le bail peut aussi être résilié de plein droit dans le cadre d'une procédure engagée aux fins d'expulsion.

Le copropriétaire doit souscrire une assurance habitation en tant que propriétaire occupant et une assurance PNO « propriétaire non occupant » en tant que bailleur (assurance responsabilité civile).

L'échange d'un logement (art. 9)

Lorsque 2 locataires occupent 2 logements appartenant à un seul propriétaire et d'un même ensemble immobilier demandent à procéder à un échange entre eux, celui-ci est de droit dès lors qu'une des 2 familles est composée de 3 enfants au moins et que l'échange permet d'accroître la surface du logement occupé par la famille la plus nombreuse.

Pour les contrats en cours, le locataire se substitue à l'autre et ne peut être considéré comme un nouvel entrant. Ces dispositions ne sont pas applicables à la loi 48.

L'abandon de domicile (art. 14 – SRU)

En cas d'abandon du domicile par le locataire, le contrat continue :

- au profit du conjoint marié ou pacsé ;
- au profit des descendants et ascendants vivant avec le locataire depuis au moins un an ;
- au décès du locataire, le contrat est transféré dans les mêmes conditions que l'abandon.

Procédure de la justification de l'abandon (art. 14-1)

Si des éléments laissent supposer que le locataire a abandonné le logement, le bailleur peut mettre en demeure celui-ci de justifier qu'il occupe le logement.

L'huissier est saisi pour constater l'état d'abandon du logement. Il dresse un PV de constat d'abandon avec un inventaire des biens laissés avec leur valeur.

Le juge prononcera la résiliation et la vente aux enchères des biens (en attente de décret).

Les modalités de congé (art. 15)

Le congé donné par le bailleur

La loi Alur a modifié les procédures de congé.

Le bailleur ne peut donner congé que s'il respecte les motifs imposés par la loi (art. 15-1). Le congé est envoyé dans les 2 cas ci-dessous 6 mois avant le terme du bail.

Congé pour reprise

La reprise est possible si le bien doit être occupé par le bailleur, son conjoint, pacsé, concubin notoire, ses ascendants, descendants ainsi que ceux de son conjoint.

Il doit justifier du caractère réel et sérieux et mentionner le lien existant entre lui et le preneur. (Art. 5) Attestation par décret. Le logement doit être utilisé en résidence principale.

Le bailleur ne peut délivrer un congé à son locataire qu'au terme du bail en cours ou moins de 2 ans après l'acquisition et au terme du bail.

> *Exemple*
>
> Acquisition d'un bien au 1er juin 2019, le logement est loué depuis le 1er juillet 2017. Le premier terme du bail prend fin au 30 juin 2020. La reprise ne pourra être effective qu'au 30 juin 2023. Le premier terme se situe avant les 2 ans, de fait, après ces 2 années de détention, le nouveau terme est en 2023.

Congé pour vente

Le locataire dispose d'un droit de préemption, sauf si l'acquéreur est un membre de la famille jusqu'au 3e degré inclus et qu'il doit l'occuper au moins 2 ans. Le propriétaire doit indiquer dans la proposition le prix et les conditions de la vente. À chaque baisse du bien, le locataire doit être informé. Il a 2 mois pour répondre. Si le locataire accepte, sans crédit, il a 2 mois pour réaliser la vente à partir de l'envoi de l'accord écrit. L'acception avec crédit porte le délai à 4 mois dans les mêmes conditions.

Si le locataire refuse la proposition, il doit quitter les lieux à la fin du bail.

« Toute personne qui achète un bien occupé ne peut plus délivrer congé pour vente qu'au terme du premier renouvellement du bail en cours », loi Alur.

La fraude au congé est sanctionnée désormais par une amende pénale et le locataire peut demander réparation de son préjudice.

Exemple

Même exemple que précédemment, le terme du bail est effectif au 30 juin 2020 avec l'envoi d'une LRAR, 6 mois avant la date.

Congé pour motifs légitimes et sérieux

Si le locataire ne respecte pas ses obligations, le bailleur qui en apporte la preuve peut donner congé au terme du bail, dans le cas d'un défaut d'entretien du logement, d'un non-paiement ou de retards répétés, d'un non-paiement des charges…

Le congé donné par le locataire

L'article 12 de la loi de 1989 précise que le locataire peut donner congé à tout moment. Le préavis est de 3 mois, mais la loi Alur est venue modifier cette règle, et en zone tendue le locataire peut donner congé avec un préavis d'un mois sans motivation (loi Alur/loi Macron). De plus, la loi Alur a ajouté quelques situations à celles existantes, pouvant autoriser un préavis d'un mois. Le préavis court à compter de la réception de LRAR, acte d'huissier ou remise en mains propres avec émargement.

Situations permettant le préavis d'un mois en zone détendue :

- mutation, sans demande de la preuve d'un grand éloignement ;
- perte d'emploi ;
- obtention d'un 1er emploi ;
- bénéficiaire du RSA.

Situations ajoutées avec la loi Alur :

- obtention d'un logement social ;
- état de santé avec certificat médical ;
- bénéficiaire de l'allocation adulte handicapé (AAH).

Résiliation du contrat de location (art. 24)

Définition de la clause résolutoire :

Clause prévoyant la résiliation automatique du contrat en cas de manquement à une obligation contractuelle par l'une des parties (exemple : non-paiement du loyer).

Avec la clause résolutoire, le bail peut être résilié sans que les juges puissent s'y opposer.

Elle doit figurer dans le bail et sera utilisée pour certaines situations :

- absence de l'assurance des risques locatifs ;
- troubles de voisinage constatés (décision judiciaire définitive) ;
- non-paiement des loyers et charges ;
- non-paiement du dépôt de garantie.

Si le bailleur n'a pas prévu de clause résolutoire, le juge est souverain pour décider ou non de la résiliation du bail. Il peut accorder des délais au locataire pour quitter les lieux ou rembourser sa dette.

Les troubles du voisinage

La jurisprudence définit le trouble du voisinage comme « un trouble excédant les troubles anormaux de voisinage ».

Les troubles constitués par des claquements de volets métalliques et des bruits de moteur excédaient les inconvénients normaux du voisinage non pas en raison de leur nature, mais parce qu'ils étaient occasionnés de manière excessive et sans nécessité par leur auteur qui, notamment, faisait claquer violemment ses volets à 6 h 30 le matin, de telle façon qu'il troublait le sommeil de sa voisine et des enfants dont celle-ci avait la charge en sa qualité d'assistante maternelle et de mère de famille ou laissait tourner le moteur de sa voiture, même en été. C'est avec de telles jurisprudences que la loi du 5 mars 2007 est venue ajouter le trouble de voisinage, comme une cause d'application de la clause résolutoire.

Dès lors qu'un locataire signale à son bailleur l'existence d'un trouble anormal de voisinage, ce dernier doit mettre en demeure l'auteur présumé d'y mettre un terme, dans les plus brefs délais, faute de voir engager à son encontre une procédure en résiliation de bail. Le bailleur doit saisir le juge du fond du tribunal d'instance territorialement compétent afin de prononcer la résiliation du bail aux torts du locataire. Le bailleur devra démontrer au juge que le préjudice a perduré depuis la mise en demeure jusqu'au jour précédant l'audience.

Dans une jurisprudence récente, un organisme HLM de la région parisienne a obtenu l'expulsion de parents locataires dont les enfants se livraient à l'activité de dealers dans l'immeuble. Le trouble de voisinage a été retenu et répercuté sur les parents détenteurs du contrat de location.

L'expulsion (art. 24)

L'expulsion est très encadrée par de nombreux textes légaux :

- la loi SRU du 13 décembre 2000 ;
- la loi Borloo du 18 janvier 2005 ;
- la loi Dalo du 5 mars 2007 ;
- la loi Boutin du 25 mars 2009 ;
- la loi Lagarde du 1er juillet 2010 ;
- la loi Alur du 24 mars 2014.

Constitue un délit le fait de recourir à un tiers pour déloger de force un locataire en situation d'impayés sans avoir obtenu le concours des forces de l'ordre. Le décret du 6 juin 2016 précise que sera considéré comme un impayé un montant équivalent à 2 mois de loyer brut. Pour les locataires de bonne foi, les aides au logement sont maintenues. La CAF pourra mettre en place un plan d'apurement sur une durée de 3 ans.

Une procédure doit être respectée avant l'expulsion d'un locataire :

- Le bailleur fait délivrer au locataire un commandement de payer par un huissier, l'acte inclut à peine de nullité, dans son intégralité l'article 24 de la loi de 1989 ainsi que les 3 premiers alinéas de l'article 6 de la loi du 31 mai 1990, visant la mise en œuvre du droit au logement. Mention de la faculté pour le locataire de saisir le fonds de solidarité pour le logement dont l'adresse est précisée. Depuis le 1er janvier 2015, si le bailleur est une personne morale, le commandement de payer est transmis à la commission de coordination des actions de prévention des expulsions (Ccapex). Ce recours concerne les impayés au-delà d'un seuil de montant et d'ancienneté arrêté par le préfet. Dans les 2 situations, le locataire a 2 mois pour régler sa dette.

- Si le locataire ne règle pas dans les 2 mois, le bailleur l'assigne devant le tribunal d'instance, pour obtenir la résiliation du bail avec paiement des loyers et expulsion. Si le bail contient une clause résolutoire, possibilité d'une assignation en référé (en urgence). Trois mois avant l'audience, l'huissier envoie l'assignation au préfet afin qu'il sollicite les services sociaux pour une prise en charge du locataire défaillant. Le juge peut suspendre la résiliation du bail en accordant au locataire un délai maximum de 3 ans pour régler. Il peut vérifier les éléments de la dette mais aussi le respect de délivrer un logement décent.

- Si l'expulsion est prononcée, le locataire peut demander au juge un délai d'exécution qui peut lui être accordé d'autorité par le juge. Dans le cadre du recours Dalo (droit au logement opposable), le délai peut s'étendre à 3 ans pour les personnes prioritaires. Le préfet reçoit la notification de l'expulsion dans le cadre de la recherche d'un logement.

- À l'expiration des délais, s'il n'y a pas de contestation du locataire, celui-ci reçoit par l'huissier un commandement de quitter les lieux dans un délai de 2 mois. L'expulsion ne peut intervenir durant la trêve hivernale du 1er novembre au 31 mars. Elle ne peut être effective si les locaux font l'objet d'un arrêté de péril ou s'il est prévu un relogement décent.

- Si le locataire s'oppose à l'expulsion, l'huissier dresse un procès-verbal de difficultés et il sollicite du préfet le concours de la force publique. Le préfet peut refuser s'il craint une situation difficile à gérer, avec troubles à l'ordre public (violences). Le bailleur dépose alors une demande d'indemnisation auprès du préfet, pour loyers non perçus, celui-ci a 4 mois pour rendre son avis. Si l'avis est défavorable, le bailleur dispose de 4 mois à partir de la notification pour saisir le tribunal administratif du ressort de l'immeuble.

La colocation

L'article 8-1 de la loi du 6 juillet 1989 précise : « La location d'un même logement par plusieurs locataires, constituant leur résidence principale et formalisée par la conclusion d'un contrat unique ou de plusieurs contrats entre les locataires et le bailleur. »

Les règles de la colocation s'appliquent à la location vide et à la location meublée.

Auparavant le colocataire ayant conclu un contrat de bail contenant une clause de solidarité restait tenu au paiement du loyer, après avoir donné congé même s'il avait libéré les lieux loués, jusqu'au terme de la période du bail. Il en était de même pour la personne s'étant engagée comme caution.

La loi Alur vient encadrer la durée de l'engagement du colocataire ayant conclu un bail de colocation avec d'autres colocataires contenant une obligation solidaire de régler le loyer et, par conséquent, de la personne s'étant portée caution.

L'article 8-1 de la loi du 6 juillet 1989 précise : « La solidarité d'un des colocataires et celle de la personne qui s'est portée caution pour lui prennent fin à la date d'effet du congé régulièrement délivré et lorsqu'un nouveau colocataire figure au bail. À défaut, la solidarité du colocataire sortant s'éteint au plus tard à l'expiration du délai de 6 mois après la date d'effet du congé. » Chaque caution doit désormais être identifiée pour chaque colocataire.

La colocation peut donner lieu :

- à plusieurs contrats de location (autant de baux que de locataires) ; chaque colocataire signant individuellement un contrat avec le bailleur. Le propriétaire accorde à chacun un droit de jouissance exclusif sur certaines pièces de l'appartement, et un accès à usage commun pour certaines autres pièces telles que la cuisine ou les sanitaires ;
- à un contrat de location unique, signé par tous les colocataires ; le bailleur signe un seul bail avec tous les colocataires, laissant ensuite ceux-ci organiser ensemble le partage de l'espace loué.

La colocation n'est pas un régime juridique en soi. Elle est soumise au régime juridique dont relève le logement :

- pour la location d'une résidence principale nue, la réglementation de la loi du 6 juillet 1989 s'applique ;
- pour la location d'une résidence principale meublée, la réglementation Code civil, loi de cohésion sociale du 18 janvier 2005, loi Alur et de nombreux articles de la loi 89 ;
- pour la location d'un logement HLM : réglementation HLM.

Le montant de la somme des loyers perçus de l'ensemble des colocataires est limité au montant du loyer de référence applicable au logement.

Un décret en Conseil d'État adapte à la colocation les caractéristiques du logement décent.

Les charges peuvent être payées sur factures ou par provisions suivies d'une régularisation annuelle. Le bailleur peut aussi proposer un forfait dont le montant est révisé chaque année.

Comme pour la location nue pour un seul locataire, les parties peuvent convenir dans le bail de la souscription par le bailleur d'une assurance récupérable par douzième à chaque paiement de loyer. L'assurance est limitée à la couverture de la responsabilité locative.

Au départ du locataire, le bailleur résilie le contrat souscrit dans le délai le plus bref permis par le contrat d'assurance. La fraction dans ce délai reste à la charge du locataire.

Sous réserve de respecter les conditions d'octroi de l'allocation logement, la signature du bail, qu'il soit unique ou qu'il y ait plusieurs contrats de location, permet à chaque colocataire de bénéficier d'une aide au logement au *prorata* de la partie du loyer qu'il supporte. Chaque colocataire doit faire sa propre demande à la Caisse d'allocations familiales.

Le départ d'un colocataire

Le colocataire sortant reste redevable du loyer même pendant un délai maximal de 6 mois à compter de la fin de son préavis puisqu'une clause de solidarité est prévue au contrat. À compter de l'entrée d'un nouveau colocataire, la solidarité du sortant s'arrête, après signature par le nouveau colocataire d'un avenant, si le bail est unique.

Le bail étant toujours en cours, le colocataire sortant ne peut réclamer au bailleur sa part de dépôt de garantie, cette somme sera remboursée par le colocataire entrant, en accord avec les 2 parties.

La loi Élan du 25 novembre 2018 apporte une exception concernant la solidarité de paiement du loyer :

- s'agissant de colocataires concubins, si l'un d'entre eux quitte le logement, étant victime de violences conjugales constatées par voie de justice, ou si l'un des enfants du foyer subit des violences.

Le concubin violent prendra en charge les loyers dans l'attente d'un nouveau locataire.

Les aides au logement

APL

L'aide personnalisée au logement (APL) est destinée à toute personne :
- locataire d'un logement neuf ou ancien qui a fait l'objet d'une convention entre le propriétaire et l'État fixant, entre autres, l'évolution du loyer, la durée du bail, les conditions d'entretien et les normes de confort ;
- accédant à la propriété ou déjà propriétaire, ayant contracté un prêt d'accession sociale (PAS), un prêt aidé à l'accession à la propriété (PTZ) ou encore un prêt conventionné (PC) pour l'acquisition d'un logement neuf ou ancien, avec ou sans améliorations, l'agrandissement ou l'aménagement du logement.

ALF

L'allocation de logement à caractère familial (ALF) concerne les personnes qui n'entrent pas dans le champ d'application de l'APL et qui ont des enfants (nés ou à naître) ou certaines autres personnes à charge, ainsi que les ménages mariés depuis moins de 5 ans, le mariage ayant eu lieu avant les 40 ans de chacun des conjoints.

ALS

L'allocation de logement à caractère social (ALS) s'adresse à ceux qui ne peuvent bénéficier ni de l'APL ni de l'ALF.

Le bail emphytéotique

Le bail emphytéotique est régi par les articles L. 451-1 à L. 451-13 du Code rural et de la pêche maritime. Le preneur qui conclut un bail emphytéotique avec le propriétaire du bien immobilier s'appelle un emphytéote.

Emphytéose : donner au preneur un droit réel sur le bien immobilier.

Le bail emphytéotique peut concerner des immeubles d'habitation, ruraux, commerciaux, ou industriels

L'emphytéote possède un droit réel sur le bien immobilier. On dit parfois qu'il est un quasi-propriétaire. L'emphytéose lui confère des droits et des obligations.

Ses droits :
- Il peut hypothéquer le bien immobilier ;
- Il peut le louer et le sous-louer à d'autres personnes. L'emphytéote peut ainsi conclure des contrats de bail avec des locataires pour des locaux à usage d'habitation régis par les dispositions d'ordre public ;
- L'emphytéote peut vendre son bail emphytéotique ;
- Il peut améliorer, transformer et exploiter le bien.

Ses obligations :

- Il doit payer la taxe foncière ;
- En principe, si l'emphytéote a apporté des améliorations ou fait des constructions qui augmentent la valeur du bien, il laissera le bien en l'état, à sa sortie, sans indemnité, à moins d'un accord entre les 2 parties.
- Le droit d'emphytéose peut faire l'objet d'une saisie immobilière.
- L'emphytéote doit payer le loyer « canon emphytéotique » prévu au contrat, un impayé de 2 années consécutives entraîne une procédure. Le bailleur adresse une sommation à l'emphytéote ; si celle-ci reste sans effet, il peut demander la résolution de l'emphytéose. Une publicité doit être réalisée auprès de la conservation des hypothèques, à peine d'inopposabilité aux tiers.
- Il n'a pas le droit d'apporter un changement qui diminue la valeur du bien immobilier ;
- Il ne peut pas vendre le bien immobilier.

Dans le cadre des grands principes qui régissent les droits et devoirs du propriétaire et de l'emphytéote, il peut être prévu des clauses spécifiques, comme l'encadrement de la transformation du bien.

Droits et devoirs du propriétaire

- Il doit respecter le contrat conclu avec l'emphytéote.
- Il peut vendre les droits qu'il tient de ce contrat.
- Si l'emphytéote n'exécute pas ses obligations prévues au contrat, le propriétaire peut demander en justice la résolution du contrat.
- La détérioration du bien peut entraîner la résolution du contrat.

Durée d'un bail emphytéotique

Le bail emphytéotique doit respecter des conditions de durée. Il doit être conclu pour une période de 18 à 99 ans, sans dépasser cette durée. Il ne se prolonge pas par tacite reconduction. Si sa durée est inférieure à 18 ans, la jurisprudence refuse d'en reconnaître l'existence. Si elle est supérieure à 99 ans, la Cour de cassation a précisé que cette durée était une limite extrême et qu'elle ne pouvait être dépassée. Si le contrat peut prendre fin avec une faculté de résiliation offerte au bailleur, par exemple pour vendre ou démolir l'immeuble, la jurisprudence refuse la qualification de bail emphytéotique, car ladite clause porterait atteinte à la durée minimum et à la nature du droit attribué au preneur.

L'acte constitutif de l'emphytéose est assujetti à la taxe de publicité foncière au taux de 0,7 % (articles 689 et 742 du Code général des impôts), il est donc publié à la conservation des hypothèques.

Il existe aussi le bail emphytéotique administratif. Ce bail concerne un bien immobilier appartenant à une collectivité territoriale (articles L. 1311-2 à L. 1311-4-1 du Code général des collectivités territoriales) ou à un établissement public de santé (article L. 6148-2 du Code de la santé publique).

CHAPITRE 13

Le bail meublé et la location saisonnière

Le bail meublé

La location meublée concerne un logement décent garni d'un mobilier nécessaire à la vie courante.

La loi du 29 juillet 1998 relative à la lutte contre les exclusions et la loi du 18 janvier 2005 de cohésion sociale (loi Borloo) sont venues réglementer la location meublée.

Il existe 2 régimes :
- location ne représentant pas l'habitation principale du locataire : la réglementation doit être conforme aux articles 1714 à 1762 du CC. C'est un accord des 2 parties sur toutes les modalités du bail ;
- location représentant l'habitation principale : elle est soumise à l'article L. 632-1 du CCH et à la loi Alur n° 2014 – 366 du 24 mars 2014 (loi pour l'accès au logement et un urbanisme rénové) publiée au *JO* le 26 mars 2014, celle-ci est venue renforcer les règles en intégrant des dispositions dans la loi du 6 juillet 1989.

Les locations à usage autre que la résidence principale sont soumises à une volonté commune des parties concernant la durée, le loyer et les charges.

On considère généralement qu'un logement est dit meublé lorsque les 2 parties le considèrent comme tel, c'est-à-dire qu'au moment de la signature du bail le locataire a la possibilité d'entrer dans les lieux et d'y vivre normalement avec ses seuls effets personnels. L'article 25-4 de la loi de 1989 apporte la définition d'un meublé en région parisienne : « Un logement décent équipé d'un mobilier en nombre et en qualité suffisants pour permettre au locataire d'y dormir, manger et vivre convenablement au regard des exigences de la vie courante. »

L'article 25-3 précise que cette réglementation ne s'applique pas aux logements foyers, aux logements faisant l'objet d'une convention avec l'État, aux logements de fonction ainsi qu'aux locations pour les travailleurs saisonniers.

Ce peut être une chambre dans un appartement, un appartement, un mobil-home ou une caravane ; tous ces logements bénéficient de la location meublée puisqu'ils sont donnés en location munis d'équipements. Ils sont généralement utilisés en un point fixe, raccordés aux réseaux d'eau et d'électricité. Dans ces conditions, la location d'un mobil-home ou d'une caravane est assimilable à une location meublée.

Un inventaire et un état détaillé du mobilier doivent être annexés au bail, sans facturation supplémentaire que celle liée à l'état des lieux (article 25-5).

En pratique, outre les meubles indispensables, le logement doit être équipé en appareils électroménagers pour pouvoir entrer dans la catégorie des logements meublés. À défaut d'une insuffisance de meubles, les tribunaux pourront requalifier le contrat de location meublée en bail d'habitation soumis à toutes les dispositions de la loi du 6 juillet 1989.

L'article 2 du **décret n° 2015-981 du 31 juillet 2015** fixe la liste des éléments de mobilier d'un logement meublé :

> Le mobilier d'un logement meublé, mentionné à l'article 25-4 de la loi du 6 juillet 1989 susvisée, comporte au minimum les éléments suivants :
>
> 1. Literie comprenant couette ou couverture ;
> 2. Dispositif d'occultation des fenêtres dans les pièces destinées à être utilisées comme chambre à coucher ;
> 3. Plaques de cuisson ;
> 4. Four ou four à micro-ondes ;
> 5. Réfrigérateur et congélateur ou, au minimum, un réfrigérateur doté d'un compartiment permettant de disposer d'une température inférieure ou égale à – 6 °C ;
> 6. Vaisselle nécessaire à la prise des repas ;
> 7. Ustensiles de cuisine ;
> 8. Table et sièges ;
> 9. Étagères de rangement ;
> 10. Luminaires ;
> 11. Matériel d'entretien ménager adapté aux caractéristiques du logement.

Le locataire qui constate le caractère fictif de la location meublée pourra saisir le tribunal d'instance (ou le juge de proximité si la demande n'excède pas 1 500 €) du lieu de l'immeuble pour faire requalifier le contrat en bail d'habitation loi du 6 juillet 1989.

La durée du bail

La durée d'un an est renouvelable par tacite reconduction. Si le logement est occupé par un étudiant, il est considéré comme sa résidence principale, même si celui-ci est domicilié chez ses parents. La durée du bail est réduite à 9 mois, sans renouvellement automatique à la fin du bail. Le bailleur et le locataire doivent à nouveau conclure un contrat s'ils souhaitent continuer la location.

Le contrat de location (art. 25-7)

Le bail est librement rédigé par les parties mais il est soumis à 3 articles de la loi du 6 juillet 1989 :
* art. 3-1 : obligation de fournir le dossier de diagnostics techniques ;
* art. 6 : fournir au locataire un logement décent ;
* art. 20-1 : si l'article 6 n'est pas respecté, mise en conformité du logement.

Il doit contenir :
* le montant du loyer et des provisions sur charges ;
* le mode de révision ;
* la durée ;
* le montant du dépôt de garantie.

Annexes du bail :
* le DDT ;
* l'inventaire détaillé du mobilier et des accessoires ;
* l'état des lieux ;
* l'assurance pour les risques locatifs fournie par le locataire.

La révision du loyer

Elle est soumise à l'indice de référence des loyers comme pour la révision d'une habitation nue. Le principe d'application est soumis à la même réglementation.

Le congé (art. 25-8)

Le congé du bailleur est de 3 mois par LRAR et celui du locataire d'un mois. Si le locataire est âgé de plus de 65 ans avec des ressources modestes, le bailleur doit lui proposer un relogement, à moins que celui-ci ne soit aussi âgé de plus de 65 ans ou que ses ressources ne soient faibles.

Le bailleur doit motiver le congé donné au locataire :
* pour reprise, en mentionnant le nom et l'adresse du bénéficiaire et du lien qui les unit. Il doit justifier du caractère réel et sérieux de la reprise ;
* pour vente, le locataire n'a pas de droit de préemption ;
* pour motif sérieux ou légitime, c'est-à dire l'inexécution des obligations du locataire.

Le locataire peut résilier son contrat à tout moment avec un préavis d'un mois.

La délivrance d'un congé frauduleux par le bailleur est passible d'une amende pénale qui ne peut être supérieure à 6 000 € pour une personne physique et 30 000 € pour une personne morale.

Le dépôt de garantie (art. 25-6)

Contrairement aux logements loués vides, le dépôt de garantie était libre jusqu'à la loi Alur. Le bailleur pouvait réclamer un dépôt de garantie supérieur à 2 mois afin de couvrir d'éventuelles dégradations ou disparitions (mobilier). La loi Alur le limite à 2 mois.

Bail de mobilité

L'article 107 de la loi Élan crée le bail de mobilité, il en fixe le cadre légal en insérant dans la loi du 6 juillet 1989 « des rapports entre bailleurs et locataires dans les logements meublés loués avec un bail de mobilité ».

Le bail de mobilité concerne les logements loués à titre de résidence principale ou non et ne nécessite aucune autorisation de changement d'usage. Il ne s'applique pas aux logements foyers, ni aux logements des organismes HLM, conventionnés ou non à l'APL.

Ce nouveau contrat concerne les personnes en :
- - formation professionnelle ;
- - études supérieures ;
- - contrat d'apprentissage ;
- - stage ;
- - engagement volontaire dans le cadre d'un service civique ;
- - mutation professionnelle ;
- - mission temporaire dans le cadre de leurs activités professionnelles.

Sa durée est comprise entre 1 et 10 mois, sans renouvellement possible. Ce délai dépassé, il prend la forme d'un bail meublé ordinaire.

Le locataire a la possibilité de résilier le bail à tout moment avec un préavis d'un mois.

La loi interdit toute clause de solidarité entre les colocataires ou leurs cautions.

Aucun dépôt de garantie ne peut être réclamé par le bailleur, mais il peut demander un cautionnement et le dispositif de garantie locative Visale d'action logement s'applique.

Le contrat doit notifier :
- - le motif du bail de mobilité ;
- - une mention informant le locataire de l'interdiction pour le bailleur d'exiger le versement d'un dépôt de garantie ;
- - la mention qui notifie que le contrat est soumis au régime du bail de mobilité.

Le loyer est fixé librement entre les parties, sauf en zone tendue où le bailleur doit vérifier les loyers sur les observatoires du loyer.

Aucune révision ne peut être effectuée en cours de bail, et les charges sont forfaitisées et ne peuvent donner lieu à aucune régularisation.

La commission départementale de conciliation n'est pas compétente pour l'examen des litiges.

La location saisonnière

La location saisonnière est régie par les articles 1713 et suivants du Code civil. La durée, le prix et les conditions du contrat sont fixés en toute liberté par les 2 parties.

La loi Alur définit la location de meublé touristique comme « le fait de louer un local meublé destiné à l'habitation de manière répétée pour de courtes durées à une clientèle de passage qui n'y élit pas domicile. »

Un propriétaire occupant peut louer son bien 4 mois par an en le déclarant par une simple attestation manuscrite.

Concernant les résidences secondaires, dans les grandes agglomérations et villes de la petite couronne, les propriétaires devront obtenir une autorisation de changement d'usage de leur logement.

Le Code du tourisme (article L. 324-2) prévoit que toute offre ou contrat de location saisonnière, fait par écrit, doit afficher l'indication du prix demandé ainsi qu'un état descriptif des lieux (un modèle est donné par un arrêté du 16 mai 1967).

L'absence de descriptif est une infraction passible d'une amende de 1 500 €, tandis que le fait de fournir des renseignements inexacts sur la situation de l'immeuble, la composition du logement et l'état des lieux, les éléments de confort ou l'ameublement, est passible d'une amende de 3 750 €.

Le propriétaire peut être condamné, en cas de discordance entre la description et la réalité, pour publicité trompeuse ou de nature à induire en erreur, à un emprisonnement de 2 ans et/ou une amende de 37 500 €.

Une offre détaillée

Le descriptif doit mentionner :
- l'adresse du logement et son environnement (distance par rapport au centre-ville, aux commerces, à la gare, à la plage) ;
- son éventuel classement en meublé de tourisme, avec indication du nombre d'étoiles ;
- si la location est une maison, un appartement ou un studio ;
- sa superficie, le nombre de pièces et de couchages ;
- la description du mobilier et de l'équipement ménager : lave-linge, sèche-linge, télévision…
- la présence ou non d'un balcon, jardin, garage, d'une piscine, etc., en précisant s'ils sont privatifs ou communs ;
- les conditions de la location : période réservée, prix, dépôt de garantie, montant des charges… ;
- les éventuelles nuisances : bruits liés à la proximité d'une voie ferrée ou d'un aéroport, odeurs provenant de l'usine à proximité ou de l'élevage de cochons du fermier voisin…

Le dépôt de garantie d'une location saisonnière

Son montant est fixé par le contrat. Exigé à l'entrée dans les lieux, il sera utilisé par le propriétaire en réparation des dégradations commises par le locataire. La date limite de restitution de ce dépôt doit être fixée par le contrat, mais se fait généralement le jour du départ. Il est donc indispensable d'effectuer un état des lieux d'entrée et de sortie pour éviter tout litige ultérieur.

La déclaration du bien en meublé de tourisme

Si le bailleur le désire, le logement peut être classé de 1 à 5 étoiles.

L'organisme évaluateur du choix du bailleur (liste site Atout France) effectue une visite de classement du logement. En application de l'article D. 324-6.1 du Code du tourisme et selon les dispositions prévues par l'article 3 de l'arrêté du 2 août 2010, seuls les organismes publiés sur ce site peuvent réaliser des visites de contrôle, en vue du classement d'un meublé de tourisme.

La taxe de séjour

Depuis la loi Warsmann du 22 mars 2012, les propriétaires de location saisonnière doivent déposer un formulaire Cerfa à la mairie de la commune où est situé le logement. Cette déclaration est obligatoire pour tous les meublés de tourisme, classés ou non. La déclaration doit indiquer les informations personnelles du propriétaire ainsi que la description de la location saisonnière. Cette déclaration ne fait l'objet d'aucune transmission aux impôts, seule la taxe de séjour peut être réclamée. L'absence de déclaration est punie par des contraventions, allant de 45 à 180 €, pour un maximum de 450 € exigibles uniquement par un juge pénal.

- Les communes peuvent demander une taxe de séjour aux vacanciers. Cette taxe permet de financer les dépenses liées à la fréquentation touristique ou à la protection de leurs espaces naturels dans un but touristique.
- Elle est due par personne et par nuit. Elle est directement réglée au logeur, à l'hôtelier ou au propriétaire qui la reverse à la commune. Des exonérations sont prévues, comme pour les enfants de moins de 13 ans, les personnes handicapées…

Piscine protégée

Si la location saisonnière comporte une piscine privée dont le bassin est totalement ou partiellement enterré, elle doit être équipée d'un système de protection normalisé (article L. 128-1 et suivants du Code de la construction et de l'habitation).

Sinon, le propriétaire encourt une amende pouvant aller jusqu'à 45 000 € (article L. 152-12 du même Code). Par ailleurs, il s'expose à des sanctions pénales (homicide involontaire, mise en danger d'autrui…).

La piscine doit notamment comporter :

- une barrière de protection ;
- une couverture fermant le bassin ;
- un abri clos ;
- une alarme sonore.

Les diagnostics immobiliers

Le diagnostic de performance immobilière est obligatoire pour les locations saisonnières occupées au moins 4 mois par an.

L'État des risques naturels technologiques et miniers pour les locations se situant dans un secteur concerné par un plan de prévention, sismicité…

Le constat des risques d'exposition au plomb, pour tous les logements construits avant le 1er janvier 1949.

Des arrhes ou un acompte à la réservation du logement

Le contrat de location doit mentionner le prix et les charges, la durée de la location, les dates d'entrée et de départ du locataire. Il doit être établi en 2 exemplaires, un pour le loueur, un pour le locataire, et signé par les 2 parties. Les sommes exigées pour effectuer la réservation peuvent être qualifiées d'arrhes ou d'acompte.

- Avec des arrhes, le futur locataire peut se dédire en les abandonnant, alors que le loueur ne peut renoncer à la location qu'en versant au locataire le double de la somme versée.
- Avec un acompte, l'engagement de location devient ferme et définitif. Si le locataire y renonce, il peut être condamné à verser le montant total ; si c'est le propriétaire, il devra restituer l'acompte et payer d'éventuels dommages et intérêts.

Si rien n'est précisé dans le contrat, les sommes sont considérées comme des arrhes.

Si le loueur est un professionnel, il ne peut exiger plus de 25 % du prix de la location et ne peut demander de versement plus de 6 mois avant la location.

Le montant du dépôt de garantie est fixé par le contrat, il est exigé à l'entrée dans les lieux. La date limite de restitution doit être fixée par le contrat, mais se fait généralement le jour du départ si le logement est en parfait état.

Le dossier de diagnostics techniques doit être mis à la disposition du locataire.

L'appartement doit faire l'objet d'une déclaration en mairie par le propriétaire ou son mandataire et le propriétaire devra s'acquitter d'une taxe de séjour.

Litiges

- Règlement amiable : dès l'arrivée sur les lieux, face à un problème important, il est alors possible de demander soit une réduction du prix si la location n'est pas conforme, soit une réparation si un des éléments d'équipement n'est pas conforme. La demande doit être effectuée de façon verbale et par LRAR.
- Règlement judiciaire : le lésé doit rassembler des preuves (annonce, catalogue, échange de courriers, photos, témoignages écrits avec copie d'une pièce d'identité des témoins, voire constat d'huissier) pour engager une action civile ou pénale.

CHAPITRE 14

Le bail commercial modifié par la loi Alur et le bail professionnel

Le bail commercial

Le statut des baux commerciaux résulte d'un décret du 30 septembre 1953. On parle de statut car plusieurs dispositions sont d'ordre public et ne peuvent être contredites par les conventions des parties. Les dispositions légales fixent les conditions pour bénéficier des avantages de ce statut. La loi relative à l'artisanat, aux commerces et aux très petites entreprises dite loi Pinel publiée le 19 juin 2014 a modifié des règles pour se rapprocher des baux d'habitation.

Le caractère impératif du statut ne concerne que quelques règles, que les articles L. 145-15, L. 145-16 et L. 145-45 du Code de commerce délimitent. En dehors d'elles, la liberté contractuelle permet de rédiger des clauses qui avantagent l'une ou l'autre des parties.

Pour bénéficier du statut des baux commerciaux, il faut un local ou un immeuble, c'est-à-dire un lieu clos et couvert, et le locataire doit être inscrit au registre du commerce et des sociétés RCS.

Un pas-de-porte est un droit d'entrée dû au propriétaire des murs lors de la conclusion du bail. Il est librement consenti entre les 2 parties. Il peut être considéré comme un supplément de loyer (pour compenser la hausse du loyer qui ne suit pas la valeur locative des locaux) ou une contrepartie pécuniaire d'éléments de natures diverses, (avantages commerciaux fournis par le bailleur) ou bien une somme représentant la dépréciation de la valeur vénale des locaux et de la propriété commerciale acquise au locataire.

Le droit au bail, c'est une somme que verse le repreneur d'un bail existant au locataire sortant. C'est le droit d'occuper les locaux et de bénéficier du droit au renouvellement du bail. Il est à préciser que le bail est un des éléments du fonds de commerce.

Le fonds de commerce est réglé par le repreneur du fonds qui est composé d'éléments corporels (matériels, marchandises…) et d'éléments incorporels (droit au bail, clientèle, enseigne…). Le fonds de commerce est un ensemble d'éléments qu'un commerçant affecte à une exploitation commerciale.

Le bail

Le bail commercial doit être précis sur l'activité à exercer au sein des lieux loués. Le locataire ne peut modifier unilatéralement cette destination juridique.

Il existe 2 types de baux :

- le bail tous commerces, qui autorise toutes activités ;
- le bail spécifique, qui autorise une activité principale.

La loi autorise la déspécialisation partielle ou totale du bail.

- La déspécialisation partielle permet de rajouter à l'activité principale des activités connexes ayant un lien étroit avec celle-ci. Est réputée non écrite toute clause interdisant dans le bail l'adjonction de telles activités. La demande est faite par acte extrajudiciaire et le bailleur ne peut refuser sans motif légitime (s'il estime que l'activité n'est pas complémentaire).
- La déspécialisation plénière est demandée par le locataire par acte extrajudiciaire pour exercer une ou plusieurs activités différentes de celles écrites dans le bail. Le bailleur a 3 mois pour se manifester, son silence vaut acceptation.
- Le tribunal de grande instance peut autoriser la transformation du bail.

Le type de location

Différents types de locaux peuvent être loués avec un bail commercial : boutiques, bureaux, usines, hangars, entrepôts, etc. Mais le caractère commercial de la location ne dépend pas de l'usage fait de ces locaux ou même de l'activité exercée. Lorsqu'un locataire a signé un bail non commercial tout en exerçant une activité commerciale dans les lieux loués, le bail ne devient pas commercial pour autant et le statut des baux commerciaux ne s'applique pas. Le caractère commercial du bail ne peut résulter que du bail lui-même.

Cet élément distingue notamment les baux commerciaux des baux de courte durée ou baux dérogatoires (également appelés, improprement, « baux précaires »), devenus aujourd'hui très fréquents. Ces baux, d'une durée de 3 ans au maximum, peuvent être formés en plusieurs contrats consécutifs sans excéder 36 mois (loi Pinel). Le bail dérogatoire est utilisé aussi bien pour un usage de bureau que de boutique, il n'ouvre pas droit au renouvellement automatique au terme de la location, sauf si le locataire est laissé dans les lieux à l'issue des 3 ans. Dans ce cas, le bail peut devenir commercial et avoir alors une durée minimale de 9 ans.

Lorsqu'un bail commercial porte à la fois sur des locaux à usage commercial et sur des locaux à usage d'habitation, il est commercial pour le tout et donc soumis à la réglementation des baux commerciaux.

La durée de la location

La durée minimale d'un bail commercial est de 9 ans, mais elle peut être plus longue. Toute durée inférieure rend le contrat nul. Chaque période de 9 ans est divisée en 3 périodes de 3 ans.

Dépôt de garantie

Il est librement fixé par les parties :
- si le loyer est payable par trimestre d'avance (terme à échoir), le dépôt est égal à 1 trimestre de loyer ;
- si le loyer est payable par trimestre échu le dépôt est égal à 2 trimestres de loyer ;
- si le loyer est payable par mois d'avance, le dépôt est égal à 1 mois de loyer ;
- si le loyer est payable par mois à terme échu le dépôt est égal à 2 mois de loyer.

État des lieux

La loi opère un rapprochement des baux commerciaux avec les baux d'habitation pour mieux protéger le locataire.

Des états des lieux d'entrée et de sortie sont obligatoires. À défaut d'état des lieux amiable, l'état des lieux est établi par un huissier de justice, à frais partagés par moitié entre le bailleur et le locataire.

En absence d'état des lieux, le local sera présumé avoir été reçu mais aussi restitué en bon état, le dépôt de garantie devra donc être intégralement restitué au locataire.

Le loyer révisé et renouvelé

À la signature du contrat, le loyer est libre, le propriétaire n'étant pas tenu par le loyer du locataire précédent ou par des loyers de référence. Ensuite, le loyer peut être révisé au terme de chaque période de 3 ans, ainsi qu'au moment où le bail arrive à renouvellement.

Le loyer lors de la révision

À la signature du contrat, le loyer d'un bail commercial est libre, le propriétaire n'étant pas tenu par le loyer du locataire précédent ou par des loyers de référence. La loi Pinel prévoit que la révision prend effet à compter de la date de la demande en révision. Deux types d'indices :
- l'indice des loyers commerciaux (ILC), il ne concerne que les locataires commerçants ou artisans ;
- l'indice trimestriel des loyers et des activités tertiaires (ILAT) ;
- la loi Pinel retire la possibilité d'utiliser l'ICC.

La loi Pinel introduit un mécanisme de lissage prévu pour « plafonner le déplafonnement » du loyer depuis le 1er septembre 2014. L'augmentation est limitée à 10 % du loyer de l'année précédente.

Le déplafonnement permettait au renouvellement du bail si celui-ci était supérieur à 9 ans ou lorsque le bail d'origine se poursuivait par tacite reconduction au-delà de la 12e année, d'augmenter le loyer au bon vouloir du bailleur. Cette facilité a contribué à de nombreux abus avec aucun recours pour les locataires concernés. La loi Pinel a partiellement modifié cette application.

Deux cas d'augmentation :

- Lors du renouvellement du bail

  En cas de modification notable des éléments constitutifs de la valeur locative, c'est-à-dire les caractères du local, la destination des lieux et les facteurs de commercialité. De fait, les baux supérieurs à 9 ans ne bénéficieront plus d'un déplafonnement sans condition.

- Lors de la révision

  Lorsque la modification matérielle des facteurs locaux de commercialité entraîne une variation de plus de 10 % de la valeur locative.

  Lorsque le bail sera assorti d'une clause d'échelle mobile.

  Exemple

  Soit un loyer annuel actuel de 30 000 € pour une valeur locative de 60 000 €. Le bail renouvelé évoluerait comme suit :

  Année 1 : 30 000 + 10 % = 33 000 €

  Année 2 : 33 000 + 10 % = 36 300 €

  Année 3 : 36 300 + 10 % = 39 930 €

En vertu du statut des baux commerciaux, le bail peut prévoir une autre forme de révision légale telle que :

- une révision conventionnelle par le jeu d'une clause d'échelle mobile. Dans ce second cas, le loyer est périodiquement et automatiquement réajusté en fonction de la variation de l'indice choisi. Si les variations de l'indice augmentent ou diminuent le loyer initial de plus de 25 %, les parties peuvent demander la révision du loyer initial par référence à la valeur locative ;

- une révision par la clause recettes. Elle consiste à fixer la totalité ou une partie du loyer en fonction du chiffre d'affaires. Pour protéger le commerçant, le législateur a limité l'augmentation au plafonnement de l'indice INSEE des loyers commerciaux. Cette protection ne concerne pas les baux conclus pour une durée supérieure à 9 ans ou ceux qui se sont poursuivis tacitement au-delà de la 12e année. La Cour de cassation considère que cette clause exclut le bail des dispositions du statut des baux commerciaux relatives à la fixation des loyers. Le juge saisi pour un litige sur le loyer rejettera la demande pour renvoyer les parties à la stricte application de la convention du bail.

Les obligations du locataire

Doivent être indiquées dans le bail quelles charges et réparations lui incombent. Le locataire doit respecter la destination des lieux, à moins d'obtenir une déspécialisation. À défaut d'autorisation du bailleur, le locataire encourt la résiliation judiciaire de son bail.

Le locataire doit utiliser les lieux « en bon père de famille ». Il doit les entretenir pour pouvoir les rendre dans l'état où ils étaient à son arrivée. Il n'est pas tenu de réparer les dégradations dues à la vétusté ou à la force majeure.

Clause d'exclusivité

Lorsque le bail contient une clause d'exclusivité commerciale, le propriétaire des murs s'engage à ne pas louer à un autre locataire exerçant la même activité. La clause de non-concurrence constitue l'engagement du propriétaire lui-même de ne pas exercer une activité concurrente à celle de son locataire. Cette clause doit être limitée dans le temps et dans l'espace, il est conseillé de mentionner précisément les activités couvertes par l'exclusivité.

Non-renouvellement du bail

Lorsque le bailleur refuse le renouvellement du bail, il est tenu de payer au locataire une indemnité d'éviction égale au préjudice causé.

Si le propriétaire ne propose aucune indemnité d'éviction, le locataire qui entend en demander une doit, à peine de forclusion, saisir le tribunal compétent avant l'expiration d'un délai de 2 ans à compter de la date pour laquelle le congé a été donné.

L'indemnité d'éviction comprend une indemnité principale qui correspond à la valeur marchande du fonds de commerce et des indemnités accessoires pour les frais inhérents au déménagement et au relogement.

L'indemnité principale : évaluation du fonds de commerce en tenant compte de l'activité et du CA. La valeur se base sur un pourcentage du CA majoré d'un coefficient.

Les indemnités accessoires :

- le trouble commercial, qui s'évalue à un trimestre de bénéfices ;
- frais de déménagement – des devis permettent d'évaluer ces frais ;
- indemnités de licenciement – elles doivent être justifiées par la perte du local ;
- frais de remploi, entre 15 à 18 % de la valeur du fonds.

Le congé, qu'il émane du bailleur ou du locataire peut, depuis le 1er septembre 2014, être établi par LRAR ou par huissier.

La vente du local est soumise au droit de préférence du locataire dans le même formalisme que le logement d'habitation.

Le congé donné par un locataire pour départ à la retraite est assoupli pour lui permettre de céder son local plus facilement. Il pourra céder son bail pour toute autre activité qu'il exerce à condition qu'elle soit compatible avec la destination de l'immeuble et en respectant la procédure imposée par la loi. Il doit demander au bailleur une déspécialisation plénière en apportant la preuve de son départ à la retraite. Si le local se situe en copropriété, toute activité interdite dans le règlement de copropriété ne pourra être exercée.

Article L. 145-51

« Lorsque le locataire ayant demandé à bénéficier de ses droits à la retraite ou ayant été admis au bénéfice d'une pension d'invalidité attribuée par le régime d'assurance invalidité-décès des professions artisanales ou des professions industrielles et commerciales a signifié à son propriétaire et aux créanciers inscrits sur le fonds de commerce son intention de céder son bail en précisant la nature des activités dont l'exercice est envisagé ainsi que le prix proposé, le bailleur a, dans un délai de 2 mois, une priorité de rachat aux conditions fixées dans la signification. À défaut d'usage de ce droit par le bailleur, son accord est réputé acquis si, dans le même délai de 2 mois, il n'a pas saisi le tribunal de grande instance.

La nature des activités dont l'exercice est envisagé doit être compatible avec la destination, les caractères et la situation de l'immeuble.

Les dispositions du présent article sont applicables à l'associé unique d'une entreprise unipersonnelle à responsabilité limitée, ou au gérant majoritaire depuis au moins 2 ans d'une société à responsabilité limitée, lorsque celle-ci est titulaire du bail. »

La répartition des charges

La loi Pinel et le décret du 3 novembre 2014 fixent cette répartition. Les baux commerciaux doivent prévoir en annexe un inventaire des charges locatives avec la répartition entre bailleur et locataire. Le décret précise les postes à la charge du bailleur :

- les dépenses relatives aux grosses réparations et les honoraires liés à ces travaux ;
- les travaux effectués pour vétusté ou de mise en conformité du local ;
- les impôts tels que la contribution économique territoriale, les taxes et redevances destinées au propriétaire ;
- les honoraires de gestion des loyers ;
- dans un ensemble immobilier, les travaux, impôts ou charges destinés à des locaux vacants.

Diverses taxes peuvent être imputées au locataire, comme la taxe foncière, les impôts, taxes et redevances liés à l'usage du local ou à un service dont il bénéficie directement ou indirectement.

Le bailleur devra établir chaque année un état récapitulatif et devra informer le locataire de toute nouvelle charge, il est à souligner que cette règle est impérative.

Tous les 3 ans, le bailleur devra communiquer au locataire, un état provisionnel des travaux envisagés dans la période triennale avec un budget provisionnel et un état récapitulatif des travaux réalisés durant les 3 années précédentes.

Application

Révision triennale d'un bail commercial

Tableau 14.1. Tableau des valeurs de l'indice des loyers commerciaux base 100 au 1er trimestre 2008

Période	Date de parution au *Journal officiel*	Indice
4e trimestre 2018	23/03/2019	114,06
3e trimestre 2018	20/12/2018	113,45
2e trimestre 2018	20/09/2018	112,59

Période	Date de parution au *Journal officiel*	Indice
1er trimestre 2018	27/06/2018	111,87
4e trimestre 2017	22/03/2018	111,33
3e trimestre 2017	20/12/2017	110,78
2e trimestre 2017	20/09/2017	110
1er trimestre 2017	21/06/2017	109,46
4e trimestre 2016	22/03/2017	108,91
3e trimestre 2016	21/12/2016	108,56
2e trimestre 2016	21/09/2016	108,40
1er trimestre 2016	22/06/2016	108,40
4e trimestre 2015	24/03/2016	108,41
3e trimestre 2015	23/12/2015	108,38
2e trimestre 2015	20/09/2015	108,38
1er trimestre 2015	20/06/2015	108,32
4e trimestre 2014	15/03/2015	108,47
3e trimestre 2014	20/12/2014	108,52
2e trimestre 2014	19/09/2014	108,50
1er trimestre 2014	20/06/2014	108,50
4e trimestre 2013	06/04/2014	108,46
3e trimestre 2013	10/01/2014	108,47
2e trimestre 2013	08/10/2013	108,50
1er trimestre 2013	11/07/2013	108,53
4e trimestre 2012	10/04/2013	108,34
3e trimestre 2012	06/01/2013	108,17
2e trimestre 2012	07/10/2012	107,65
1er trimestre 2012	04/08/2012	107,01
4e trimestre 2011	08/04/2012	106,28
3e trimestre 2011	08/01/2012	105,31
2e trimestre 2011	09/10/2011	104,44
1er trimestre 2011	19/07/2011	103,64
4e trimestre 2010	10/04/2011	102,92
3e trimestre 2010	09/01/2011	102,36
2e trimestre 2010	10/10/2010	101,83
1er trimestre 2010	20/07/2010	101,36
4e trimestre 2009	11/04/2010	101,07
3e trimestre 2009	13/01/2010	101,21
2e trimestre 2009	15/10/2009	102,05
1er trimestre 2009	19/07/2009	102,73

Exemple

Un bail commercial signé le 2 mai 2016 pour un loyer de 1 450 € ; révision au 2 mai 2019.

1 450 × (114,06 / 108,41) = 1 525,57 € [loyer initial × (4e trimestre 2018 / 4e trimestre 2015)]

Révision par la clause recettes

Exemple

Une boucherie avec un loyer trimestriel de 2 550 €.

La clause recettes dans le bail est ainsi formulée :

« Aucune augmentation de loyer ne sera demandée si le CA est inférieur à 65 000 € HT. Si le CA est compris entre 65 000 et 90 000 € HT, un complément de loyer égal à 20 % sera facturé sur la différence entre le CA réalisé et le seuil minimum de la tranche. Si le CA est supérieur à 90 000 € HT, un complément de 10 % sera appliqué sur la différence entre le CA réalisé et le seuil minimal. »

Le CA de l'année est évalué à 82 000 € HT.

$$82\ 000 - 65\ 000 = 17\ 000\ €$$

17 000 × 0,20 = 3 400 €

3 400 / 4 = 850 €/trimestre

Nouveau loyer trimestriel : 2 550 + 850 = 3 400 €

Le bail professionnel

Il est régi partiellement par l'article 57.A de la loi du 23 décembre 1986 et des articles 1713 et suivants du Code civil (principe de la liberté contractuelle).

Il s'applique à la location pour une activité libérale dont les revenus sont imposés au titre de l'impôt sur le revenu, dans la catégorie des bénéfices non commerciaux (BNC), à la différence du bail commercial conclu par des professionnels inscrits au RCS ou des métiers (artisans).

Les professions concernées sont : les médecins, chirurgiens, chirurgiens-dentistes, masseurs-kinésithérapeutes, vétérinaires, avocats, experts-comptables, architectes, artistes peintres, sculpteurs, etc.

Il existe cependant une exception concernant les associations de type loi 1901, ces dernières peuvent signer un bail professionnel pour leurs bureaux. De la même façon, les laboratoires d'analyses médicales sont considérés comme des professions libérales.

Le bail mixte concerne un logement qui comprend une partie destinée à la profession et une autre à l'habitation. Il est régi par la loi du 6 juillet 1989, et supporte toutes les dispositions d'un bail d'habitation principale.

La réglementation du bail professionnel est plus souple que celle du bail commercial.

Le loyer est soumis à la révision du loyer avec l'indice ILAT (indice des loyers des activités tertiaires).

Le montant du dépôt de garantie est fixé librement.

Le bail est établi pour une durée de 6 ans avec tacite reconduction.

Le congé doit être notifié par les parties, sans le motiver avec un préavis de 6 mois.

Les charges et les réparations qui doivent être supportées par le preneur sont définies librement dans le contrat. Contrairement au bail mixte, aucune règle ne s'impose aux parties qui négocient librement la répartition des travaux, réparations et charges.

Selon l'article 1717 du Code civil, le locataire a le droit de céder et de sous-louer les locaux avec l'accord du propriétaire.

La loi de modernisation de l'économie du 4 août 2008 autorise un locataire à se placer sous le régime des baux commerciaux, en accord entre les 2 parties. Les cabinets d'avocats optent fréquemment pour cette solution.

Contrairement au bail commercial, le locataire n'a aucun droit au renouvellement et donc aucune indemnité d'éviction.

Exemple

Indice des loyers des activités tertiaires ILAT

Année	Trimestre	Valeur	Parution au *JO*
2018	T4	113,30	23/03/2019
2018	T3	112,74	20/12/2018
2018	T2	112,01	20/09/2018
2018	T1	111,45	27/06/2018
2017	T4	110,88	22/03/2018
2017	T3	110,36	20/12/2017
2017	T2	109,89	20/09/2017
2017	T1	109,41	21/06/2017
2016	T4	108,94	22/03/2017
2016	T3	108,69	24/12/2016
2016	T2	108,41	21/09/2016
2016	T1	108,20	22/06/2016
2015	T4	108,16	24/03/2016
2015	T3	107,98	23/12/2015
2015	T2	107,86	20/09/2015
2015	T1	107,69	20/06/2015
2014	T4	107,80	15/03/2015
2014	T3	107,62	20/12/2014
2014	T2	107,44	19/09/2014
2014	T1	107,38	20/06/2014
2013	T4	107,26	06/04/2014
2013	T3	107,16	10/01/2014
2013	T2	107,18	08/10/2013
2013	T1	107,09	13/07/2013
2012	T4	106,73	10/04/2013
2012	T3	106,46	06/01/2013
2012	T2	106,00	07/10/2012
2012	T1	105,31	08/07/2012
2011	T4	104,60	08/04/2012
2011	T3	103,64	12/01/2012
2011	T2	102,74	12/01/2012
2011	T1	101,96	12/01/2012

Année	Trimestre	Valeur	Parution au *JO*
2010	T4	101,31	12/01/2012
2010	T3	100,84	12/01/2012
2010	T2	100,41	12/01/2012
2010	T1	100,00	12/01/2012

Signature d'un bail professionnel pour une profession libérale, au 1er juin 2018, pour un loyer de 1 250 €. Révision annuelle au 1er juin 2019.

4e trimestre 2018 / 4e trimestre 2017

Loyer révisé : 1 250 x 113,30 / 110,88 = **1 277,28 €**

Pour connaître l'indice sorti au moment de la signature du bail, il suffit de vérifier les parutions des indices au *JO*. Le 1er juin 2018, le dernier indice paru est sorti le 22 mars 2018, donc celui du 4e trimestre 2107 et celui du jour de la révision, le 4e trimestre 2018.

Tableau 14.2. Tableau comparatif bail commercial/bail professionnel

	Bail commercial	Bail professionnel
Forme	Écrit ou non	Obligatoirement écrit
Durée	9 ans minimum	6 ans minimum
Loyer	Valeur locative	Fixé librement par les parties indice ILAT
Révision du loyer	Annuelle ou triennale indice ILC	Fixée librement par les parties
Sous-location	Avec autorisation du bailleur	Oui, si pas de clause contraire
Droit au renouvellement du locataire	Oui	Non
Résiliation par le locataire	Tous les 3 ans ou avant avec l'accord du bailleur	À tout moment avec préavis de 6 mois
Résiliation par le bailleur	Avec l'accord du locataire et indemnité d'éviction	À tout moment avec un préavis de 6 mois

CHAPITRE 15

La reddition des comptes

L'article 64 de la loi Hoguet mentionne que « le titulaire de la carte professionnelle gestion immobilière peut recevoir des sommes représentant des loyers, charges, indemnités d'occupation [...] et, plus généralement, tous biens, sommes ou valeurs dont la perception est la conséquence de l'administration des biens d'autrui... Il doit détenir un mandat écrit qui précise l'étendue de ses pouvoirs... ».

Article 66 : « Le mandat précise les conditions de la reddition des comptes qui doit intervenir au moins tous les ans... »

Le mandat de gestion

L'administrateur de biens, conformément aux articles précités, doit détenir un mandat de gestion approuvé par le bailleur, qui lui donnera tout pouvoir pour gérer le bien de celui-ci.

Ce mandat est exclusif et il sera enregistré dans le registre des mandats de gestion.

Le mandataire sera rémunéré sur le montant des revenus fonciers bruts encaissés.

La fixation de cette rémunération est libre, le pourcentage sera mentionné dans le mandat de gestion. Le professionnel détenteur d'un mandat de gestion sera exonéré de la signature d'un mandat de location pour la mise en place d'un locataire.

Le mandat fera apparaitre l'identité des 2 parties et les garanties professionnelles du mandataire, la désignation du bien, les missions du mandataire ainsi que sa rémunération, la forme de reddition des comptes, la durée du mandat et son numéro d'enregistrement.

Le mandat de gestion locative est signé pour une durée déterminée, généralement un an. Cette durée ne peut pas dépasser 30 ans. En fonction des contrats, une clause de reconduction tacite fixée annuellement est prévue, celle-ci doit être limitée à 10 ans, il est conseillé de signer un nouveau mandat avec les modifications nécessaires.

La loi Chatel précise : « Le professionnel prestataire de services informe le consommateur par écrit, au plus tôt 3 mois et au plus tard un mois avant le terme de la période autorisant le rejet de la reconduction, de la possibilité de ne pas reconduire le contrat qu'il a conclu avec une clause de reconduction tacite. »

Lorsque cette information ne lui a pas été adressée conformément aux dispositions de la législation, le consommateur peut mettre gratuitement un terme au contrat, à tout moment à compter de la date de reconduction.

Les charges d'un logement

L'article 23 de la loi du 6 juillet 1989 énonce dans son premier alinéa 3 règles importantes :
- les charges récupérables sont accessoires au loyer ;
- elles constituent la contrepartie d'une dépense ou d'un service déterminé ;
- elles doivent être justifiées.

Définition des charges locatives

- Des services rendus à l'usage des différents éléments de la chose louée.
- Des dépenses d'entretien courant et des menues réparations sur les éléments d'usage commun de la chose louée. La loi ENL (2006) a précisé que sont notamment récupérables : les dépenses engagées par le bailleur dans le cadre d'un contrat d'entretien relatif aux ascenseurs, dépenses concernant « les opérations et les vérifications périodiques minimales et la réparation et le remplacement de petites pièces présentant des signes d'usure excessive ainsi que les interventions pour dégager les personnes bloquées en cabine et le dépannage et la remise en fonctionnement normal des appareils ».
- Des impositions qui correspondent à des services dont le locataire profite directement.

Un logement supporte des charges plus ou moins importantes selon le bien et l'emplacement. Le propriétaire d'un bien en investissement locatif loue son bien et le locataire participe au règlement des dépenses. Il paie un loyer principal assorti d'une provision sur charges qui est une avance mensuelle sur le montant annuel des charges. Les provisions sont définies en fonction des dépenses constatées sur l'année écoulée. Les provisions doivent être justifiées avec possibilité de contrôle par le locataire.

Si le bien est en copropriété (c'est-à-dire qu'il fait partie d'un immeuble collectif divisé en appartements et entre plusieurs propriétaires, et composé de parties privatives et de parties communes), le syndic de copropriété envoie un décompte de charges comprenant l'ensemble des dépenses avec une colonne réservée aux charges locatives. Ces charges locatives sont récupérables sur le locataire.

Si la régularisation des charges n'a pas été effectuée par le propriétaire avant la fin de l'année suivant celle de leur exigibilité, le locataire pourra demander à payer le supplément par douzième.

Pour éviter les régularisations tardives, la prescription passe de 5 à 3 ans.

Depuis le 1er septembre 2014, le bailleur peut transmettre le récapitulatif des charges par voie postale ou voie électronique.

Le décret du 26 août 1987 et la loi ENL du 13 juillet 2006 ont fixé une liste des charges récupérables.

Le locataire réglera les dépenses liées à l'entretien, le nettoyage des parties communes ainsi que des équipements communs.

Le propriétaire prendra en charge le gros entretien, les grosses réparations, les frais administratifs et de gestion.

La liste des charges récupérables est fixée par l'annexe du décret du 26 août 1987. Le caractère limitatif de la liste ne va pas interdire au bailleur de récupérer des charges prévues dans d'autres textes.

Exemple : les charges liées à l'installation et à l'entretien des antennes de télévision ne sont pas mentionnées par le décret de 1987, mais elles doivent être assumées par le locataire raccordé, puisque la loi du 2 juillet 1966 le prévoit tant pour l'installation que pour l'entretien ou le remplacement des antennes.

Dans le cadre de la justification des charges récupérables, il est nécessaire de vérifier la jurisprudence puisque certains postes donnent lieu à un contentieux.

Tableau 15.1. Tableau récapitulatif de répartition des charges entre bailleur et locataire

Nature des charges	Propriétaire	Locataire
Ascenseur	Gros entretien	Entretien simple
Assurance des murs	100 %	Néant
Désinsectisation et désinfection Parties communes : Parties privatives :	Main-d'œuvre Néant	Produits 100 %
Dératisation	100 %	Néant
Digicode, interphone	Installation-remplacement	Entretien
Eau, robinetterie	Achat de compteurs et de robinets	Location, entretien, relevés de compteurs, entretien courant des robinets (clapets, joints), consommation des parties communes et privatives
Espaces verts	Plantation, réfection des pelouses et massifs, élagage, achat matériel de jardinage	Arrosage, tonte, désherbage, taille, achat graines fleurs, plants fertilisants, entretien courant matériel, eau pour arrosage.
Extincteurs	100 %	Néant
Honoraires gestion syndic ou gérant	100 %	Néant
Gardien ou concierge	60 % ou 25 % si chargé aussi de nettoyer immeuble et sortir poubelles	40 % ou 75 % si chargé aussi de nettoyer immeuble et sortir poubelles
Employé nettoyage immeuble et poubelles	Néant	100 %
Agent de sécurité	100 %	Néant
Impôt foncier	100 %	Néant
Taxe enlèvement ordures ménagères	Frais gestion administrative (rôle)	Taxe proprement dite

Nature des charges	Propriétaire	Locataire
Taxe de balayage	Néant	100 %
Produits d'entretien	Néant	100 %
Réseau câblé, antenne collective	Installation ou remplacement si le locataire n'a pas donné son accord pour le raccordement	Installation, entretien et remplacement si le locataire a donné son accord pour le raccordement
Vide-ordures	Débouchage	Désinfection
Nature des charges	Propriétaire	Locataire
Personnel encadrement technique	90 %	10 %
Chauffage	Installation-rénovation de chaufferie, combustible stocké, grosses réparations, contrôle de sécurité. P3	Combustible consommé, exploitation et entretien courant de la chaufferie. P1 et P2
Charges liées à la fourniture d'énergie par des réseaux de chaleur : – investissement – fonctionnement – consommation	Néant	100 %

Application

Décompte de charges de copropriété

Agence DUSOLEIL   Immeuble Les Pivoines A

Adresse   Adresse

Code postal – Ville   Code postal – Ville

Propriétaire : M. HENRY

Adresse – CP – Ville

Période du 01/01/2018 au 31/12/2018

Types de charges	Tantièmes du lot	Tantièmes de la copropriété
Charges générales	350	10 000
Chauffage	90	980
Eau en m^3	70	8 500
Prix m^3	3,18	3,18

Charges	Dépenses à répartir	Quote-part	Charges locatives
A – Charges communes générales			
Entretien parties communes			
Produits d'entretien	1 227,38	42,96	*42,96*
Employé d'immeuble	4 640,72	162,42	*162,42*
Electricité	1 980,09	69,30	*69,30*
Gardien d'immeuble			
Salaires	13 670,32	478,46	*358,84*
Charges sociales	8 101,21	283,54	*212,65*
Administration			
Honoraires syndic	2 452,78	85,85	
Convocation AG	280,90	9,83	
Assurance Immeuble	610,53	21,37	
Procédure et contentieux			
Honoraires avocats	1 692,86	59,25	
Honoraires huissiers	718,18	25,16	
Frais de procédure	9 210,05	322,35	
Total charges générales	44 585,02	1 560,49	
B – Chauffage			
Garantie totale P3	1 668,74	153,25	
Combustible consommé	3 211,18	294,90	*294,90*
Total chauffage	4 879,92	448,15	
C – Eau			
Consommation eau	29 480	242,78	*242,78*
	Total dépenses	Votre quote-part	*Charges locatives*
	78 944,94	2 251,42	*1 383,85*

Le total des dépenses correspond aux charges de la copropriété dans son ensemble.

La quote-part concerne le lot du copropriétaire, sur ce total une partie sera réglée par le locataire.

La colonne sur fond grisé correspond aux charges annuelles du locataire qui lui seront réclamées mensuellement avec une régularisation en début d'année suivante.

La provision sur charges

Le bail d'habitation prévoit, en supplément du loyer, une provision mensuelle sur les charges du logement. Elles sont évaluées en fonction des dépenses de l'année précédente et sont réajustées chaque année en fonction du décompte envoyé par le syndic au propriétaire bailleur ou par le mandataire au locataire (voir Application).

La régularisation des charges

Une fois l'an, au vu des provisions versées et du décompte des charges, le propriétaire bailleur reversera le trop-perçu au locataire ou, inversement, lui réclamera un complément.

À ce décompte sera ajoutée la taxe d'enlèvement des ordures ménagères (TEOM) qui est comptabilisée dans la taxe foncière du propriétaire (voir tableau 15.2).

Tableau 15.2. Taxe foncière 2018 – détail du calcul des cotisations
Commune : 000

		Commune	Syndicat de communes	Inter-communalité	Département	Taxes spéciales ①	Taxe ordures ménagères ②	Taxe GEMAPI ③	Total des cotisations
Propriétés bâties	Taux 2017	20,39 %	%	%	7,08 %	0,533 %	6,44 %	%	
	Taux 2018	20,39 %	%	%	7,08 %	0,652 %	6,44 %	%	
	Adresse / Base / Cotisation						2 410		
	Adresse / Base / Cotisation								
	Cotisations 2017	486			169	12	153		
	Cotisations 2018	491			170	16	155		
	Variation en %	+ 1,03 %			+ 0,59 %	+ 33,33 %	+ 1,31 %	%	

		Commune	Syndicat de communes	Inter-communalité	Taxe additionnelle ④	Taxes spéciales ①	Chambre d'agriculture	Taxe GEMAPI ③	Total des cotisations
Propriétés non bâties	Taux 2017	%	%	%	%	%	%	%	
	Taux 2018	%	%	%	%	%	%	%	
	Bases terres non agricoles								
	Bases terres agricoles								
	Cotisations 2017								
	Cotisations 2018								
	Variation en %	%	%	%	%	%	%	%	

	Dégrèvement jeunes agriculteurs		Base du forfait forestier	Majoration base terrains constructibles commune	Majoration base terrains constructibles intercommunalité	Caisse d'assurance des accidents agricoles	
Base « État »							
Base « Collectivité »							
			Frais de gestion de la fiscalité directe locale				34
			Dégrèvement « habitation principale »				
			Dégrèvement JA « État »				
			Dégrèvement JA « Collectivités »				
Références administratives : 00000000000000000000			**Montant de votre impôt**				

Le taux de la TEOM est calculé à partir du coût du service rendu (collecte, traitement, déchetterie) et des valeurs locatives.

Le montant de la taxe est mentionné dans l'avant-dernière colonne réservée en première partie à la TEOM.

Prenons l'exemple de la TEOM de 2017 égale à 155 €

Pour trouver ce montant, il suffit de multiplier la base (troisième case au-dessus du montant de la taxe foncière) par le pourcentage qui apparaît à la première ligne.

La base est de 2 410 € → 2 410 × 6,44 % = **155 €**

L'ensemble des charges se base donc sur un montant réel. Il est préférable de prévoir dans la provision la taxe, ce qui permet d'éviter les mauvaises surprises.

Au départ d'un locataire, il est souhaitable de conserver une partie de la caution en attendant le décompte des charges.

Il faut aussi tenir compte du *prorata temporis* pour le locataire entrant ou sortant en cours d'année.

Application

Régularisation en début d'année

Exemple

Mlle Dujuste, locataire depuis plusieurs années, paie un loyer de 800 € et une provision sur charges de 75 € estimée sur l'année précédente.

Le décompte des charges fait apparaître un montant total de 890 € auquel il faut rajouter une TEOM de 110 €.

Il est à signaler qu'une fuite d'eau avait été détectée et réparée.

Provisions versées : 75 × 12 = 900 €

(Charges + TEOM) : (890 + 110) = 1 000 €

Mlle Dujuste devra verser au propriétaire un complément de 100 € : (1 000 − 900)

Les charges de l'année suivante ne seront pas augmentées dans la mesure où une dépense exceptionnelle a été identifiée (fuite d'eau).

Régularisation au départ du locataire sur le dépôt de garantie

M. Flavi, locataire d'un appartement T4 depuis le N-10, vous envoie sa lettre de préavis, 6 mois d'occupation sur l'année N. Il paie actuellement un loyer de 848 € et 90 € de provision sur charges.

Après l'état des lieux de sortie et en comparaison avec l'état des lieux d'entrée, vous constatez certaines dégradations.

Dans la salle de bains, 2 dalles de Gerflex de très belle qualité ont été coupées par un cutter dans le centre de la pièce. M. Flavi s'excuse, c'est en voulant découper du plastique d'emballage à même le sol que l'accident s'est produit.

Le changement s'élèvera à 80 €.

La cabine de douche ne peut plus se fermer suite à un choc, les dégâts sont évalués à 200 €.

Le coût de l'eau au mètre cube est de 3,01 €, la famille Flavi a utilisé 70 m^3, les 3 enfants font la différence en comparaison des autres logements.

L'eau chaude est annexée au décompte de charges annuel mais n'est pas incluse dans celui-ci.

Les charges annuelles sont, pour l'année N-1, de 808,94 € plus la TEOM de 64 €.

À l'entrée dans les lieux, M. Flavi avait versé 1 400 € de dépôt de garantie qu'il souhaiterait récupérer rapidement.

Établissez le compte après régularisation et imputation des dégradations à la charge de M. Flavi.

Calculs

Charges locatives annuelles :

Charges courantes : 808,94 €

TEOM : 64,00 €

TOTAL : 872,94 €

***Prorata* sur les 6 derniers mois d'occupation par M. Flavi :**

(872,94 / 12) × 6 = 436,47 €

Provisions sur charges réglées par M. Flavi sur les 6 mois de l'année N :

90 × 6 = 540 €

Consommation d'eau chaude sur les 6 mois de l'année N :

70 × 3,01 = 210,70 €

Montant dû par M. Flavi :

436,47 + 210,70 = 647,17 €

Il a déjà réglé 540 € par les provisions.

647,17 – 540 = 107,17 €

Dégradations :

2 dalles Gerflex : 80 €

Travaux sur cabine de douche : 200 €

Total des dégradations : 280 €

Restitution du dépôt de garantie :

1 400 – (107,17 + 280) = 1 012,83 €

M. Flavi recevra un chèque de 1 012,83 €, déduction faite des charges et des dégradations.

Il serait judicieux de prévoir pour le prochain locataire une provision sur charges supérieure pour éviter les compléments de fin d'année à verser de la part du locataire.

Nous pouvons évaluer les nouvelles provisions à :

Charges arrondies :	810 €
TEOM :	64 €
Eau chaude :	300 €
Total :	1 174 €

Concernant la consommation d'eau chaude, il faut la ramener à celle d'un foyer classique (M. Flavi a 3 enfants).

1 174 / 12 = 97,83 €

Prévoir 98 ou 99 € de provision.

Exemple : régularisation des charges avec consommation d'eau des locataires

M. Dunand, propriétaire bailleur, signe un mandat de gestion avec l'agence dans laquelle vous êtes la/le gestionnaire.

Vous devez établir la régularisation des charges 2018 d'un de ses appartements. M. Leroy, locataire, a rendu le logement le 30 avril 2018 et M. et Mme Rioux louent l'appartement à partir du 1er juin 2018.

– Le loyer de M. Leroy était de 760 € + 90 € de provisions sur charges.

– Le loyer de M. et Mme Rioux est de 760 € + 95 € de provisions sur charges.

– La taxe foncière est de 780,50 € dont 131,40 € de TEOM.

– Le décompte de charges de M. Dunand, mentionne 1 310,65 € de charges locatives pour l'année 2018.

– Le relevé du compteur d'eau froide nous informe d'une consommation de 68 m^3 à 2,57 € et pour l'eau chaude 28 m^3 à 8,07 €.

– M. Dunand vous demande conseil, faut-il calculer la consommation d'eau réelle pour chaque locataire ou utiliser le montant mentionné dans le relevé des charges pour répartir sur le *prorata temporis* ?

– Dans le dossier remis par le bailleur, vous trouverez les indexations eau froide et eau chaude :

  ◦ Eau froide : entrée de M. Leroy 140 / entrée de M. Rioux 170 m^3.

  ◦ Eau chaude : entrée de M Leroy 52 / entrée de M. Rioux 66 m^3.

Travail à faire :

• Calculez les deux hypothèses de calcul concernant l'eau.

• Calculez la régularisation des charges annuelles des locataires.

• Le montant de la provision sur charges est-elle suffisante ?

Calculs

M Leroy est resté 4 mois dans l'appartement. Provision versée : 90 × 4 = 360 €

Le couple Rioux est entré le 1er juin, donc 7 mois de présence en 2018. Provision versée : 95 × 7 = 665 €

Total charges annuelles : 131,40 + 1 310,65 = 1 440,05 €

Consommation totale de l'eau pour l'année 2018, inclus dans le montant des charges :

– Eau froide : 68 × 2,57 = 174,76 €

– Eau chaude : 28 × 8,07 = 225,96 €

– Total : 400,72 €

Compte de M. Leroy :

1re hypothèse, l'eau est calculée au *prorata temporis* :

– 1 440,05 / 12 × 4 = 480,01 €

– Régularisation : 360 – 480,01 = – 120,01 € , M. Leroy doit **120,01 €**

2e hypothèse, l'eau est calculée à partir de la consommation réelle :

– Eau froide : 170 – 140 = 30 m^3 × 2,57 = 77,10 €

– Eau chaude : 66 – 52 = 14 m^3 × 8,07 = 112,98 €

– Total consommation d'eau : 77,10 + 112,98 = 190,08 €

– Charges : 1 440,05 – 400,72 – 1 039,33 / 12 × 4 = 346,44 €

– Total : 190,08 + 346,44 = 536,52 €

– Régularisation : 360 – 536,52 = – 176,52 €, M Leroy doit **176,52 €**

Compte des époux Rioux :

1re hypothèse : 1 440,05 / 12 × 7 = 840,02 €

– Régularisation : 665 – 840,02 = – 175,02 €. Le couple doit **175,02 €**

2e hypothèse :

  Eau froide : 68 – 30 = 38 m^3 × 2,57 = 97,66 €

– Eau chaude : 28 – 14 = 14 m^3 × 8,07 = 112,98 €

– Total consommation d'eau : 97,66 + 112,98 = 210,64 €

– Charges : 1 039,33 / 12 × 7 = 606,27 €

– Total : 210,64 + 606,27 = 816,91 €

– Régularisation : 665 – 816,91 = – 151,91 €, le couple doit **151,91 €**

Nouvelle provision pour 2019 :

1440,05 / 12 = 120 €

Il est souhaitable de choisir la seconde hypothèse avec la consommation réelle, pour ne pas léser le locataire qui consomme moins d'eau.

La vétusté d'un logement

C'est l'état d'usure ou de détérioration résultant du temps ou de l'usage normal des matériaux et éléments d'équipements dont est constitué l'immeuble ou le logement. Elle est la conséquence de l'usage normal de la chose louée et elle est à la charge du bailleur, il est même possible qu'il ait une quote-part de travaux à sa charge sur des travaux pourtant locatifs.

Les dégradations imputables à l'usure normale du temps sont à la charge du bailleur.

La prise en compte d'une grille de vétusté a pour but de donner une durée de vie théorique des matériaux et équipements susceptibles de subir une vétusté, et de coefficients d'abattements forfaitaires annuels affectant le prix des réparations locatives.

Le locataire est exonéré de son obligation à réparations locatives si ces réparations sont en réalité occasionnées par vétusté malfaçon, vice de construction, cas fortuit ou cas de force majeure.

Le décret du 30 mars 2016, applicable au 1er juin 2016, mentionne que toutes les parties au contrat de location pourront convenir d'appliquer une grille de vétusté dès la signature du bail. Cette grille doit définir « au minimum, pour les principaux matériaux et équipements du bien loué, une durée de vie théorique et des coefficients d'abattement forfaitaire annuels affectant le prix des réparations locatives auxquelles serait tenu le locataire ».

Elle peut être choisie parmi celles ayant fait l'objet d'un accord collectif conformément à la loi du 23 décembre 1986 ou celles utilisées par les bailleurs sociaux.

La franchise est la période durant laquelle les équipements du bien loué ne subissent pas d'altération, donc il n'est pas appliqué d'abattement.

Il n'existe pas de textes réglementaires sur l'application d'une franchise, mais certaines grilles de vétusté ont été établies suite à des négociations entre bailleurs et associations de locataires.

En cas de détérioration d'un équipement durant la période de franchise, le locataire supporte intégralement le coût de son remplacement. Passé cette période, la valeur de remplacement est minorée chaque année d'un coefficient d'abattement.

Lorsqu'un élément a dépassé sa durée de vie, une quote-part résiduelle de la dépense reste à la charge du locataire.

Tableau 15.3. La grille de vétusté

Catégorie d'équipement	Franchise	Durée de vie	Abattement par an	Quote-part résiduelle
Peinture, papier	2 ans	7 ans	18 %	10 %
Moquette	2 ans	7 ans	18 %	10 %
Parquet, carrelage	5 ans	25 ans	4 %	20 %
Revêtement plastique	3 ans	10 ans	11 %	20 %
Faïence murale	10 ans	20 ans	8 %	20 %
Menuiserie intérieure	5 ans	20 ans	6 %	15 %
Serrurerie, quincaillerie	2 ans	10 ans	11 %	15 %
Robinetterie	5 ans	15 ans	9 %	15 %
Plomberie	5 ans	15 ans	9 %	15 %
Appareils sanitaires	7 ans	20 ans	6 %	20 %
Chauffe-eau	3 ans	10 ans	12 %	15 %
Chaudière	3 ans	15 ans	7 %	15 %
Ballon d'eau chaude	3 ans	10 ans	12 %	15 %
Persiennes PVC ou en bois	5 ans	15 ans	8 %	20 %
Persiennes métalliques	5 ans	20 ans	5 %	20 %
Volets roulants	3 ans	15 ans	8 %	10 %
Convecteurs électriques	3 ans	10 ans	12 %	15 %
Radiateurs	5 ans	20 ans	6 %	10 %
Organes de réglage du chauffage	2 ans	10 ans	11 %	10 %

Exemple pour la peinture de l'appartement

– Si la peinture a été détériorée dans les 2 premières années de sa pose, alors le locataire doit prendre en charge l'intégralité du remplacement.

– Si la peinture date de plus de 5 ans, et qu'elle a été abîmée, le locataire va bénéficier d'un abattement calculé sur 3 ans (5 ans – 2 ans de franchise) à savoir : 3 × 18 = 54 %. Donc le locataire ne supportera que 46 % (100 – 54) du coût de remplacement.

– Si la peinture date de plus de 7 ans, seulement 10 % du coût de restauration resteront à la charge du locataire.

CHAPITRE 16

Le logement social

Le mouvement HLM et l'État ont mis en place un agenda « 2015-2018 » dont les objectifs sont les suivants :

- garantir un haut niveau de production de logements sociaux ;
- engager un plan de rénovation et de restructuration du patrimoine ;
- s'engager dans le cadre de la transition énergétique pour la croissance verte ;
- développer l'accession sociale ;
- développer l'offre très sociale (pour les familles en forte précarité) ;
- moderniser l'attribution des logements sociaux ;
- consacrer 25 % des attributions aux demandes de mutation ;
- renforcer le développement de la qualité de service (entretien, maintenance) ;
- assurer une qualité de vie urbaine dans les quartiers prioritaires.

Depuis le 1er janvier 2015, l'Agence nationale du contrôle du logement social (Ancols) est en activité. Cet établissement public est un outil de contrôle, d'évaluation et d'étude adapté à l'évolution du logement social.

Les conditions d'accès

Pour accéder à un logement HLM, le demandeur doit remplir certaines conditions :

- être français ou étranger admis à séjourner régulièrement en France ;
- l'ensemble des ressources du foyer (RFR) ne doit pas dépasser un plafond (N–2) ;
- le logement doit être occupé au moins 8 mois.

Sont prioritaires :

- les personnes expulsées de leur logement ;
- celles qu'un nouvel emploi conduit à déménager ;
- les personnes handicapées, familles nombreuses, femmes enceintes, familles monoparentales, jeunes à la recherche d'un logement et les familles ayant subi une réduction brutale de ressources.

La procédure d'attribution

La loi Dalo (droit au logement opposable) du 5 mars 2007 précise que toute personne doit avoir droit à un logement.

Les demandes de logement sont envoyées aux organismes HLM, aux mairies, aux préfectures et enregistrées dans le système national d'enregistrement (SNE). Les demandes doivent faire l'objet d'un numéro d'enregistrement unique pour chaque département – loi Alur article 96 et suivants (sauf Île-de-France). Une commission d'attribution décide de l'octroi du logement, en fonction des ressources du foyer, de la composition du ménage et de sa priorité. Le refus d'un logement doit être mentionné par écrit avec motivation de la décision.

Le calcul de la surface

Lorsque la construction du bâtiment est antérieure au 1er juillet 1996 (c'est le cas de la plupart des résidences HLM), on retient la « surface corrigée » (la surface habitable pondérée de correctifs tels que l'ensoleillement, par exemple), augmentée des équipements traduits en mètres carrés (4 m^2 pour une baignoire, etc.).

Pour les immeubles achevés à partir de cette date, on utilise la surface utile, correspondant à la surface au sol, majorée de la moitié des surfaces annexes (caves, celliers). Ainsi, un trois-pièces de 50 m^2 avec un balcon de 10 m^2 équivaut à 55 m^2. Dans ce cas, le loyer est égal à cette surface multipliée par le prix au mètre carré, auquel s'applique un coefficient lié à la taille et à la situation géographique de l'immeuble.

La révision du loyer et le surloyer

La révision annuelle du loyer

Chaque 1er janvier, le conseil d'administration de l'organisme HLM, où siègent notamment des élus des collectivités locales, des membres désignés par le préfet et des représentants des locataires, révise les loyers.

Il décide de sa propre politique et l'adapte à chaque immeuble de son patrimoine, tout en se référant à la circulaire annuelle du ministre du Logement qui limite les hausses. En cas de dépassement, le préfet demande une nouvelle délibération du conseil.

Le surloyer (SLS, supplément de loyer solidarité)

D'après la loi du 4 mars 1996, les locataires dont le revenu fiscal de référence (RFR) excède les plafonds de ressources applicables pour l'attribution du logement social qu'ils occupent doivent acquitter un supplément de loyer de solidarité (SLS), conformément à la loi.

Enquête annuelle

Tous les ans, un formulaire d'enquête « Ressources supplément de loyer solidarité » est adressé aux locataires de logements sociaux, entrant dans le champ d'application du SLS.

Le locataire doit communiquer l'avis d'imposition et les renseignements concernant l'ensemble des personnes vivant au foyer pour permettre de calculer le dépassement éventuel des plafonds de ressources et déterminer s'il est redevable du SLS. Le locataire doit répondre dans un délai de 1 mois.

Sans réponse du locataire dans ce délai et après une mise en demeure et un nouveau délai de 15 jours, l'organisme HLM calcule provisoirement le SLS.

Tous les 2 ans, un formulaire d'enquête est adressé aux locataires du patrimoine locatif social, tous secteurs confondus, pour rassembler des éléments sur la situation des personnes qui habitent un logement à loyer modéré, et les comparer au plan local ou national.

Cette enquête complète alors l'enquête annuelle, pour les locataires entrant dans le champ d'application du SLS.

Calcul du SLS

Le SLS est déterminé par 3 éléments :
- A : le prix au mètre carré du SLS, fixé par décret ;
- B : la surface habitable du logement ;
- C : en fonction du montant de dépassement des revenus par rapport au plafond de ressources, un coefficient est calculé. Le SLS est applicable dès un dépassement de 20 % par rapport au plafond de ressources.

Le montant du SLS = A × B × C

Pour pouvoir évaluer le SLS, il faut déterminer le coefficient de dépassement des revenus du locataire par rapport au plafond de ressources.

Tableau 16.1. Plafonds de ressources annuelles 2017 – revenu fiscal de référence N-2 en locatif HLM PLUS*.
Pour les loyers 2019

Catégorie de ménage	Paris et communes limitrophes	Île-de-France hors Paris et communes limitrophes	Autres régions
1 personne seule	23 721€	23 721 €	20 623 €
2 personnes ne comportant aucune personne à charge à l'exclusion des jeunes ménages	35 452 €	35 452 €	27 540 €
3 personnes ou 1 personne seule avec 1 personne à charge ou jeune ménage sans personne à charge	46 473 €	42 616 €	33 119 €
4 personnes ou 1 personne seule avec 2 personnes à charge	54 486 €	51 046 €	39 982 €
5 personnes ou 1 personne seule avec 3 personnes à charge	66 017 €	60 429 €	47 035 €
6 personnes ou 1 personne seule avec 4 personnes à charge	74 286 €	68 001 €	53 008 €
Par personne supplémentaire	8 278 €	7 577 €	5 912 €
(*Plus : prêt locatif à usage social)			

Tableau 16.2. Plafonds de ressources annuelles en 2017 – revenu fiscal de référence N-2 en PLAI*
Pour les loyers de 2019

Catégorie de ménage	Paris et communes limitrophes	Île-de-France hors Paris et communes limitrophes	Autres régions
1 personne seule	12 848 €	12 848 €	11 167 €
2 personnes ne comportant aucune personne à charge à l'exclusion des jeunes ménages	20 943 €	20 943 €	16 270 €
3 personnes ou 1 personne seule avec 1 personne à charge ou jeune ménage sans personne à charge	27 452 €	25 174 €	19 565 €
4 personnes ou 1 personne seule avec 2 personnes à charge	30 049 €	27 641€	21 769 €
5 personnes ou 1 personne seule avec 3 personnes à charge	35 746 €	32 724 €	25 470 €
6 personnes ou 1 personne seule avec 4 personnes à charge	40 227 €	36 823 €	28 704 €
Par personne supplémentaire	4 482 €	4 102 €	3 202 €
(*PLAI : prêt locatif aidé d'intégration)			

Tableau 16.3. Plafonds de ressources annuelles 2017 – revenu fiscal de référence N-2en PLS*.
Pour les loyers 2019

Catégorie de ménage	Paris et communes limitrophes	Île-de-France hors Paris et communes limitrophes	Autres régions
1 personne seule	30 837 €	30 090 €	26 810 €
2 personnes sans personne à charge sauf jeune ménage	46 088 €	46 088 €	35 802 €
3 personnes ou 1 personne seule avec 1 personne à charge ou jeune ménage sans personne à charge	60 415 €	55 401 €	43 055 €
4 personnes ou 1 personne seule avec 2 personnes à charge	72 132 €	66 360 €	51 977 €
5 personnes ou 1 personne seule avec 3 personnes à charge	85 822 €	78 558 €	61 146 €
6 personnes ou 1 personne seule avec 4 personnes à charge	96 572 €	88 401 €	68 910 €
Par personne supplémentaire	10 761 €	9 850 €	7 686 €
(* PLS : prêt locatif social).			

Le SLS s'établit à l'aide du :

- revenu fiscal de référence 2015, D ;
- plafond de ressources applicable, E, en fonction du nombre de personnes occupant en permanence l'appartement.

Règle de calcul :

$D - E = F$

Puis :

$F/E = C$, soit le pourcentage de dépassement qui correspond au coefficient de dépassement.

Le SLS est soumis à un double plafonnement :

- loyer (hors charges) + SLS ne doit pas dépasser un quart du revenu fiscal de référence mensuel ;
- le SLS 2015 cumulé au loyer ne doit pas dépasser un prix au mètre carré de surface habitable soit :
  - 22,98 € en zone A,
  - 15,98 € en zone B1,
  - 15,98 € en zone B2,
  - 11,52 € en zone C.

Tableau 16.4a. Dépassement du plafond de ressources d'attribution d'un HLM

Taux du dépassement	Coefficient de dépassement du plafond de ressources
20 %	0,27
> 20 et < ou = 59 %	0,33
> ou = 60 % jusqu'à 149 %	0,35
> ou = 150 %	0,37

Dans certaines zones géographiques, une convention d'utilité sociale conclue entre chaque organisme HLM et l'État peut prévoir un dispositif de modulation du SLS selon les seuils et les modalités suivantes pour permettre au bailleur d'adapter le niveau du SLS aux réalités locales.

Tableau 16.4b. Dispositif de modulation du SLS dans les zones tendues

Dépassement des plafonds de ressources	Valeur du coefficient de dépassement
De 1 % à 19 %	Aucun SLS n'est exigé
Égal à 20 %	Entre 0,13 et 0,34
De 21 % à 59 %	Entre 0,030 et 0,075
De 60 % à 149 %	Entre 0,060 et 0,090
À partir de 150 %	Entre 0,090 et 0,105

Ces modulations concernent uniquement les zones A, B1 et B2 définies à l'arrêté du 29 avril 2009.

Tableau 16.5. Montant du supplément de loyer de référence

Zone géographique	Supplément mensuel de loyer par m² habitable
Paris et communes limitrophes	2,68 €
Autres communes de l'agglomération parisienne et des zones d'urbanisation et des villes nouvelles d'Île-de-France	2,14 €
Reste d'Île-de-France, agglomérations et communautés urbaines de plus de 100 000 habitants, zones d'urbanisation et villes nouvelles hors Île-de-France	1,07 €
DOM et reste du territoire national	0,27 €

Application

Exemple

1. Sachant que jusqu'à 20 % on ne subit pas de SLS, pour un dépassement de 50 %, on calcule : (50 % – 20 % = 30 %) :

$$coefficient = 0,13 + (0,03 \times 30) = 1,03$$

La somme du loyer et du SLS est limitée à 25 % de vos ressources ou à 21,96 €/m² de surface habitable.

2. Pour un couple sans enfant résidant dans un logement social à Toulouse en secteur PLAI, le loyer est de 468 € hors charges pour une surface corrigée de 52 m². Le RFR du couple est de 35 610 €.

Dépassement :

$$[(35\ 610 – 16\ 270) / 16\ 270] \times 100 = 118,86 \rightarrow 119\ \%$$

Coefficient de dépassement avec le dispositif de modulation (le bailleur adapte lui-même son coefficient en fonction de la fourchette accordée) :

- • égal à 20 % : 0,27 ;
- • 21 à 59 % : (59 – 21) = 38 ; 38 × 0,030 = 1,14 ;
- • 60 à 149 : (119 – 58) = 63 ; 63 × 0,060 = 3,66.

Total du coefficient de dépassement : 0,27 + 1,14 + 3,66 = 5,07

Revenus 25 % : 35 610/12 × 25 % = 741,87 €. Le nouveau loyer ne devra pas dépasser ce montant.

Augmentation : 52 × 5, 07 × 1 = 263,64 €

Nouveau loyer : 468 + 263,64 = 731,64 €. Le nouveau loyer est en dessous du seuil des 25 %, il peut donc être augmenté à 731,64 €.

Les procédures

La loi Alur et la loi Dalo ont mis en place 2 procédures, le recours amiable et le recours contentieux. Le demandeur fait appel auprès de la préfecture pour déposer sa requête auprès d'une commission de médiation comme demandeur prioritaire. La loi Alur permet aux commissions de médiation de saisir le juge pour obtenir des délais concernant une expulsion si le locataire est reconnu prioritaire Dalo. Si la décision est favorable mais sans accéder à une attribution de logement, le locataire peut former un recours contentieux auprès du tribunal administratif dans les 4 mois de l'expiration des délais. Le juge peut ordonner à l'État de reloger ou d'héberger le demandeur, avec une astreinte journalière à partir du jugement.

Partie III

La gestion de la copropriété modifiée par la loi Alur

CHAPITRE 17

La copropriété

Principes d'applicabilité du droit de la copropriété

La loi de 1965 précise dans son article 1er qu'elle régit tout immeuble ou groupe d'immeubles dont la propriété est répartie entre plusieurs personnes par lots comprenant chacun une partie privative et une quote-part des parties communes.

Dès lors que ces conditions sont réunies, la copropriété devient un régime obligatoire.

Tout ce qui est décidé hors du cadre légal de la copropriété n'a aucune valeur.

La présente loi régit tout immeuble bâti ou groupe d'immeubles bâtis dont la propriété est répartie entre plusieurs personnes.

La copropriété verticale concerne les immeubles en collectif divisés en lots, le tout sur la verticalité.

La copropriété horizontale concerne un groupement de maisons individuelles construites sur un terrain commun divisé en zones de jouissance.

Le terrain est la propriété indivise de tous les copropriétaires. C'est une partie commune, il n'y a pas de sol privatif, à la différence du lotissement où le coloti est propriétaire de la parcelle sur laquelle est implantée la maison. En lotissement, les règles de la copropriété s'appliquent uniquement aux équipements communs.

La création de la copropriété

La création est soumise à la division de l'immeuble par lots.

Le géomètre-expert a un rôle prépondérant dans cette mise en place. Les diagnostiqueurs agréés peuvent aussi s'occuper de la division de l'immeuble.

Sa mission :

* établir les plans de situation, de masse, les plans de chaque niveau de l'immeuble ainsi que les plans des servitudes ;
* mesurer les surfaces réelles des lots en accord avec la loi Carrez ;
* créer le descriptif des lots privatifs et des parties communes ;
* calculer la quote-part de chaque lot.

Ce dossier complet sera remis au notaire qui finalisera le règlement de copropriété.

Trois nouveaux articles (article 6-2 à 6-4) sont créés au sein de la loi du 10 juillet 1965, relatifs aux parties communes spéciales et à jouissance privative, le législateur n'a fait que ratifier ce que la jurisprudence reconnaissait déjà. La loi Élan élargit la notion de partie commune « à tout élément incorporé dans les parties communes et aux droits qui y sont attachés ». Il s'agit du droit d'affichage, du droit de construire, des garde-corps ; ce sont les « droits accessoires ».

De tout temps, il a été possible de céder à un copropriétaire ou à un tiers un droit accessoire. Avec la loi Élan, ce droit se perd s'il n'a pas été exercé dans les 10 ans qui suivent la convention de cession. La loi Élan rend désormais impossible la cession du droit de construire, d'affouiller et de surélever sur les parties communes sauf pour les conventions signées avant le 25 novembre 2018.

> **Calcul des quotes-parts**
>
> La superficie de chaque élément d'un lot est assortie d'un coefficient de pondération.
>
> Le total des surfaces pondérées détermine la quote-part en millièmes qui sera attribuée au lot.

Tableau 17.1. Coefficients de pondération

Lots	Coefficients	Observations
Appartements, bureaux, commerces y compris locaux livrés en plateau brut	0,90 à 1,00	
Caves	0,10 à 0,20 0,15 à 0,25	Immeuble ancien Immeuble neuf
Locaux en sous-sol	0,25 à 0,45	
Emplacements stationnement extérieur	0,15 à 0,18	
Emplacements stationnement extérieur couverts non clos	0,20 à 0,25	
Emplacements stationnement intérieur couverts non clos	0,30 à 0,35	Prévoir 2 % de moins-value/niveau
Garages ou box (couverts clos)	0,40 à 0,45	Prévoir 2 % de moins-value/niveau
Emplacement de stationnement double en longueur	—	Prévoir une moins-value de 20 à 40 % sur la partie dépendante
Balcons	0,10 à 0,30	Suivant configuration et situation
Loggias, vérandas	0,20 à 0,40	Suivant configuration et situation
Terrasses	0,15 à 0,35	Suivant configuration et situation
Jardins pleine terre, sur dalles parking ou sur sous-sol	0,05 à 0,10 0,02 à 0,10	Si surface inférieure à 50 m^2 Si surface supérieure à 50 m^2

Lots	Coefficients	Observations
Greniers	0,05 à 0,40	En fonction de sa structure et de son accessibilité
Escaliers privatifs (emprise)	0,05 à 0,15	Duplex ou escaliers extérieurs de desserte

Pour comprendre le mécanisme de répartition entre chaque lot, une définition est nécessaire, celle des tantièmes et des millièmes.

> ### Tantièmes et millièmes
>
> Chaque copropriétaire possède une quote-part (ou part). Celle-ci est exprimée en tantièmes. Les tantièmes représentent un certain nombre qui, rapporté au total de toutes les parts, peut être exprimé en pourcentage.
>
> Généralement, les copropriétés sont divisées en millièmes qui sont des tantièmes sous forme de mille.
>
> La détermination est libre, 1 000, 10 000, 100 000, tout dépend de l'importance de la copropriété et du nombre de ses lots.

Application

Voici un extrait d'un dossier de quote-part créé par un géomètre expert. Ce dossier comprend en partie 1 la quote-part des parties communes générales en 10 millièmes, en partie 2 celle des parties communes particulières par bâtiment en millièmes et en partie 3 celle des charges ascenseurs par bâtiment en millièmes.

Nous prendrons l'exemple de la quote-part des parties communes générales sur le lot 103.

Tableau 17.2. Résidence « Les Terrins »

N° du lot	Bâtiment	Niveau	Nature	N° & type	Surface réelle	Coefficient	Surface pondérée	Quote-part de copropriété en 10 millièmes
101	A	1er	Appartement terrasse	A 103 T2	49,08 6,81	0,95 0,35	49,00	151
102	A	1er	Appartement terrasse	A 104 T2	48,04 6,81	0,95 0,35	48,87	150
103	A	1er	Appartement terrasse	A 105 T2	50,50 7,44	0,95 0,35	50,57	155
TOTAL					4 413,78		3 253,00	10 000

Exemple

Sur 127 lots on a une surface réelle de 4 413,78 m^2 et une surface pondérée de 3 253 m^2 sur 10 000 millièmes.

Calcul de la surface pondérée :

Surface appartement : 50,50 × 0, 95 = 47,97 m^2

Surface terrasse : 7,44 × 0,35 = 2,60 m^2

Total de la surface pondérée : 47,97 + 2,60 = 50,57 m^2

La surface pondérée sera utilisée pour déterminer la quote-part du propriétaire du lot 103.

Quote-part : (50,57 × 10 000) / 3 253 = 155,45 arrondi à 155.

À partir des millièmes du lot 103, si la copropriété annonce 18 000 € de charges générales avec 10 000 tantièmes répartis sur les 127 lots, le copropriétaire réglera : (18 000 × 155) / 10 000 = 279 €.

CHAPITRE 18

Le syndic

Principe

La copropriété, sa gestion et le syndic sont régis par la loi n° 65-657 du 10 juillet 1965, consolidée par la loi Alur du 24 mars 2014.

Le syndic assure l'entretien d'un immeuble collectif ainsi que sa gestion. Il prend des décisions en accord avec le syndicat. Il peut être non professionnel (le plus fréquemment un copropriétaire ou son conjoint) ou un professionnel mandaté par la copropriété.

Le syndic professionnel doit détenir une carte professionnelle G délivrée par la préfecture du département concerné, d'une durée de validité de 10 ans. Il doit justifier d'une responsabilité civile professionnelle et d'une garantie financière dont le montant est calculé en fonction de l'importance du portefeuille de copropriété à gérer. Elle a la capacité de rembourser les fonds détenus en cas de faillite du professionnel.

Élection et durée du mandat

Il est élu par les copropriétaires en assemblée générale à la majorité absolue de l'article 25 de la loi du 10 juillet 1965. La durée du mandat ne peut excéder 3 ans (article 28 décret de 1967), mais un délai plus court peut être proposé. Le contrat de syndic est approuvé par une décision unique de l'assemblée générale. Un contrat type sera défini par décret. La désignation du syndic et l'approbation de son contrat sont une décision unique à la majorité de l'article 25 (voir chapitre sur les majorités). La loi Alur durcit le contrôle de la tarification des syndics en dressant une liste limitative des prestations pouvant faire l'objet d'une facturation hors forfait.

Le règlement de copropriété

C'est un texte fondateur qui détermine les règles auxquelles s'obligent les copropriétaires pour administrer leur bien immobilier commun.

Le règlement de copropriété est un contrat particulier, il n'est pas nécessaire d'y consentir pour être partie.

Les dispositions s'imposent aux copropriétaires, ce qui le fait ressembler à un règlement.

On retrouve à l'intérieur du règlement, la destination des lots, les parties communes, la répartition des charges de la copropriété ainsi que les règles de la copropriété.

Le conseil syndical (article 21)

Il est composé de copropriétaires élus en assemblée générale, il assiste le syndic dans la gestion de la copropriété. Il contrôle aussi les actes du syndic. Le syndicat des copropriétaires peut néanmoins renoncer à celui-ci en assemblée générale à l'article 25. Ne peuvent être élus : le syndic, son conjoint ou partenaire pacsé, ses ascendants ou descendants et ses employés. Le président du conseil syndical n'est pas élu par les copropriétaires mais par les membres du conseil syndical.

Le conseil syndical n'a pas la personnalité juridique et ne peut engager une action en justice à la différence du syndicat des copropriétaires. Il fait le lien entre le syndicat des copropriétaires et les copropriétaires. Il avertit les copropriétaires si des irrégularités sont commises par le syndic. Il élabore la mise en place de l'assemblée générale.

Dans le cadre de sa mission le conseil syndical a parfois du mal à se faire communiquer par le syndic des éléments ou des documents importants. La loi Élan remédie à ces difficultés en reconnaissant au conseil syndical un pouvoir de contrainte vis-à-vis du syndic. En effet, en cas d'absence de transmission des pièces, au-delà d'un délai de 1 mois à compter de la demande du conseil syndical, des pénalités par jour de retard seront imputées sur les honoraires de base du syndic dont le montant minimal n'est pas encore connu à ce jour car il sera fixé par décret.

Le syndicat des copropriétaires

C'est l'ensemble des copropriétaires, ils se réunissent en assemblée générale au moins une fois par an avec le concours du syndic. Le syndicat secondaire concerne les grandes copropriétés. Il a la même nature que le précédent mais se limite à certains bâtiments dans la copropriété. Les syndicats secondaires seront chargés de la gestion des bâtiments qu'ils représentent et le syndicat principal se préoccupera des intérêts communs à l'ensemble de la copropriété. Seule l'assemblée générale du syndicat principal, c'est-à-dire de l'ensemble des copropriétaires de la résidence, pourra statuer sur les questions relatives au syndicat principal.

Le syndicat est doté de la personnalité juridique, de fait, il peut agir en justice. (Le syndicat secondaire peut agir sur son bâtiment mais pas sur les intérêts communs.)

Il s'implique dans le cadre de la conservation de l'immeuble, l'entretien courant des immeubles. Un refus injustifié d'assumer certains travaux engage sa responsabilité. S'il porte préjudice à des copropriétaires ou à des tiers, il peut être poursuivi. Il existe de nombreux cas de jurisprudence en ce sens.

L'assemblée générale

Une fois par an tous les copropriétaires se réunissent pour voter sur des questions inscrites à l'ordre du jour.

Chaque copropriétaire doit recevoir une convocation avec l'ordre du jour, le pouvoir, les documents comptables et le contrat de syndic pour renouvellement ou changement. Si des travaux sont inscrits à l'ordre du jour, les devis des différentes entreprises doivent être annexés pour voter.

On distingue :
- l'assemblée générale ordinaire qui siège une fois par an ;

- l'assemblée générale extraordinaire qui peut être convoquée par le syndic ou à la demande du conseil syndical ou d'un groupe de copropriétaires représentant 25 % des voix de la copropriété. Elle est mise en place à tout moment pour les décisions urgentes, par exemple des travaux touchant à la stabilité de l'immeuble. Elle est soumise aux mêmes règles qu'une assemblée générale ordinaire.

La convocation

Elle doit indiquer le lieu, la date et l'heure de la réunion ainsi que l'ordre du jour. Elle doit être envoyée avec l'ensemble des documents en lettre recommandée AR au moins 21 jours avant la date de l'assemblée générale.

L'ordre du jour

C'est un document établi par le conseil syndical et le syndic. Il reprend la liste des questions qui seront soulevées en assemblée générale. Tous ces points seront soumis à un vote pour approbation.

Les propositions arrivées trop tardivement et non inscrites à l'ordre du jour peuvent faire l'objet d'une discussion mais non d'un vote.

Le pouvoir

Un copropriétaire peut se faire représenter durant l'assemblée générale par la personne de son choix sauf le syndic.

Ce pouvoir permet au remplaçant de voter suivant la volonté du copropriétaire absent.

L'article 22 interdit de donner mandat à un syndic, son conjoint, son partenaire pacsé, ses ascendants ou descendants et leurs salariés.

Avant la loi Élan, un mandataire ne pouvait recevoir plus de 3 pouvoirs et à condition que la somme de ces mandats ne représente pas plus de 5 % des voix de tous les copropriétaires. Désormais un mandataire pourra recevoir plus de 3 délégations de vote si le total des voix dont il dispose lui-même et de celles de ses mandants n'excède pas 10 % des voix du syndicat.

Elle permet aussi à des époux copropriétaires de recevoir chacun personnellement des délégations de vote.

Il est désormais possible à tout mandataire désigné de déléguer son mandat à une autre personne, à condition que cela ne soit pas interdit par le mandat.

Le syndic qui reçoit des mandats sans indication de mandataire ne peut ni les conserver pour voter en son nom ni les distribuer lui-même aux mandataires qu'il choisit.

Cette disposition a pour effet d'empêcher le syndic de remettre des pouvoirs reçus en blanc aux copropriétaires de son choix ou aux membres du conseil syndical.

Par contre, il est possible de communiquer ces mandats au président de séance qui après son élection pourra les distribuer, celui-ci n'étant pas un mandataire choisi par le syndic.

Le contrat de syndic

Afin d'améliorer la gestion des copropriétés et renforcer la transparence dans les relations entre le syndic et les copropriétaires, la loi Alur du 24 mars 2014, dans son article 55, instaure un contrat type de syndic. Elle pose également le principe d'une rémunération forfaitaire pour les actes de gestion courante et prévoit que soient définies limitativement les prestations particulières ouvrant droit à rémunération complémentaire

À la création d'une copropriété, un syndic provisoire est mis en place et il doit faire valider son mandat dans un délai de 1 an. L'article 55 de la loi Alur, inclus dans l'article 17 de la loi de 1965, ordonne la mise en concurrence de plusieurs contrats de syndic par le conseil syndical s'il en existe un ou par les copropriétaires.

Ce contrat qui comporte 12 articles est annexé au dossier de la convocation d'assemblée générale pour le renouvellement du mandat. On retrouvera divers articles reprenant :

* sa durée ;
* les missions du syndic ;
* la relation avec le conseil syndical ;
* les assurances ;
* la confirmation de la tenue d'un carnet d'entretien ;
* le choix d'un compte bancaire séparé au nom du syndicat qui ne reçoit que les fonds de la copropriété alors que le compte unique regroupe l'ensemble des copropriétés gérées. Le compte séparé est une obligation à l'article 18. Depuis avril 2015, la loi Alur prévoit, pour tous les renouvellements de mandat, un compte séparé pour les copropriétés de plus de 15 lots et un compte individualisé pour celles de moins de 15 lots, voté en assemblée générale. Il s'agit d'un compte unique contenant des sous-comptes individualisés par syndicat de copropriété. Les relevés de comptes bancaires seront mis à la disposition du conseil syndical.
* les prestations particulières, c'est-à-dire toutes celles qui sortent du cadre de la gestion courante. Depuis la loi Alur, leurs rémunérations ne sont plus fixées dans le contrat de syndic mais fixées par vote en assemblée générale, ce qui annule l'arrêté Novelli du 19 mars 2010, qui prévoyait dans le contrat un forfait de base pour la gestion courante et des honoraires à la vacation pour les prestations particulières.

Le carnet d'entretien

Le carnet d'entretien mentionne obligatoirement l'adresse de l'immeuble, l'identité du syndic, les contrats d'assurance avec leurs dates d'échéance.

Le cas échéant, le carnet d'entretien précise, par ailleurs, l'année de réalisation des gros travaux (ravalement de façade…), l'identité des entreprises, les références des contrats d'entretien et de maintenance des équipements communs (chaudière…) avec leur date d'échéance et, éventuellement, l'échéancier du programme pluriannuel de travaux. Si le diagnostic technique global a été effectué, le carnet d'entretien précisera également la liste des travaux jugés nécessaires à la conservation de l'immeuble en précisant les équipements ou éléments du bâtiment concernés par ces travaux, ainsi que l'échéancier recommandé.

Il est établi, détenu et mis à jour par le syndic de copropriété.

Si la copropriété comporte plusieurs bâtiments, un seul carnet d'entretien est prévu, mais le syndic doit y ouvrir un chapitre par bâtiment.

En présence d'un ou plusieurs syndicats secondaires, le syndic doit :

* établir et tenir à jour un carnet d'entretien pour chacun d'entre eux ;

- réserver, dans le carnet d'entretien du syndicat principal, un chapitre pour les parties communes à l'ensemble des syndicats.

Une copie du carnet peut être remise par le syndic aux copropriétaires qui en font la demande. Le montant de ce service est libre et doit figurer au sein du contrat de syndic.

Le carnet est consultable, sur demande auprès du syndic, par le candidat à l'acquisition d'un lot de copropriété.

Le carnet numérique

Le carnet numérique de suivi et d'entretien du logement a été introduit par la loi de transition énergétique pour la croissance verte d'août 2015 et la réglementation a été modifiée par la loi Élan.

Il est aussi appelé « carnet de santé du logement ». C'est un service en ligne sécurisé qui regroupe les informations visant à améliorer l'information des propriétaires, des acquéreurs et des occupants des logements.

Ce carnet intègre le dossier de diagnostic technique d'un immeuble et, lorsque le logement est soumis au statut de la copropriété, les documents tels que le règlement de copropriété, l'état descriptif de division et les actes les modifiant, le cas échéant, les procès-verbaux des assemblées générales des 3 dernières années. Il permet de connaître l'état du logement et du bâtiment, ainsi que le fonctionnement des équipements. Il permet également d'accompagner l'amélioration progressive de la performance environnementale des logements pour toute leur durée de vie.

Il sera obligatoire pour les logements neufs à partir de 2020 et pour tous les logements construits à compter du 1er janvier 2025.

Il a pour objectif d'apporter aux ménages les informations nécessaires à la bonne utilisation et au bon entretien de leur logement, de manière à les aider dans leurs démarches de rénovation.

Il apportera la preuve que le logement a été maintenu en bon état. Ce dispositif devrait soutenir et structurer le marché de la rénovation, notamment énergétique.

Immatriculation des copropriétés

L'immatriculation dans le registre des copropriétés est une obligation de la loi Alur. L'objectif est d'informer les autorités de la façon dont sont gérées les copropriétés sur un plan comptable et financier, mais il fait aussi office de recensement sur la France.

L'immatriculation contient :

- nom, adresse, date de création de la copropriété ;
- nombre de lots ;
- nom du syndic ;
- si la copropriété est en difficulté ;

- les copropriétaires débiteurs ;
- si un arrêté de péril est prononcé ;
- les données relatives à la gestion renseignées chaque année ;
- les renseignements sur le bâti, comme le carnet d'entretien et le diagnostic global, l'étiquette énergétique, le nombre d'ascenseur, la nature du chauffage.

Les copropriétés de moins de 10 lots avec un budget prévisionnel moyen sur les 3 dernières années inférieur à 15 000 € ne sont pas tenues de fournir le nombre de copropriétaires débiteurs ainsi que le montant des impayés.

À la création de la copropriété, le notaire doit déclarer l'immatriculation de celle-ci.

Le syndic n'ayant pas rempli son obligation d'immatriculation, après une mise en demeure, et dépassé le délai de 1 mois, sera sanctionné de 20 € par lot et par semaine. Cette pénalité sera à la charge du syndic.

L'absence d'immatriculation ou d'actualisation des données empêche ces copropriétés de bénéficier d'avantages comme les subventions Anah ou les éco-PTZ.

À la vente d'un lot de copropriété, le numéro d'immatriculation doit apparaître.

La rémunération du syndic

Tableau 18.1. Rémunération du syndic

Honoraires du syndic professionnel	
Nature des prestations du syndic	**Contrats de syndic conclus ou renouvelés après le 1er juillet 2015**
Prestations pour gestion courante (socle)	Le montant est librement négocié entre les parties et exprimé forfaitairement. Les prestations du socle sont définies non limitativement. (loi du 10.7.65 : art. 18-1-A / décret du 26.3.15 : annexe 1)
Prestations particulières	Le montant est librement négocié entre les parties et les prestations particulières définies limitativement. (loi du 10.7.65 : art. 18-1-A / décret du 26.3.15 : annexe 2)
Travaux	Le montant est librement négocié entre les parties et exprimé en pourcentage du montant hors taxe des travaux, avec un taux dégressif selon leur importance. Les travaux et les honoraires du syndic doivent être décidés au cours de la même assemblée générale. (loi du 10/07/1965 : art. 18-1-A)
Frais et honoraires imputables aux seuls copropriétaires (recouvrement, établissement de l'état daté)	Le montant est librement négocié entre les parties dans la limite d'un plafond (décret à paraître). (loi du 10/07/1965 : art. 10-1)

Concernant les prestations particulières, une liste limitative est fixée par décret, elle fait l'objet d'une concertation bisannuelle, organisée par le ministre chargé du Logement en association avec le CNTGI.

Six catégories de prestations :

- les réunions et visites supplémentaires ;

- le règlement de copropriété et l'état descriptif de division ;
- la gestion administrative et matérielle relative aux sinistres ;
- les travaux et études techniques ;
- les litiges et contentieux (hors frais de recouvrement).

Le diagnostic technique global

La loi Alur prévoit : « Afin d'assurer l'information des copropriétaires sur la situation générale de l'immeuble et, le cas échéant, aux fins d'élaborer un plan pluriannuel de travaux, l'assemblée générale des copropriétaires se prononce sur la question de faire réaliser par un tiers, disposant de compétences précisées par décret, un diagnostic technique global pour tout immeuble à destination partielle ou totale d'habitation relevant du statut de la copropriété. »

Il doit comporter :

- une analyse de l'état des parties communes et des équipements communs de l'immeuble ;
- un état de la situation du syndicat des copropriétaires au regard des obligations légales et réglementaires au titre de la construction et de l'habitation ;
- une analyse des améliorations possibles de la gestion technique et patrimoniale de l'immeuble ;
- un diagnostic de performance énergétique de l'immeuble.

Il fait apparaître une évaluation sommaire du coût et une liste des travaux nécessaires à la conservation de l'immeuble, en précisant notamment ceux qui devraient être menés dans les 10 prochaines années. Depuis le 1er janvier 2017, ce diagnostic est obligatoire pour toute mise en copropriété d'un immeuble construit depuis plus de 10 ans, ou qui font l'objet d'une procédure pour insalubrité, pour lesquelles l'administration demande au syndic de le lui produire.

La scission d'une copropriété

La scission de copropriété est le mécanisme qui permet de diviser une copropriété existante en retirant de celle-ci un ou plusieurs bâtiments.

Il est possible de détacher de cette copropriété d'origine soit une propriété unique, appartenant à un seul propriétaire, soit une nouvelle copropriété séparée de taille plus restreinte.

Doit être mise en place une assemblée générale spéciale avec l'ordre du jour de la décision de retrait de certains bâtiments, à la majorité 25, ainsi que les conditions juridiques, matérielles et financières de la scission.

L'assemblée générale du syndicat initial peut décider, à l'article 24, de créer une union de syndicat pour créer, gérer et entretenir les équipements communs qui ne peuvent pas être divisés.

Doit être mise en place une nouvelle assemblée générale pour accepter la sortie et les conditions techniques, juridiques et financières de cette sortie.

Le retrayant doit faire connaître au syndicat initial ce qui adviendra de la partie retirée, en termes de :

* conditions matérielles : le syndicat qui s'est retiré doit fournir les plans de voiries, les plans de division et la délimitation de la copropriété avec la consistance du sol et des lots ;
* conditions juridiques : la répartition des parties communes, la répartition des tantièmes et, si nécessaire, la création de servitudes de passage.

Les créances et les dettes sur les copropriétaires sont transférées de plein droit aux syndicats issus de la division.

Concernant des copropriétés très importantes ou celles comprenant des locaux commerciaux, des bureaux, de l'habitation, des équipements publics, la division s'effectue en volumes.

Cette division doit être précédée :

* de l'avis du maire de la commune de situation de l'ensemble immobilier ;
* de l'autorisation du préfet qui a 2 mois pour se prononcer. Dans le silence, l'accord est tacite.

Pour ces copropriétés, la division du sol est impossible, les volumes étant imbriqués les uns aux autres, dus aux usages différents sur un sol homogène.

Les copropriétés en difficulté

Articles 29 1 B et suivants de la loi du 10 juillet 1965.

Si à la clôture des comptes les impayés dépassent 25 % du budget prévisionnel et des dépenses pour travaux hors budget prévisionnel pour les copropriétés de moins de 200 lots, et 15 % pour celles supérieures à 200 lots, le syndic, après avoir averti le syndicat, dispose de 1 mois à compter de la clôture des comptes pour saisir le président du TGI afin de nommer un mandataire *ad hoc*.

S'il n'agit pas dans ce délai, le TGI peut être saisi directement par :

* les copropriétaires représentant ensemble au moins 15 % des voix de la copropriété ;
* un créancier dont les factures de travaux, d'eau ou d'énergie, restent impayées depuis au moins 6 mois et après un commandement de payer, resté infructueux ;
* le préfet ou le procureur de la République ; ou
* le maire de la commune où est situé l'immeuble.

Celui qui a saisi le tribunal doit avertir le maire de la commune où se situe la résidence ainsi que le préfet.

Le président du TGI désigne un mandataire *ad hoc*, qui peut être un administrateur judiciaire ou une personne physique ou morale dotée d'une expérience ou d'une qualification particulière.

Le syndic doit fournir au mandataire les pièces nécessaires à la réalisation de sa mission, dans un délai de 15 jours suivant la notification de l'ordonnance du juge au syndic.

Le mandataire *ad hoc* analyse la situation financière de la copropriété, vérifie l'état de l'immeuble afin d'assurer la sécurité des copropriétaires et des locataires et élabore des préconisations pour rétablir l'équilibre financier.

Ce mandataire ne doit avoir aucun lien de près ou de loin avec la copropriété en difficulté, ni avec le syndic.

Une AG doit être prévue dans les 6 mois de la remise du rapport et 3 mois s'il y a un caractère d'urgence.

Le mandataire fait un rapport qu'il remet au tribunal dans un délai de 3 mois.

Ce rapport est ensuite transmis par le greffe du TGI :

- au syndic de copropriété ;
- au conseil syndical ; et
- au maire de la commune de l'immeuble concerné ou au préfet.

Les copropriétaires peuvent consulter le rapport, ils sont avertis par le syndic de la mise à disposition de celui-ci par LRAR ou émargement.

Copropriétés en graves difficultés

Le plan de sauvegarde est proposé par une commission composée d'élus locaux, des représentants des propriétaires et locataires de l'immeuble et du mandataire.

Il fixe les mesures qui doivent permettre dans un délai de 5 ans de :

- redresser la situation financière de la copropriété ;
- clarifier et simplifier les règles de structure et d'administration ;
- réaliser des travaux de conservation de l'immeuble ou permettant de réduire les charges de fonctionnement ;
- restaurer les relations sociales dans l'immeuble ;
- instaurer la mise en place de mesures d'accompagnement.

Difficultés insurmontables

Si l'état de carence a été déclaré par le juge, une procédure d'expropriation est engagée.

Un arrêté du préfet est publié au recueil des actes administratifs du département et affiché en mairie.

Contenu de l'arrêté :

- déclaration d'utilité publique du projet ;
- déclaration de cession et liste des immeubles ou parties d'immeubles, parties communes, parcelles ou droits réels immobiliers concernés par la procédure avec identités des propriétaires ;
- nom de la collectivité ou de l'organisme pour laquelle est faite la procédure ;
- fixation de l'indemnité d'expropriation allouée aux propriétaires et copropriétaires ou porteurs de parts et aux titulaires de baux commerciaux ou professionnels ;
- fixation de la date d'expropriation, au minimum dans les 2 mois suivant la publication de l'arrêté.

Les documents comptables

Depuis le 1er janvier 2007, la tenue de la comptabilité d'une copropriété devra respecter une nomenclature précise qui se rapproche du plan comptable général.

Elle sera divisée en plusieurs classes :

- classe 1 : provisions, avances, subventions et emprunts ;
- classe 4 : copropriétaires et tiers ;
- classe 5 : comptes financiers ;
- classe 6 : comptes de charges ;
- classe 7 : comptes de produits.

Tableau 18.2. Plan comptable applicable aux copropriétés

Classe 1. Provisions, avances, subventions et emprunts
10 Provisions et avances :
102 Provisions pour travaux décidés
103 Avances
1031 Avances de trésorerie
1032 Avances travaux au titre de l'article 18, 6e alinéa de la loi susvisée
1033 Autres avances
12 Solde en attente sur travaux et opérations exceptionnelles
13 Subventions :
131 Subventions accordées en instance de versement
Classe 4. Copropriétaires et tiers
40 Fournisseurs :
401 Factures parvenues
408 Factures non parvenues
409 Fournisseurs débiteurs
42 Personnel :
421 Rémunérations dues
43 Sécurité sociale et autres organismes sociaux :
431 Sécurité sociale
432 Autres organismes sociaux
44 État et collectivités territoriales :
441 État et autres organismes – subventions à recevoir
442 État – impôts et versements assimilés
443 Collectivités territoriales – aides
45 Collectivité des copropriétaires :
450 Copropriétaire individualisé
Si l'assemblée générale en décide la création, les sous-comptes suivants :
450-1 Copropriétaire – budget prévisionnel
450-2 Copropriétaire – travaux de l'article 14-2 de la loi susvisée et opérations exceptionnelles
450-3 Copropriétaire – avances
450-4 Copropriétaire – emprunts

459 Copropriétaire – créances douteuses

46 Débiteurs et créditeurs divers :

461 Débiteurs divers

462 Créditeurs divers

47 Compte d'attente :

471 Compte en attente d'imputation débiteur

472 Compte en attente d'imputation créditeur

48 Compte de régularisation :

486 Charges payées d'avance

487 Produits encaissés d'avance

49 Dépréciation des comptes de tiers :

491 Copropriétaires

492 Personnes autres que les copropriétaires

Si l'assemblée générale en décide la création :

Classe 5. Comptes financiers

50 Fonds placés :

501 Compte à terme

502 Autre compte

51 Banques, ou fonds disponibles en banque pour le syndicat :

512 Banques

514 Chèques postaux

53 Caisse

Classe 6. Comptes de charges

60 Achats de matières et fournitures :

601 Eau

602 Électricité

603 Chauffage, énergie et combustibles

604 Achats produits d'entretien et petits équipements

605 Matériel

606 Fournitures

61 Services extérieurs :

611 Nettoyage des locaux

612 Locations immobilières

613 Locations mobilières

614 Contrats de maintenance

615 Entretien et petites réparations

616 Primes d'assurances

62 Frais d'administration et honoraires :

621 Rémunérations du syndic sur gestion copropriété

6211 Rémunération du syndic

6212 Débours

6213 Frais postaux

622 Autres honoraires du syndic

6221 Honoraires travaux

6222 Prestations particulières

6223 Autres honoraires

623 Rémunérations de tiers intervenants

624 Frais du conseil syndical

63 Impôts – taxes et versements assimilés :

632 Taxe de balayage

633 Taxe foncière

634 Autres impôts et taxes

64 Frais de personnel :

641 Salaires

642 Charges sociales et organismes sociaux

643 Taxe sur les salaires

644 Autres (médecine du travail, mutuelles, etc.)

66 Charges financières des emprunts, agios ou autres :

661 Remboursement d'annuités d'emprunt

662 Autres charges financières et agios

67 Charges pour travaux et opérations exceptionnelles

671 Travaux décidés par l'assemblée générale

672 Travaux urgents

673 Études techniques, diagnostic, consultation

677 Pertes sur créances irrécouvrables

678 Charges exceptionnelles

68 Dotations aux dépréciations sur créances douteuses

Classe 7. Comptes de produits

70 Appels de fonds :

701 Provisions sur opérations courantes

702 Provisions sur travaux de l'article 14-2 et opérations exceptionnelles

703 Avances

704 Remboursements d'annuités d'emprunts

71 Autres produits :

711 Subventions

712 Emprunts

713 Indemnités d'assurances

714 Produits divers (dont intérêts légaux dus par les copropriétaires)

716 Produits financiers

718 Produits exceptionnels

78 Reprises de dépréciations sur créances douteuses

CHAPITRE 19

La comptabilité

L'état financier

Le décret du 14 mars 2005 ordonne une présentation des comptes sous forme de tableaux conformes aux modèles prévus au *Journal officiel* (voir annexes vierges). Ce sont les documents vierges sortis au *Journal officiel* à laisser en fin du chapitre comptabilité.

L'état financier présente l'état des créances et des dettes et fait apparaître le montant des emprunts restant dus.

Tout au long du développement des documents comptables, nous utiliserons les tableaux d'une copropriété dont l'assemblée générale a eu lieu en décembre N.

Agence Syndic–Gestion

Syndicat des copropriétaires
(Adresse et n° de réf.)

12/12/2016

État financier après répartition au 31/12/N

1 – Situation financière et trésorerie					
	Exercice précédent	**Exercice clos**		**Exercice précédent approuvé**	**Exercice clos**
Trésorerie 50 Fonds placés 51 Banques ou fonds disponibles en banque 53 Caisse	3 247,01	1 927,99	Provisions et avances		
Trésorerie disponible Total I	**3 247,01**	**1 927,99**	**Total I**	**0,00**	**0,00**
2 - Créances			**Dettes**		
	Exercice précédent approuvé	**Exercice clos**		**Exercice précédent**	**Exercice clos**
45 Copropriétaires sommes exigibles restant à recevoir 459 42 à 44 46 Débiteurs divers 47 Compte d'attente 48	1 616,48 115,74	2 593,70	45 Copropriétaires excédents versés 40 Fournisseurs 46 Débiteurs et créditeurs divers 47 Compte d'attente	4 436,21 543,02	554,60 3 424,06 543,02 0,01
Total II	**1 732,22**	**2 593,70**	**Total II**	**4 979,23**	**4 521,69**
Total I + II	**4 979,23**	**4 521,69**	**Total I + II**	**4 979,23**	**4 521,69**

Il s'agit de l'état financier année N du 01/07/.. au 30/06/...

Il se décompose en 2 parties, la partie supérieure concernant la situation financière de la copropriété et la partie inférieure les dettes et les créances.

La partie gauche du tableau concerne les fonds que détient véritablement la copropriété.

Sur l'exercice clos, au compte 51, apparaît le solde du compte bancaire d'un montant de 1 927,99 €.

Les comptes 50 et 53 (voir document vierge) n'apparaissent pas dans la gestion de cette copropriété.

- 50 pour les fonds placés.
- 53 pour les liquidités de la copropriété.

La copropriété n'a pas de fonds placés ni de liquidités.

La partie supérieure droite sur les provisions et avances nous indique que la copropriété n'a pas de fonds d'avance ni de provisions sur travaux ou subventions en attente d'affectation.

L'avance sur trésorerie ou fonds de roulement permet de constituer une réserve. Elle est votée en assemblée générale et ne peut dépasser le 1/6 du budget prévisionnel. Si l'avance n'est pas utilisée, elle sera remboursée aux copropriétaires.

La partie inférieure gauche sur les créances signale le montant restant dû par les copropriétaires en fin d'exercice.

2 959,70 € correspond aux charges qui seront réglées dans le dernier appel de provisions. La liste des copropriétaires restant à devoir devra être annexée.

Situation des copropriétaires au 30/06/N

Liste des copropriétaires	Solde en début d'exercice		Appels et dépenses	Règlements et recettes	Solde en fin de recettes	Charges réparties	Appels de la période	Solde de répartition	Solde à approuver	
	D	C							D	C
0018	0,00		1 036,67	1 036,67	0,00	1 066,95	1 025,72	41,23	41,23	
0003	0,00		1 263,06	1 263,06	0,00	1 312,11	1 251,64	60,47	60,47	
0021	0,00		1 485,29	684,76	800,53	700,36	641,56	58,80	859,33	
0020	0,00		1 677,39	1 677,39	0,00	1 702,88	1 632,93	69,95	69,95	
0017	0,00		1 508,48	1 508,48	0,00	1 554,40	1 497,53	56,87	56,87	
0002	0,00		1 013,03	1 013,03	0,00	1 054,36	1 013,03	41,3	41,33	
0004	0,00		919,94	919,94	0,00	935,05	872,22	62,83	62,83	
0019	1 616,48		1 852,43	2 416,74	1 052,17	1 428,69	1 359,13	69,56	1121,73	
0015	0,00		1 334,07	1 334,07	0,00	1 372,11	1 306,36	65,75	65,75	
0013	0,00		1 574,19	1 574,19	0,00	1 613,31	1 550,04	63,27	63,27	
0022	0,00		2 267,54	2 267,54	0,00	1 739,80	1 665,40	74,40	74,40	
0009	0,00		1 213,38	1 191,48	21,90	1 246,12	1 191,48	54,64	76,54	
0016 ZZ			0,00	554,60	-554,60	0,00	0,00	0,00		
										554,60
Total	1 616,48	0,00	17 145,47	17 441,95	1 320,00	15 726,14	15 007,04	719,10	2 993,70	554,60

On retrouve aussi le compte 459 « copropriétaires créances douteuses » (voir document vierge). Il correspond aux charges non réglées par le ou les copropriétaire(s) en fin d'exercice, faisant l'objet d'un recours judiciaire. Ce sont généralement des charges qui risquent de ne pas être récupérées intégralement.

Dans la partie « dettes » à droite du tableau, le compte 49 « dépréciation des comptes de tiers » est en liaison avec le compte 459 de gauche. Ce sont les sommes votées en assemblée générale pour apurer des charges impayées qui sont estimées irrécouvrables par le mandataire, même après saisie immobilière. Elles seront réparties entre les autres copropriétaires.

Pour la partie inférieure droite, c'est la copropriété qui doit à des copropriétaires ou fournisseurs. C'est le passif de la copropriété.

Dans la liste des copropriétaires nous retrouvons un copropriétaire créditeur de 554,60 €. La copropriété doit la somme de 3 424,06 € à divers fournisseurs. Vient s'ajouter une dette de l'année précédente.

Nous avons 1 centime sur le compte d'attente d'affectation. Les documents suivants nous permettront de savoir à qui doit être affecté la somme. Dans ce cas pratique, le montant est dérisoire mais on doit tout de même retrouver son origine.

La balance entre la colonne de droite et de gauche nous amène à conclure que la situation financière de la copropriété est équilibrée. Les 2 montants doivent être obligatoirement équivalents.

Le budget prévisionnel

Depuis 2002 les copropriétés doivent voter un budget prévisionnel en comparaison avec l'année qui vient de s'écouler. Il doit être voté avant le début de l'exercice (article 43). Exemple : le budget 2020 est voté en 2019.

Il est prévu pour les dépenses courantes des parties communes et des équipements communs. Les autres dépenses sont soumises à des statuts différents.

Les textes nous précisent les dépenses non comprises dans le budget, ce qui permet par opposition de connaître celles qui sont incluses dans ce document comptable.

Font partie des dépenses non comprises :
- les travaux autres que ceux de maintenance ;
- les travaux d'amélioration, de conservation, d'entretien, de transformation ou de remplacement des équipements communs ;
- les diagnostics techniques.

Le budget prévisionnel est réparti sur l'ensemble des copropriétaires et la provision est appelée trimestriellement, en règle générale.

Il est voté en assemblée générale à la majorité de l'article 24 que nous étudierons dans la partie « règles de majorités ». Voir tableau page suivante.

Agence Syndic – Gestion   **Syndicat des copropriétaires**   **le 12/12/2016**
(Adresse et n° de réf.)

Compte de gestion général de l'exercice clos réalisé (N) du 01/07/2018 au 30/06/2019 et budget prévisionnel de l'exercice (N+2) du 01/07/2020 au 30/06/2021

CHARGES POUR OPÉRATIONS COURANTES						PRODUITS POUR OPÉRATIONS COURANTES					
	Pour approbation des comptes			Pour le vote du budget prévisionnel			Pour approbation des comptes			Pour le vote du budget prévisionnel	
	Exercice précédent approuvé	Ex. clos budget voté	Exe. clos réalisé à approuver	Budget prév. en cours voté	Budget prév. à voter		Ex. précédent approuvé	Ex. clos budget voté	Ex. clos réalisé à approuver	Budget prév. en cours voté	Budget prév. à voter
	N - 1	N	N	N+1	N+2		N - 1	N	N	N + 1	N + 2
60 Achat de matières et fournitures						701	10 112,16		10 674,60		
601 Eau	73,77	118,00	71,49	120,00	120,00	Provisions sur					
602 Électricité	349,69	412,00	325,00	450,00	455,00	opérations					
61 Services extérieurs						courantes					
614 Contrats de maintenance	4 739,56	4 882,00	4 985,42	5 022,00	5 330,00						
615 Entretien et petites réparations	772,74	1 790,00	2 488,34	3 420,00	2 600,00						
616 Primes d'assurance	1 317,61	1 300,00	1 028,94	1 540,00	1 200,00						
62 Frais d'administration et honoraires											
6211 Rémunération du syndic	1 669,84	1 727,62	1 694,88	1 779,65	1 805,96						
6212 Débours	347,90	355,00	269,26	366,00	378,00						
6213 Frais postaux	58,59	90,00	66,98	90,00	95,00						
6222 Prestations particulières	180,59	0,00	63,39	0,00	0,00						
Sous-total	9 510,29	10 674,62	10 993,70	12 787,65	11 983,96	Sous-total	10 112,16	0,00	10 674,60	0,00	0,00
Solde (excédent s/opérations courantes affecté aux copro.)	**601,87**					**Solde (insuffisance s/opérations courantes affectée aux copro)**			**319,10**		
Total I	**10 112,16**	**10 674,62**	**10 993,70**	**12 787,65**	**11 983,96**	**Total I**	**10 112,16**	**0,00**	**10 993,70**	**0,00**	**0,00**
Charges pour travaux et autres opérations exceptionnelles						Produits pour travaux et autres opérations exceptionnelles					
672 Travaux urgents	0,00	4 332,43	4 732,43			702 Provisions sur travaux art. 14.2			4 332,44		
Solde excédent						**Solde (insuffisance)**			**399,99**		
Total II			**4 732,43**			**Total II**			**4 732,43**		

L'assemblée générale s'est déroulée fin d'année 2019 (seconde année N), la gestion annuelle est comprise entre le 1er juillet et le 30 juin année N.

Le compte de gestion s'étend sur 4 années :

- l'année N-1 du 1er juillet 2016 au 30 juin 2017 : elle ne comporte qu'une seule colonne du budget clôturé et approuvé ;
- l'année N du 1er juillet 2017 au 30 juin 2018 : c'est le budget voté en AG de l'année précédente et l'autre du 1er juillet 2018 au 30 juin 2019 sur le budget réalisé à approuver en AG en 2019 ;
- l'année N+1 du 1er juillet 2019 au 30 juin 2020 : c'est la colonne du budget voté à l'AG de fin d'année 2018. Cette année est en cours et sera assortie de la colonne budget réalisé à approuver en 2021 ;
- l'année N+2 du 1er juillet 2020 au 30 juin 2021 : c'est la proposition du budget prévisionnel mis en place au regard des années écoulées et des besoins de la copropriété.

Sur la gauche du tableau, nous avons les charges pour opérations courantes et sur la droite les provisions versées.

En année N-1, le solde nous indique un excédent versé par l'ensemble des copropriétaires. Le budget voté était de 10 112,16 € et les dépenses réelles s'élevaient à 9 510,29 €. Les copropriétaires ont trop versé sur la colonne de droite, la provision est de 10 112,16 €.

Excédent : 10 112,16 – 9 510,29 = 601,87 €

En année N avait été prévu un budget de 10 674,62 € et a été dépensé 10 993,70 €. La copropriété a eu plus de frais que prévu. En colonne de droite les copropriétaires ont provisionné les 10 674,60 € votés.

Insuffisance : 10 993,70 – 10 674,62 = – 319,08 €

En conclusion, si le solde se trouve à gauche la copropriété est en excédent et s'il est à droite elle est en insuffisance.

En fond de tableau, extérieur au budget des opérations courantes, avaient été votés en année N des travaux urgents pour un montant de 4 332,43 € réglés par appel de fonds supplémentaires.

Les travaux ont dépassé le budget :

Insuffisance : 4 732,43 – 4 332,43 = – 399,99 €

Le compte de gestion général indique les sommes globales et le compte de gestion pour opérations courantes le détail par poste.

Agence Syndic – Gestion **Syndicat des copropriétaires** **le 12/12/2019**
(Adresse et n° de réf.)

Compte de gestion pour opérations de l'exercice clos réalisé (N) du 01/07/2018 au 30/06/2019
et budget prévisionnel de l'exercice (N+2) du 01/07/2020 au 30/06/2021

CHARGES POUR OPÉRATIONS COURANTES					
	Pour approbation des comptes			Pour le vote du budget prévisionnel	
	Ex. précédent approuvé	Ex. clos budget voté	Ex. clos réalisé à approuver	Budget prév. en cours voté	Budget prév. à voter
	N - 1	N	N	N+1	N+2
01 Charges communes générales					
61500000 Autres charges	0,00	0,00	10,96	0,00	0,00
61500900 Écart répartition	0,00	0,00	0,01	0,00	0,00
61600100 Assurances multirisques	1 317,61	1 300,00	1 028,94	1 540,00	1 200,00
62110100 Honoraires syndic	1 396,18	1 444,50	1 417,12	1 488,00	1 510,00
62110200 TVA sur honoraires	273,66	283,12	277,76	291,65	295,96
62120100 Frais de gestion	139,30	140,00	112,42	145,00	150,00
62120200 Frais assemblée générale	192,99	200,00	139,98	205,00	210,00
62120400 Tirage des comptes	15,61	15,00	16,86	16,00	18,00
62130000 Affranchissements	58,69	90,00	66,98	90,00	95,00
62220300 Prestations particulières	180,59	0,00	63,39	0,00	0,00
0103 Charges communes entretien					
60100000 Eau des communs	73,77	118,00	71,49	120,00	120,00
60200100 EDF minuterie	125,47	200,00	128,61	200,00	200,00
61400700 Contrat nettoyage	2 877,32	2 900,00	2 863,20	2 980,00	3 070,00
61501700 Entretien et réparations (L)	82,48	410,00	210,27	420,00	450,00
61501800 Entretien et réparations (P)	690,26	1 230,00	1 444,68	2 850,00	2 000,00
01 Charges communes générales Net	**7 373,83**	**8 330,62**	**7 852,67**	**10 345,65**	**9 318,96**
05 Charges par lots					
61507000 Entretien et réparations (P)	0,00	0,00	570,72	0,00	0,00
05 Charges par lots Net	**0,00**	**0,00**	**570,72**	**0,00**	**0,00**
06 Ascenseurs					
60201200 EDF Ascenseur	254,22	212,00	196,39	250,00	255,00
61405500 Contrat entretien ascenseur complet	1 859,56	1 927,00	2 069,45	1 985,00	2 200,00
61405700 Contrat entretien extincteurs	52,68	55,00	52,77	57,00	60,00
61507900 Entretien et réparation ascenseur (L)	0,00	50,00	0,00	50,00	50,00
61508000 Entretien et réparation ascenseur (P)	0,00	100,00	251,70	100,00	100,00
06 Ascenseurs Net	**2 136,46**	**2 344,00**	**2 570,31**	**2 442,00**	**2 665,00**
TOTAL CHARGES NETTES	**9 510,29**	**10 674,62**	**10 993,70**	**12 787,65**	**11 983,96**
Provisions copropriétaires	10 112,16		10 674,60		
Solde (Excédent ou insuffisance s/opérations courantes affecté(e) aux copropriétaires	–601,87		379,10		

Le compte de gestion pour travaux

Agence Syndic – Gestion   **Syndicat des copropriétaires**   **le 12/12/2019**
(Adresse et n° de réf.)

**Compte de gestion pour travaux de l'article 14-2 et opérations exceptionnelles
hors budget prévisionnel de l'exercice clos réalisé (N) du 01/07/2018 au 30/06/2019**

	Exercice clos réalisé à approuver (N)			
	Ex. clos dépenses votées	Dépenses	Provisions appelées	Solde
TRAVAUX DE L'ARTICLE 14-2 **Travaux : travaux hors budget** 70 Travaux d'urgence 67200100 Mise en sécurité toiture	1 901,39	1 901,39		
Total 70 Travaux d'urgence	1 901,39	1 901,39	7 852,67	10 345,65
Total travaux : travaux hors budget	1 901,39	1 901,39	1 901,38	0,01
Travaux : travaux hors budget 71 Travaux d'urgence 67200200 Étanchéité balcons et façade	2 431,04	2 831,04		
Total 71 travaux d'urgence	2 431,04	2 831,04		
Total travaux : travaux hors budget	2 431,04	2 831,04	2 431,06	–399,98
TOTAL TRAVAUX DE L'ART. 14-2	4 332,43	4 732,43	4 332,44	–399,99
TOTAL DE L'ART. 14-2 ET OPÉRATIONS EXCEPTIONNELLES	4 332,43	4 732,43	4 332,44	–399,99

Le compte de gestion pour travaux reprend les charges pour travaux apparaissant en fond de tableau de l'annexe 2.

Il nous indique le détail de cette opération ainsi que la nature des travaux :

- mise en sécurité de la toiture ;
- étanchéité des balcons.

L'insuffisance entre la provision et le solde des travaux est à nouveau mentionnée.

Le centime d'euro notifié dans l'état financier concerne les travaux de mise en sécurité de la toiture, les provisions appelées s'élèvent à 1 901,38 € et le solde est de 1 901,39 €.

État des travaux

Tableau 19.1. État des travaux de l'article 14-2, opérations exceptionnelles, votes non encore clôturés à la fin de l'exercice du… au…

	TRAVAUX VOTÉS (montant et date)	TRAVAUX PAYÉS (montant et date)	TRAVAUX RÉALISÉS (montant et date)	APPELS TRAVAUX EMPRUNTS ET SUBVENTIONS REÇUS (montant et date)	SOLDE EN ATTENTE SUR TRAVAUX	SUBVENTIONS ET EMPRUNTS À RECEVOIR (montant et date)
	A	B	C	D	E = D-C	F
Travaux ravalement, travaux toiture : à détailler par marchés de travaux ou opérations exceptionnelles et par clé de répartition Nature exacte des travaux	Cela permet de contrôler un dépassement des dépenses par rapport au budget spécial			Différence entre les fonds appelés et le montant des travaux Reports sur exercice suivant		
TOTAL					Ce solde correspond au solde du compte 12 dans l'annexe n° 1	

Dans la copropriété prise en exemple, les travaux ont été soldés en année N. Dans le cas d'une copropriété avec travaux en année N+, celle-ci fournira un état des travaux voté en AG avec un échéancier d'appel de fonds.

Syndicat des copropriétaires

État financier après répartition au … (date de clôture de l'exercice)

I- Situation financière et trésorerie	Exercice précédent approuvé	Exercice clos		Exercice précédent approuvé	Exercice clos
Trésorerie 50 Fonds placés 51 Banque ou fonds disponibles en banque (1) 53 Caisse			Provisions et avances 102 Provisions pour travaux 103 Avances 1031 Avances de trésorerie 1032 Avances travaux 1033 Autres avances 131 Subventions en instance d'affectation 12 Solde en attente sur travaux ou opérations exceptionnelles		
Trésorerie disponible Total I			Total I		

II- Créances	Exercice précédent approuvé	Exercice clos	Dettes	Exercice précédent approuvé	Exercice clos
45 Copropriétaires - sommes exigibles restant à recevoir (2) 459 Copropriétaires - créances douteuses (2) Compte de tiers 42 à 44 Autres créances 46 Débiteurs divers 47 Comptes d'attente 48 Comptes de régulatisation			45 Copropriétaires - excédents versés (2) Comptes de tiers 40 Fournisseurs 42 à 44 Autres dettes 46 Créditeurs divers 47 Comptes d'attente 48 Comptes de régularisation 49 Dépréciation des comptes de tiers (2)		
Total II			Total II		
Total général (I)+(II)			Total général (I)+(II)		
(1) Une somme affectée du signe <-> indique un découvert bancaire correspondant à une dette du syndicat (2) Liste individualisée (nom et montant) ci-jointe			Emprunts : montant testant dû		

Compte de gestion générale de l'exercice clos réalisé (N1) du … au …
et budget prévisionnel de l'exercice (N° 2) du … au …

CHARGES POUR OPERATIONS COURANTES (ventilation en annexe 3)						PRODUITS POUR OPERATIONS COURANTES					
Pour	Approbation des comptes		Vote du budget prévisionnel				Approbation des comptes		Vote du budget prévisionnel		
	Exercice précédent approuvé	Exercice clos budget voté	Exercice clos réalisé à approuver	Budget prévisionnel en cours voté	Budget prévisionnel à voter		Exercice précédent approuvé	Exercice clos budget voté	Exercice clos réalisé à approuver	Budget prévisionnel en cours voté	Budget prévisionnel à voter
	N-1	N	N	N+1	N+2		N-1	N	N	N+1	N+2
60 Achats de matières et fournitures											
601 Eau (compteur général)						701 Provisions copropriétaires					
602 Electricité						711 Subventions sur frais					
603 Chauffage énergie et combustible						de fonctionnement					
60X Autres						713 Indemnités d'assurances					
61 Services extérieurs						714 Produits divers					
611 Nettoyage des locaux						716 Produits financiers					
612 Locations immobilières											
613 Locations mobilières											
614 Locations de maintenance											
615 Entretien et petites réparations											
61X… Autres											
62 Frais d'administration											
621 Rémunérations du syndic sur gestion copropriété											
622 Autres honoraires du syndic											
63 Impôts et taxes											
64 Frais de personnel											
Sous-total						**Sous-total**					
Solde (excédent s/opérations courantes affecté aux copropriétaires)						Solde (insuffisance s/opérations courantes affectée aux copropriétaires)					
Total I						**Total I**					
CHARGES POUR TRAVAUX ET AUTRES OPERATIONS EXCEPTIONNELLES						POUR TRAVAUX ET AUTRES OPERATIONS EXCEPTIONNELLES					
661 Remboursement d'annuités d'emprunt						702 Provisions pour travaux					
671 à 673 Travaux						703 Avances versées par les					
677 Pertes sur créances irrécouvrables						copropriétaires					
						704 Remboursement d'annuités					
						d'emprunts					
						Autres produits					
						711 Subventions sur travaux					
						712 Emprunts à utiliser sur travaux					
						713 Indemnités d'assurances					
						714 Produits divers					
						716 Produits financiers					
						718 Produits exceptionnels					
678 Charges exceptionnelles						78 Reprises de dépréciation sur					
68 Dépréciations sur créances douteuses						créances douteuses					
Solde excédent						**Solde (insuffisance)**					
Total II						**Total II**					

Syndicat des copropriétaires

Compte de gestion pour opérations constantes de l'exercice clos réalisé (N°) du … au …

Annexe 3

CHARGES POUR OPERATIONS COURANTES						
		Pour approbation des comptes			Pour le vote du budget prévisionnel	
		Exercice précédent approuvé	Exercice des budgets votés	Exercice clos réalisé à approuver	Budget prévisionnel en cours voté	Budget prévisionnel à voter
		N - 1	N	N	N + 1	N + 2
Charges communes et générales	Charges (1)					
	Produits affectés (1) (2)					
	Net					
Charges communes à groupe d'immeubles	Charges (1)					
	Produits affectés (1) (2)					
	Net					
Charge bâtiment	Charges (1)					
	Produits affectés (1) (2)					
	Net					
Charge cage d'escalier ou d'entrée	Charges (1)					
	Produits affectés (1) (2)					
	Net					
Charge d'ascenseurs	Charges (1)					
	Produits affectés (1) (2)					
	Net					
Charge d'eau froide	Charges (1)					
	Produits affectés (1) (2)					
	Net					
Charge d'eau chaude	Charges (1)					
	Produits affectés (1) (2)					
	Net					
Charge de chauffage	Charges (1)					
	Produits affectés (1) (2)					
	Net					
Charge de parkings	Charges (1)					
	Produits affectés (1) (2)					
	Net					
	(3)					
Total charges nettes						
Provisions copropriétaires						
Solde (excédent ou insuffisance d'opérations courantes affecté aux copropriétaires)						

(1) À détailler par poste, par imputation, avec indication facultative des numéros de compte

(1) Autres que les appels de provisions pour charges courantes

(1) Autres natures de charges

Syndicat des copropriétaires
Compte de gestion pour travaux de l'article 14-2 et opérations exceptionnelles hors budget de l'exercice clos réalisé (N) du … au …

	Exercice clos dépenses votées (N)	Exercice clos réalisé à approuver (N)		
		Dépenses	Provisions appelées	Solde (4)
Travaux de l'article 14-2				
Travaux de … (2)				
Charges communes générales	Charges (1) Produits affectés (1) Net			
Charges communes à un groupe d'immeubles	Charges (1) Produits affectés (1) Net			
Charges bâtiment ou escalier	Charges (1) Produits affectés (1) Net (3)			
Total travaux de …				
Travaux de … (2) (3)				
Total travaux de …				
Total travaux article 14-2				
Opérations exceptionnelles				
Charges communes générales	Charges (1) Produits affectés (1) Net			
Charges bâtiment	Charges (1) Produits affectés (1) Net (3)			
Total opérations exceptionnelles				
Total travaux de l'article 14-2 et opérations exceptionnelles				

(1) À détailler par poste, par imputation, avec indication facultative des numéros de compte   Date et références du syndic
(2) À détailler par marché de travaux
(3) À détailler sur l'ensemble des clés de répartition concernées par le marché de travaux ou produits et charges exceptionnelles
(2) Excédent ou insuffisance

Annexe 5

Syndicat des copropriétaires

ETAT DES TRAVAUX DE L'ARTICLE 14-2 RT OPERATIONS EXCEPTIONNELLES VOTES NON ENCORE CLOTURES

A LA FIN DE L'EXERCICE DU ... AU ...

	TRAVAUX VOTES (montant et date	TRAVAUX PAYES (montant et date)	TRAVAUX REALISES (montant et date)	APPELS TRAVAUX EMPRUNTS ET SUBVENTIONS RECUS (montant et date)	SOLDE EN ATTENTE SUR TRAVAUX	SUBVENTIONS ET EMPRUNTS A RECEVOIR (montant et date)
	A	B	C	D	E = D - C	F
TRAVAUX RAVALEMENT TRAVAUX TOITURE (1)						
TOTAL					(2)	

(1) À détailler par marchés de travaux ou opérations exceptionnelles et par clé de répartition

(2) Ce solde correspond au solde du compte 12 dans l'annexe 1

Date et référence du syndic

CHAPITRE 20

Déroulement d'une assemblée générale

Les copropriétaires signent une feuille de présence à leur arrivée. L'heure d'arrivée de tout copropriétaire en retard à la réunion est mentionnée. Il en va de même pour tout départ prématuré.

Dès l'entrée de séance, président, scrutateur et secrétaire sont élus. Le président est un copropriétaire et, généralement, le syndic ou son représentant est secrétaire.

Dès lors, les copropriétaires doivent se prononcer sur toutes les résolutions inscrites à l'ordre du jour. Seuls les projets inscrits seront votés, les éventuelles questions soulevées peuvent être débattues et les votes seront renvoyés à une prochaine assemblée générale, si les points paraissent urgents à l'ensemble des copropriétaires.

La loi du 10 juillet 1965 propose différentes règles de majorité, selon la nature et l'importance de la décision.

Comme nous l'avons vu précédemment dans la création de copropriété, chaque copropriétaire possède des tantièmes ou millièmes en fonction du ou de ses lot(s). Ces tantièmes nous permettent de calculer le montant des charges de chacun mais apportent aussi un certain nombre de voix par lot concernant les votes.

L'article 17-1 A a été ajouté à la loi du 10 juillet 1965 par la loi Élan. Les copropriétaires peuvent participer à l'assemblée générale par présence physique, par visioconférence ou par tout autre moyen de communication. Le vote électronique permet leur identification.

Les règles de majorité

Les majorités sont citées aux articles 24, 25 et 26 de la loi du 10 juillet 1965. Chaque majorité concerne des points précis.

Pour faciliter la prise de décision en assemblée générale, la loi Alur a modifié les conditions de majorité.

Tableau 20.1. Tableau des majorités (art. 24-25-26, loi du 10 juillet 1965)

Majorités	Nature des décisions*
Article 24 Majorité simple	Adoption du budget prévisionnel Approbation annuelle des comptes, vote du quitus Organisation et fonctionnement du conseil syndical Travaux nécessaires à la conservation de l'immeuble, les travaux d'entretien des parties communes et de maintien de l'immeuble en bon état : ravalement de façade, réfection de la toiture Travaux nécessaires à la prévention de la santé et la sécurité physique des occupants : Travaux sur stabilité de l'immeuble Travaux permettant l'individualisation des frais de chauffage Rénovation d'un ascenseur, d'un chauffage collectif Remplacement d'un équipement vétuste par un équipement du même type : ascenseur, chauffage collectif Adaptation du règlement de copropriété aux évolutions législatives et réglementaires constatées depuis son établissement Modalités de réalisation et d'exécution des travaux rendus obligatoires par la loi, le règlement ou un arrêté de police : arrêté de péril Travaux d'accessibilité aux personnes à mobilité réduite et handicapées n'affectant pas la structure de l'immeuble ou ses éléments d'équipement essentiels : pose d'une rampe, etc. Travaux d'accessibilité aux handicapés et autorisation donnée à un copropriétaire de les faire à ses frais Décision de réaliser un diagnostic technique global Assurance de l'immeuble Équipement de bornes de recharge pour véhicules électriques, sur places de stationnement couvertes Proposition d'installation de la fibre optique Autorisation donnée au syndic d'agir en justice Décision de réaliser un diagnostic technique global Si la loi ne prévoit pas de modalité de vote, la majorité simple s'applique
Article 25 Majorité absolue	Désignation et révocation du syndic Rémunération du syndic Tous travaux d'économie d'énergie Ravalement imposé par l'administration ou installation d'une porte de cabine sur un ascenseur à paroi lisse Autorisation donnée à un copropriétaire d'effectuer à ses frais des travaux affectant les parties communes de l'immeuble : passage d'une canalisation, apposition d'une enseigne sur façade Installation ou modification d'une antenne collective permettant de bénéficier d'une meilleure réception des émissions ou installation du câble Dispense d'ouverture d'un compte bancaire ou postal séparé au nom du syndicat Augmentation du taux de cotisation du fonds de travaux (minimum 5% du BP) Installation de compteurs d'eau froide divisionnaires, compteurs d'énergie thermique, répartiteurs de frais de chauffage Suppression d'un vide-ordures pour raison d'hygiène Installation de dispositifs de fermeture de l'immeuble : interphone, digicode, … Travaux de transformation, d'addition ou d'amélioration : installation d'un ascenseur, d'un tapis dans les escaliers, d'un adoucisseur d'eau, installation d'un chauffage central collectif ou de boîtes aux lettres, création d'espaces verts Répartition des dépenses entraînées par les travaux d'amélioration Demande d'individualisation des contrats de fourniture d'eau froide et réalisation des études et travaux nécessaires à cette individualisation L'installation ou la modification des installations électriques intérieures permettant l'alimentation des emplacements de stationnement d'accès sécurisé à usage privatif pour permettre la recharge des véhicules électriques ou hybrides, ainsi que la réalisation des installations de recharge électrique permettant un comptage individuel pour ces mêmes véhicules

Majorités	Nature des décisions*
Article 26 Double majorité	Modification du règlement de copropriété concernant la jouissance, l'usage et l'administration des parties communes Décision de se dispenser de conseil syndical La suppression du poste de concierge ou de gardien et l'aliénation du logement affecté lorsqu'il appartient au syndicat Les modalités d'ouverture des portes d'accès aux immeubles En cas de fermeture totale de l'immeuble, celle-ci doit être compatible avec l'exercice d'une activité autorisée par le règlement de copropriété. Achat d'une partie commune si celle-ci ne porte pas atteinte à la destination de l'immeuble. Surélévation ou construction d'un bâtiment.
Article 26 Unanimité	Suppression d'un équipement collectif : ascenseur, chauffage. Aliénation d'une partie commune si elle porte atteinte à la destination de l'immeuble. Souscription d'un emprunt bancaire au nom du syndicat pour la réalisation de travaux votés concernant les parties communes ou des travaux d'intérêt collectif (sauf lorsque les copropriétaires n'ont pas tous recours à l'emprunt ou lorsqu'il a pour unique objet le préfinancement de subventions publiques). Suppression du poste de concierge ou gardien lorsqu'il porte atteinte à la destination de l'immeuble en vertu du règlement de copropriété. Modification de la répartition des charges sauf en cas de travaux, d'actes d'acquisition ou de disposition décidés par AG. Non-constitution du fonds de travaux pour les copropriétés de moins de 10 lots.
* La liste n'est pas exhaustive.	

Le terme « amélioration » fait l'objet de discussions juridiques.

Le ravalement permet de nettoyer la façade, mais également de réparer d'éventuelles dégradations de la maçonnerie, de renforcer l'isolation ou d'améliorer la protection de la façade pour retarder les effets des agressions atmosphériques. Il peut également être imposé par la commune. Les textes prévoient ainsi 3 majorités différentes selon la nature et l'importance des travaux :

- entretien : pour une simple remise en état de la façade à l'identique, les copropriétaires votent à la majorité simple ;
- ravalement obligatoire : dans ce cas, l'assemblée vote à la majorité absolue ;
- embellissement : les travaux d'embellissement de la façade doivent être approuvés à la double majorité.

Concernant l'ascenseur :

Les travaux de création d'un ascenseur dans un immeuble ancien qui en était dépourvu entrent dans la catégorie des travaux d'amélioration. Les tribunaux privilégient le confort des occupants en rappelant que l'installation d'un ascenseur rend l'immeuble apte à satisfaire aux exigences de la vie citadine moderne, et permet à la population vieillissante de garder une autonomie grâce au maintien à domicile.

24 : pour des travaux de réparation et pour un remplacement d'un ascenseur vétuste.

25 : installation d'un ascenseur dans un immeuble qui n'en était pas pourvu.

26 : unanimité, suppression d'un équipement collectif comme les ascenseurs.

La loi Élan supprime la catégorie des travaux « d'opérations d'amélioration de l'efficacité énergétique ». Depuis le 25 novembre 2018, ce type de travaux est décidé à la majorité absolue de l'article 25 de la loi du 10 juillet 1965 au titre de travaux d'économies d'énergie ou de réduction d'émission de gaz à effet de serre. Mais le vote intervient toujours à la majorité simple de l'ar-

ticle 24 de la loi de 1965 lorsqu'une loi, une disposition réglementaire ou un arrêté de police sur la sécurité ou sur la salubrité publique rend la réalisation des travaux obligatoires (par exemple, une isolation par l'extérieur à l'occasion d'un ravalement rendue obligatoire avec l'article R. 131-28-7 du CCH).

Article 24 : majorité simple

La majorité simple correspond à la moitié des présents et représentés. On exclut les votes blancs et les abstentions.

> **Exemple**
>
> Total des voix de la copropriété : 10 000.
>
> Si tous les copropriétaires sont présents, pour approbation de la résolution il faut : 10 000 / 2 + (1) = 5 001 voix
>
> Dans cette assemblée sont absentes et non représentées 3 000 voix.
>
> 10 000 – 3 000 = 7 000 / 2 + (1) = 3 501 voix
>
> La décision est adoptée à 3 501 voix.

Article 25 : majorité absolue

C'est la majorité de toutes les voix des copropriétaires présents, représentés ou absents.

> **Exemple**
>
> Considérons la même copropriété que pour l'article 24.
>
> La décision est adoptée à 10 000 / 2 + (1) = 5 001 voix.
>
> Si la décision n'est pas approuvée, 2 possibilités :
>
> Majorité 25.1 ; majorité « allégée »
>
> - si le vote a recueilli aux moins le tiers des voix, la même assemblée peut revoter à l'article 24. Il lui faudra : 10 000 / 3 = 3 334 voix pour ce nouveau vote ;
> - si le vote n'a pas recueilli le tiers des voix, la convocation d'une nouvelle assemblée générale dans les 3 mois est possible pour voter à nouveau cette résolution à l'article 24.

Article 26 : double majorité

C'est la double condition, il faut réunir les deux tiers des voix et la majorité de tous les copropriétaires présents, représentés ou absents.

> **Exemple**
>
> Les 10 000 tantièmes sont répartis entre 80 copropriétaires.
>
> La décision est adoptée à : 10 000 × 2/3 = 6 667 voix et 80 / 2 + (1) = 41 copropriétaires.

Pour des travaux d'amélioration, si le vote n'a recueilli que les deux tiers des voix, une nouvelle assemblée peut être proposée pour ratifier la décision de la première assemblée. On parle alors d'une « double majorité allégée ».

Article 26 : l'unanimité

C'est l'accord de tous les copropriétaires pour les décisions fondamentales qui modifient les grands équilibres de l'immeuble, comme un changement de destination.

Le quorum

Il n'existe pas de quorum en soi pour la tenue d'une assemblée générale. Ce quorum existait dans une loi de 1938, abrogée en 1965. Une assemblée à un seul copropriétaire peut donc valablement être tenue. Néanmoins, si moins de la moitié en tantièmes des copropriétaires sont présents ou représentés, il sera impossible de prendre des décisions à une autre majorité que celle de l'article 24, ce qui limite les pouvoirs d'une telle assemblée.

Article 22 : copropriétaire majoritaire

Les voix d'un copropriétaire détenant plus de la moitié des voix de la copropriété sont réduites à la somme des voix des autres copropriétaires quelle que soit la majorité.

Exemple

Une copropriété est composée de 15 copropriétaires pour 10 000 tantièmes. Un copropriétaire x détient 6 000 voix. Le nombre de voix est ramené à 4 000 : 2 000 pour monsieur x et 2 000 pour l'ensemble des autres copropriétaires.

Art. 24 : dans le même exemple sont présents les copropriétaires représentant 3 500 millièmes, dont 2 000 pour monsieur x et 1 500 pour les autres.

Les voix de monsieur x sont ramenées à 1 500 pour laisser le vote égalitaire. Aucun vote ne se fera à bulletin secret, on se doit d'identifier les copropriétaires ayant participé.

Art. 25 : dans la mesure où le vote s'effectue sur la majorité de tous les copropriétaires, on reste sur le partage de 2 000 pour monsieur x et 2 000 pour les autres. La décision sera approuvée à 2 001 voix.

Art. 26 : sur la base de la double condition :

- 4 000 × 2/3 = 2 667 millièmes ;
- 15/2 + 1 = 8 copropriétaires.

La double majorité demande que 8 copropriétaires et 2 667 millièmes approuvent la décision.

Application

Remplir le tableau des résolutions

Tableau d'analyse des résolutions

Résolutions	Présences		Abstentions		Votes contre		Majorité	Voix nécessaires	Voix obtenues	Oui/non	Second vote
	Nombre de copropriétaires	Tantièmes	Nombre de copropriétaires	Tantièmes	Nombre de copropriétaires	Tantièmes					
Approbation des comptes											
Installation d'un ascenseur											
Pose compteurs eau froide divisionnaire											
Ravalement façade											
Conformité normes sécurité											

Les résolutions suivantes ont été soumises aux copropriétaires :

1. Approbation des comptes ;

2. Installation d'un ascenseur ;

3. Pose de compteurs d'eau froide divisionnaire ;

4. Ravalement de la façade à l'initiative des copropriétaires (immeuble en bon état) ;

5. Mise en conformité des normes de sécurité.

Absent et non représenté M. Tchang.

1. Abstention de Delgado, les autres copropriétaires ont voté la résolution.

2. Opposition : Sanvah, Abstention : Vincent.

3. Opposition : Thissen.

4. Opposition : Elcourt.

5. L'ensemble des copropriétaires a voté pour la résolution.

Répartition des tantièmes

Lot N°	Type	Tantièmes généraux	Copropriétaires
1	Studio	55	ALFAN
2	T3	135	TCHANG
3	T2	75	VANIER
4	T4	178	BRAUN
5	T2	90	VALENTIN

Lot N°	Type	Tantièmes généraux	Copropriétaires
6	Studio	67	SALVATOR
7	Studio	72	SANVAH
8	Studio	74	ELCOURT
9	T2	90	DELGADO
10	Studio	72	VINCENT
11	T2	92	THISSEN
TOTAL TANTIÈMES GÉNÉRAUX		**1 000**	

Solution

Tableau d'analyse des résolutions

Résolutions	Présences		Abstentions		Votes contre		Majorité	Voix nécessaires	Voix obtenues	Oui/non	Second vote
	Nombre de copropriétaires	Tantièmes	Nombre de copropriétaires	Tantièmes	Nombre de copropriétaires	Tantièmes					
Approbation des comptes	10	865	1	90	/	/	24	865 – 90 = 775 / 2 = 387,50 → **388**	775	oui	
Installation d'un ascenseur	10	865	1	72	1	72	Double majorité 26	667 + 6 copropriétaires	721 + 8 copropriétaires	oui	
Pose compteurs eau froide divisionnaire	10	865	/	/	1	92	25	501	773	oui	
Ravalement façade	10	865	/	/	1	74	24	865 / 2 = 432,50 → 433	791	oui	
Conformité normes sécurité	10	865	/	/	/	/	24	433	865	oui	

Le procès-verbal (art. 17)

En tant que secrétaire, le syndic se charge d'enregistrer les résultats des délibérations dans le procès-verbal. Celui-ci doit être obligatoirement rédigé en cours de séance et contenir les résolutions, les décisions avec les noms de copropriétaires qui se sont opposés ou abstenus ainsi que le décompte des voix.

Sont aussi enregistrées les réserves des copropriétaires opposants sur la régularité des décisions.

Le procès-verbal doit être signé par le président de séance et les membres du bureau à la fin de la séance pour ne pas être invalidé. Mais la décision de la Cour de cassation du 29 novembre

2011 sur la validité d'un procès-verbal établit que l'absence de signature des scrutateurs est en soi insuffisante pour invalider un procès-verbal dès lors qu'il est revêtu de la signature du président et du secrétaire et, de plus, qu'il est réputé établi à la fin de la séance sauf preuve contraire.

Depuis la loi Élan, le syndic a un mois au lieu de deux, à compter de l'assemblée générale, pour l'envoyer par lettre recommandée AR aux opposants et abstentionnistes et par lettre simple pour les autres copropriétaires.

Les opposants ont 2 mois à compter de la notification des décisions pour intenter une action en nullité. Passé ce délai, les décisions s'imposent à tous.

En l'absence de toute notification, depuis la loi Élan, le délai de contestation est de 5 ans au lieu de 10 ans, à compter de la tenue de l'assemblée.

L'action en contestation est introduite par le dépôt d'une assignation devant le tribunal de grande instance du lieu de la situation de l'immeuble. Il faut notamment établir que les règles légales d'organisation, de fonctionnement et de prise de décisions de l'assemblée générale n'ont pas été respectées.

CHAPITRE 21

La répartition des charges

Principe

On distingue 2 catégories de charges :

- les charges générales, qui comprennent l'administration, l'entretien et la conservation de l'immeuble. Elles sont supportées par tous les copropriétaires proportionnellement aux quotes-parts formulées en tantièmes ou millièmes ;
- les charges spéciales, qui concernent les équipements communs et les services collectifs. Elles sont prises en charge par les copropriétaires en fonction de l'utilité des équipements par rapport au lot. Prenons l'exemple d'un copropriétaire habitant en rez-de-chaussée, il n'a aucune raison de régler des charges sur l'ascenseur à moins que celui-ci desserve des parkings en sous-sol. De même, seuls les bénéficiaires supporteraient la charge d'un ascenseur s'ouvrant uniquement sur les étages les plus élevés.

Les provisions sur charges pour opérations courantes sont réglées généralement trimestriellement, par appels de fonds, et la date d'exigibilité est fixée en assemblée générale.

L'avance sur trésorerie est prévue en supplément du premier appel de fonds de l'année.

Le règlement des travaux n'entre pas dans les appels de fonds de la gestion de l'immeuble. Pour anticiper le montant des travaux, le syndic peut proposer en AG une réserve (art. 18) en vue de régler les grosses dépenses. Cette proposition sera renouvelée tous les 3 ans.

Depuis le 1er janvier 2017, les copropriétaires d'immeubles achevés depuis 5 ans, doivent verser un fonds de réserve pour les travaux pour assurer un étalement des coûts dans le temps. Les sommes versées sur le fonds appartiennent au syndicat de copropriétaires et ne sont pas remboursées en cas de vente d'un lot. Le montant du pourcentage (minimum 5 %) de la cotisation annuelle doit être décidé en assemblée générale aux articles 25 et 25-1. Le paiement s'effectue selon les mêmes périodicités et aux mêmes dates d'exigibilité que les provisions du budget prévisionnel.

Définitions

Fonds de roulement ou avance sur trésorerie : elle a pour objectif de compenser les imprévus financiers au sein de la trésorerie courante. Cette avance n'est pas obligatoire, mais elle permet au syndic de s'assurer d'un certain « confort » de gestion pour assurer les grosses dépenses (cotisation d'assurance appelée en une fois en début d'année, couverture des éventuels impayés le temps d'en assurer le recouvrement, etc.).

Le montant maximum de l'avance de trésorerie ne peut pas dépasser le seuil fixé par l'article 35 du décret du 17 mars 1967, à savoir pas plus d'un sixième du budget prévisionnel (ce qui correspond à 2 mois de budget prévisionnel).

Fonds de travaux : le fonds de travaux est alimenté par une cotisation annuelle obligatoire versée par les copropriétaires selon les mêmes modalités que celles décidées par l'assemblée générale pour le versement des provisions du budget prévisionnel, c'est-à-dire le premier jour de chaque trimestre ou de la période fixée par l'assemblée générale. Il est de 5 % minimum du budget prévisionnel, mais la copropriété peut opter pour un taux supérieur par un vote en assemblée générale, à la majorité absolue. Les sommes versées sont attachées au lot, par conséquent il n'y a pas récupération du montant si le copropriétaire vend le lot, mais il peut y avoir accord des 2 parties.

L'article 204 de la loi Élan précise : « Cette affectation doit tenir compte de l'existence de parties communes spéciales ou de clefs de répartition des charges. »

Travaux concernés :

- les travaux obligatoires prescrits par les lois et règlements ;
- les travaux non compris dans le budget prévisionnel.

Exceptionnellement, le syndic peut utiliser en cas d'urgence le montant partiel ou total des sommes versées, pour des travaux de sauvegarde de l'immeuble.

Si le diagnostic technique global ne fait apparaître aucun besoin de travaux dans les 10 prochaines années, le syndicat est dispensé de l'obligation de constituer ce fonds de travaux.

Pour les copropriétés de moins de 10 lots, le syndicat peut ne pas constituer de fonds de travaux par un vote en AG à l'unanimité.

Lors de la vente d'un lot entre le vendeur et l'acquéreur, celui qui est copropriétaire au moment de la date d'exigibilité de la provision doit verser la somme prévue pour les travaux.

Emprunt collectif pour copropriété

Depuis le 14 mai 2013, une copropriété peut souscrire un emprunt collectif. La décision sera votée en AG à l'unanimité. L'emprunt est obligatoirement assorti d'une caution solidaire. Suite à la défaillance d'un copropriétaire, le mécanisme de la garantie se déclenche 30 jours après l'envoi de la mise en demeure par lettre recommandée AR restée infructueuse.

Lors d'un transfert de propriété, les sommes dues sont exigibles ou par le prêteur ou par le vendeur avec l'accord du prêteur auprès du nouveau copropriétaire qui prendra le relais des remboursements.

Le recouvrement des charges impayées

Le syndic de copropriété peut agir dès le premier impayé des provisions sur charges d'un copropriétaire.

La procédure est la suivante :

- mise en demeure par lettre recommandée AR par le syndic ou un huissier de justice ;
- passé le délai de 30 jours, les provisions sur charges à venir sont immédiatement exigibles, c'est-à-dire qu'il devra s'acquitter non seulement des provisions dues, mais également de celles des trimestres à venir.
- si la mise en demeure est restée infructueuse, le syndic peut agir en référé devant le tribunal d'instance ;
- le tribunal peut accorder des délais de paiement si le copropriétaire justifie des difficultés financières ;
- les frais de procédure sont à la charge du copropriétaire défaillant.

La loi Élan a décidé d'étendre cette procédure aux appels de charges pour travaux non compris dans le budget prévisionnel.

Une clause d'aggravation des charges permet d'imputer à un seul copropriétaire le paiement d'une dépense qui, normalement, aurait dû incomber à tous les copropriétaires. Exemple : faire payer au copropriétaire qui vient de déménager le coût des réparations des dégâts constatés au niveau de la cage d'escalier.

Cette clause est prévue par décision en assemblée générale prise à l'unanimité des voix de tous les copropriétaires. Il ne doit y avoir aucun doute sur l'identité et la responsabilité du copropriétaire. Ainsi, il a été jugé qu'un syndic ne peut pas imputer directement sur le compte d'un copropriétaire des sommes dont le montant a été fixé arbitrairement ou unilatéralement par l'assemblée.

Application

Exemple

Vous êtes en charge d'une copropriété. Vous devez préparer la situation comptable de chaque copropriétaire et vous commencez par les lots 6, 16 et 23 appartenant à un même propriétaire.

L'immeuble est autonome pour la production d'eau chaude, il possède une centrale de chauffe.

Le copropriétaire a réglé toutes les sommes appelées, soit 395,10 € trimestriellement.

En vous aidant des annexes 1, 2, 3 et 4 :

- complétez la répartition des charges réelles de l'exercice 2011/2012 adressée à M. Ruppert ;
- justifiez les volumes d'eau froide et d'eau chaude consommés par M. Ruppert ;
- justifiez le coût unitaire du mètre cube d'eau froide figurant dans l'annexe 4 ;
- calculez le volume d'eau utilisé pour les parties communes.

Extrait du règlement de copropriété

Article 40 : dépenses eau froide

Les appartements de l'ensemble immobilier disposent chacun de compteurs divisionnaires. Les dépenses d'eau froide seront réparties entre les copropriétaires au *prorata* des consommations indiquées par les compteurs divisionnaires dans leurs appartements. La différence susceptible d'exister entre le total des consommations individuelles et celui relevé au compteur général de l'immeuble sera répartie entre tous les copropriétaires au *prorata* des quotes-parts de copropriété dans les parties communes attachées à chaque lot.

Article 41 : dépenses d'eau chaude

Les appartements de l'ensemble immobilier disposent chacun de décompteurs individuels. Les dépenses d'eau chaude seront réparties entre les copropriétaires au *prorata* des consommations indiquées par les compteurs divisionnaires dans leurs appartements.

Tableau 21.1. Tantièmes généraux et particuliers pour chaque lot

Numéros	Lots	Tantièmes généraux	Entretien ascenseur	Chauffage
1	Bureau	360		20
2	Bureau	240		14
3	Cave	20		
4	Cave	20		
5	Cave	20		
6	Cave	20		
7	Cave	20		
8	Cave	20		
9	Cave	20		
10	Cave	20		
11	F2	540	665	25
12	F2	540	603	25
13	F2	540	623	25
14	F2	540	643	25
15	F3	730	793	35
16	F3	730	833	35
17	F3	730	855	35
18	F3	730	813	35
19	F4	950	1 074	45
20	F4	950	1 012	45
21	F4	950	1 053	45
22	F4	950	1 033	45
23	Garage	105		
24	Garage	105		
25	Garage	105		
	Total	10 000	10 000	454

Tableau 21.2. État des dépenses du 01/10/2018 au 30/09/2019

Charges générales	Montant	Total	Charges locatives	TVA
Eau froide				
Eau froide commun	65,76	65,76	65,76	
Abonnement compteur	148,40	148,40	148,40	
Total eau froide		214,16	214,16	
Entretien immeuble				
Salaires				
Silva salaire janvier	113,59			
Silva salaire février	113,59			
Silva salaire mars	227,19			
Silva salaire avril	114,53			
Silva salaire mai	114,53			
Silva salaire juin	116,96			
Silva salaire juillet	116,96			
Silva salaire août	116,96			
Silva salaire septembre	116,96			
Silva salaire octobre	121,43			
Remplacement	149,13			
Silva salaire novembre	121,43			
Silva salaire décembre	121,43	1 664,69	1 664,69	24,44
Cotisations URSSAF				
4e trimestre 2011	192,00			
1er trimestre 2012	255,00			
Régularisation 2011	1,00			
2e trimestre 2012	197,00			
3e trimestre 2012	198,00	843,00	843,00	
Cotisations retraite				
4e trimestre 2011	52,69			
1er trimestre 2012	70,28			
2e trimestre 2012	53,72			
3e trimestre 2012	54,47	231,16	231,16	
Cotisations ASSEDIC				
4e trimestre 2011	26,00			
1er trimestre 2012	29,00			
2e trimestre 2012	31,00			
3e trimestre 2012	31,00	117,00	117,00	
Fournitures entretien				
Droguerie PROP	34,65			
Droguerie PROP	18,43	53,08	53,08	8,70
Sous-total entretien ménager		2908,93	2908,93	
Nettoyage				
Nettoyage vide-ordures	51,10	51,10	51,10	2,66
Sous-total vide-ordures		51,10	51,10	2,66
Espaces verts				
Remboursement plantes	77,74			
Végétal espaces verts	360,79	438,53	438,53	59,13
Sous-total espaces verts		438,53	438,53	59,13
Total entretien immeuble		3 398,56	3 398,56	94,93
Électricité				
Électricité minuterie				
ERDF	82,05			
ERDF	51,04	133,09	133,09	
Total électricité		133,09	133,09	275,32
Propriétaires				
Assurance copropriété	725,18			
GAN				
GESTIMMO honoraires	1 680,00	1 680,00		
Frais convocation AG				
GESTIMMO	228,35	228,35		275,32
Taxe foncière				

Charges générales	Montant	Total	Charges locatives	TVA
Trésor public	52,00	52,00		
Total propriétaires		2 685,53		
Travaux				16,17
Travaux divers				16,17
Chauffage services				
Réparation sur fuite d'eau	170,52			
Total travaux		170,52		
Total charges générales		6 601,86	3 745,81	386,42
Entretien ascenseur escalier				
Électricité				
Force motrice				
ERDF GRDF	95,96			
ERDF GRDF	97,33	193,29	193,29	
Total électricité		193,29	193,29	
Ascenseur				
KONE entretien 4ᵉ trimestre 2011	434,83			
KONE entretien 1ᵉʳ trimestre 2012	449,40			
KONE entretien 2ᵉ trimestre 2012	449,40			
KONE entretien 3ᵉ trimestre 2012	449,40	1 783,03	1 783,03	92,96
Total ascenseur		1 783,03	1 783,03	92,96
Total entretien ascenseur		1 976,32	1 976,32	92,96
Chauffage				
Chauffage				
Gaz				
GRDF Gaz	516,76			
GRDF Gaz	926,53			
GRDF Gaz	1 256,55			
GRDF Gaz	2 485,37			
GRDF Gaz	1 195,76			
GRDF Gaz	267,06			
GRDF Gaz utilisé pour chauffage eau chaude	811,30	5 836,73	5 836,76	
Électricité chaufferie				
Prélèvement	166,90			
Prélèvement	112,63			
Prélèvement	240,48	520,01	520,01	
Contrat maintenance				
Chauffage Service	548,91	548,91	548,91	28,62
Contrat extincteurs Vérification	20,93	20,93	20,93	3,43
Total chauffage		6 296,58	6 296,58	32,05
Travaux				
Remplacement circulateur bouclage	318,52	318,52		16,61
Total travaux		318,52		16,61
Total chauffage		7 245,10	6 296,58	48,66
EAU FROIDE				
Eau froide				
Facture du 23/04	1 160,07			
Facture du 29/09	1 057,03			
Abonnement extourné	− 148,40			
Utilisation pour produire l'eau chaude	− 728,84			
Utilisation parties commune	− 65,76	1 274,10	1 274,10	174,40
TOTAL EAU FROIDE à répartir		1 274,10	1 274,10	174,40

Charges générales	Montant	Total	Charges locatives	TVA
EAU CHAUDE				
Eau chaude Eau froide consommée Chauffage eau froide (gaz)	728,84 811,30	1 540,14	1 540,14	
TOTAL EAU CHAUDE à répartir		1 540,14	1 540,14	
TOTAL GÉNÉRAL		CHARGES	LOC/PROP	Dont TVA
Total des charges Part locative Part propriétaire Part déductible		18 637,52 2 221,04	 15 462,95 3 174,57	702,44 369,24 333,20

Tableau 21.3. Renseignements relatifs à la consommation d'eau
Consommation relevée par le SIVEER au compteur général de la copropriété

	Index début en m^3	Index fin en m^3	Montants TTC en €
Facture du 23/04/2019 relevé du 01/10/2018 au 15/04/2019	10 857	11 259	1 160,07
Facture du 29/09/2019 relevé du 16/04/2019 au 30/09/2019	11 259	11 612	1 057,03
Les factures reçues de la compagnie des eaux, le SIVEER, incluent à la fois le prix du mètre cube d'eau froide consommée et le coût de l'abonnement. Le coût de l'abonnement (148,40 €) est intégré aux charges générales.			

Tableau 21.4. Consommations individuelles d'après les relevés des sous-compteurs

N° du lot	Nature du lot	Index eau froide		Index eau chaude	
		01/10/2018	30/09/2019	01/10/2018	30/09/2019
11	F2	638	689	574	612
12	F2	512	540	475	488
13	F2	649	704	598	638
14	F2	701	749	602	639
15	F3	699	753	604	638
16	F3	716	776	601	626
17	F3	659	682	591	595
18	F3	627	635	489	490
19	F4	638	661	512	522
20	F4	712	755	609	626
21	F4	623	665	512	535
22	F4	673	703	598	622
Total consommation		465		266	

Annexe 21.1. (à remplir)

RELEVÉ DE CHARGES DU 01/10/2018 AU 30/09/2019

Toulon, le 6 novembre 2019

Monsieur RUPPERT

Avenue du Soleil

83000 TOULON

GESTION IMMO
18, boulevard de Strasbourg
83000 TOULON

COMPTE DE CHARGES

Résidence Le Maquis

Lots	Tantièmes charges générales

Avance de trésorerie	Fonds de travaux	Provision sur budget
67,68	0	1 580,40

Postes à répartir	Montant	Vos tantièmes	Total tantièmes	Quote-part
Charges générales				
Entretien ascenseur				
Chauffage				

Eau froide consommée : 60 m³ à 2,74 € le m³	
Eau chaude consommée : 25 m³ à 5,79 € le m³	

Total de la répartition

Relevé de compte

Total de la répartition

Provisions appelées

Solde de l'exercice en : notre faveur/votre faveur

(barrer la mention inutile)

Débit	Crédit

Annexe 21.2. Correction

RELEVÉ DE CHARGES DU 01/10/2018 AU 30/09/2019

Toulon, le 6 novembre 2019

Monsieur RUPPERT

Avenue du Soleil

83000 TOULON

GESTION IMMO
18, boulevard de Strasbourg
83000 TOULON

COMPTE DE CHARGES

Résidence Le Maquis

Lots	Tantièmes charges générales
6	20
16	730
23	105

Avance de trésorerie	Fonds de travaux	Provision sur budget
67,68	0	1 580,40

Postes à répartir	Montant	Vos tantièmes	Total tantièmes	Quote-part
Charges générales	6 601,86	855	10 000	564,46
Entretien ascenseur	1 976,32	833	10 000	164,63
Chauffage	7 245,10	35	454	558,54

Eau froide consommée : 60 m³ à 2,74 € le m³	164,40
Eau chaude consommée : 25 m³ à 5,79 € le m³	144,75
Total de la répartition	1 596,78

Relevé de compte	Débit	Crédit
Total de la répartition	1 596,78	
Provisions appelées		1 580,40
l'exercice en : notre faveur/**votre faveur**		16,38

(barrer la mention inutile)

Concernant l'avance sur trésorerie de 67,68 €, le montant est calculé sur la quote-part du copropriétaire. Dans ce cas précis, la copropriété n'a pas utilisé le montant maximum de 1/6 du budget prévisionnel. Le montant maximum est de 1 596,78 / 6 = 266,13 €, mais le syndic a prévu une sécurité moindre qui doit être suffisante.

Justification des volumes d'eau froide et d'eau chaude consommés par M. Ruppert

On utilise l'annexe 3 qui nous indique l'index d'eau froide et chaude en début et fin de période. La différence entre les deux est le volume consommé.

Eau froide : 776 – 716 = 60   Eau chaude : 626 – 601 = 25

Justification du coût unitaire du m³ d'eau froide (annexe 4)

Factures : 1 160,07 + 1 057,03 = 2 217,10 €

On retire l'abonnement inclus puisqu'il est aussi intégré aux charges générales.

Coût de l'eau hors abonnement : 2 217,10 – 148,40 = 2 068,70 €

Consommation des mètres cubes : l'annexe 3 précise la consommation en début et fin de période.

11 612 – 10 857 = 755 m³

Prix du m³ : 2 068,70/755 = 2,74 €

Volume d'eau utilisé par les parties communes

Deux modes de calcul :

- on retire à la consommation totale du compteur général la consommation d'eau froide et chaude (tableau consommations individuelles, annexe 3) : 755 – (465 + 266) = 24 m³ La différence étant la consommation des parties communes ;

- dans l'annexe 2 sur l'état des dépenses en début de tableau, il est noté « eau froide commun : 65,76 ». On sait que le coût du mètre cube est à 2,74 € : 65,76 / 2,74 € = 24 m³.

Individualisation du chauffage collectif

Les immeubles équipés d'un chauffage collectif doivent comporter des appareils de mesure permettant de déterminer la consommation de chauffage de chaque logement et ensuite de calculer une facture reposant en partie sur cette consommation.

Les travaux sont votés à la majorité absolue.

Une fois par an, le syndic procède au relevé de mesure et envoie à l'ensemble des copropriétaires un relevé de la consommation d'énergie pour le chauffage et le refroidissement.

En cas de contrôle, le syndic doit communiquer à l'autorité administrative, les documents permettant de justifier le respect de cette obligation, ou les raisons techniques rendant impossible l'installation.

Après une mise en demeure auprès du syndic, dépassé le délai de 1 mois, l'autorité administrative peut mettre en place une amende de 1 500 € maximum par an et par logement jusqu'à ce que l'immeuble soit conforme.

Le décret n° 2019-496 du 22 mai 2019 modifie les obligations d'individualisation des frais de chauffage.

Un arrêté doit paraître pour préciser les cas où l'installation d'appareil d'individualisation des frais de chauffage ou de refroidissement n'est pas exigée.

La date de mise en service des appareils est fixée au 25 octobre 2020 au plus tard.

CHAPITRE 22

Mutation d'un lot en copropriété

Pré-état daté à la signature du compromis de vente

La loi Alur exige que le vendeur remette une série de documents avant la signature du compromis de vente (article 54) :

- le règlement de copropriété ;
- les procès-verbaux des 3 dernières années ;
- le carnet d'entretien de l'immeuble ;
- les diagnostics techniques concernant les parties communes, y compris le DPE de l'immeuble s'il a été fourni (obligatoire pour les immeubles de plus de 50 lots avec chauffage collectif) ;
- les derniers budgets votés ainsi que les comptes de l'immeuble des 2 dernières années ;
- la situation des impayés au 31 décembre de l'année écoulée ;
- le montant de l'avance de trésorerie ou fonds de roulement ;
- le montant des provisions travaux s'il a été voté en AG ;
- la position comptable du copropriétaire vendeur dans les livres de la copropriété.

À la signature du compromis de vente, le délai de rétractation dont bénéficie l'acquéreur ne peut courir tant qu'un document est manquant.

La loi Alur ne précise pas que le pré-état daté doit être fourni par le syndic, le vendeur peut s'occuper de cette tâche puisqu'il possède tous les documents. De fait, cette mission ne doit pas être facturée.

La réponse ministérielle du 15 septembre 2015 précise que la loi Alur, en instaurant cette obligation de transmission de documents, ne crée pas un nouveau document. Le pré-état daté n'a donc aucune existence légale et ne peut encore moins être facturé. Toute rédaction contraire à l'article 9-2 serait réputée non écrite puisqu'illégale.

Le syndic peut facturer la production de documents sur papier à la demande du copropriétaire vendeur, et non le pré-état daté. Le vendeur peut fournir ces documents sous forme dématérialisée en accord avec l'acquéreur.

L'état daté art. 5 du décret du 17 mars 1967

Dans les 30 jours précédant la signature de l'acte authentique, le notaire doit demander au syndic un certificat précisant, sous réserve d'apurement des comptes, la situation financière du lot. Il doit comporter 3 parties distinctes :

- **Sommes dues par le vendeur au syndicat :**
  - provisions exigibles du budget prévisionnel,
  - provisions exigibles des dépenses non comprises dans le budget prévisionnel,
  - charges impayées sur les exercices antérieurs,
  - avances exigibles et non réglées ;
- **Sommes dues par le syndicat au vendeur :**
  - avances non utilisées (sauf fonds de travaux) ;
- **Sommes incombant au nouveau copropriétaire :**
  - reconstitution des avances,
  - provisions non encore exigibles du budget prévisionnel,
  - provisions non encore exigibles dans les dépenses non comprises dans le budget prévisionnel.

Le coût de l'état daté est à la charge du vendeur.

Avant la signature, le vendeur doit remettre au notaire un certificat, article 20 de la loi de 1965

- datant de moins d'un mois ;
- attestant que le vendeur est libre de toute obligation à l'égard du syndicat.

À défaut, le notaire adresse au syndic un avis de mutation par lettre recommandée avec accusé de réception dans les 15 jours qui suivent l'acte de vente.

À l'expiration d'un délai de 15 jours suivant la réception de l'avis de mutation, le syndic peut obtenir le paiement des sommes restant dues par l'ancien propriétaire sur le prix de vente.

Quand le vendeur n'est pas à jour de ses charges, le syndic doit faire opposition au versement des fonds dans les 15 jours suivant la réception de l'avis de mutation envoyé par le notaire. À défaut d'accord dans un délai de 3 mois suivant la vente, les sommes dues à la copropriété sont versées au syndic.

Le décret du 27 mai 2004 a supprimé la notion de *prorata temporis* entre vendeur et acquéreur. Le vendeur est redevable de l'intégralité des provisions exigibles au jour de la vente.

Les provisions pour des dépenses non comprises dans le budget prévisionnel sont à la charge de celui qui est copropriétaire au moment où elles sont appelées en paiement. L'excédent ou l'insuffisance après approbation des comptes est crédité ou débité au compte de celui qui est copropriétaire au moment de l'approbation des comptes. Dans la pratique, une répartition des charges peut être prévue en accord avec les 2 parties.

État daté (extrait)

Document réalisé par :

- CSN : Conseil supérieur du notariat
- CNAB : Confédération nationale des administrateurs de biens
- CSAB : Conseil supérieur de l'administration de biens
- FNAIM : Fédération nationale de l'immobilier
- SNPI : Syndicat national des professionnels immobiliers

<u>MUTATION DE LOTS DE COPROPRIÉTÉ</u>

INFORMATIONS DES PARTIES

DATE ENVISAGÉE POUR LA MUTATION

(N)

– I –

<u>PARTIE FINANCIÈRE</u>

1. – **État daté** (*Article 5 du décret du 17 mars 1967 modifié*).

2. – Situation individuelle du copropriétaire cédant.

– II –

PARTIE ADMINISTRATIVE

RENSEIGNEMENTS COMPLÉMENTAIRES

– III –

ANNEXE : textes applicables

<u>Loi n° 65-557 du 10 juillet 1965 modifiée</u>

– Article 18 alinéas 5 et 6   – Article 20

– **<u>Article 19-1</u>**

<u>Décret n° 67-223 du 17 mars 1967 modifié</u>

– Article 5	– Article 6-2
– Article 5-1	– Article 6-3
– Article 5-2	– Article 35
– Article 6	– Article 44
– Article 6-1	– Article 45-1

– IV –

CERTIFICAT DE L'ARTICLE 20

<u>– I – PARTIE FINANCIÈRE</u>

1 - État daté (Article 5 du décret du 17 mars 1967)

<u>1re partie :</u>

Sommes dues par le COPROPRIÉTAIRE CÉDANT
pour les lots objets de la mutation

A/ AU SYNDICAT, AU TITRE :

1 - des provisions exigibles
- Dans le budget prévisionnel (*D. art. 5. 1° a*)
- Dans les dépenses non comprises dans le budget
prévisionnel (*D. art.. 5. 1° b*)

2 - des charges impayées sur les exercices antérieurs
(*D. art 5. 1° c*)

3 - des sommes devenues exigibles du fait de la vente
- mentionnées à l'article 33 de la loi (*D. art. 5. 1° d*)

4 - des avances exigibles (*D. art. 5. 1° e*)

4.1. avance constituant la réserve (fonds de roulement)
(*D. art. 35. 1°*)

4.2. avances nommées provisions (provisions spéciales)
(*L. art. 18 alinéa 6 et D. art. 35. 4 ° et 5°*)

4.3. avances représentant un emprunt (*D. art. 45-1
alinéa 4*) (emprunt du syndicat auprès des copropriétaires
ou de certains d'entre eux)

5 - des autres sommes exigibles ou devenues exigibles du fait de la vente
- intérêts, condamnation
- prêt (quote-part du vendeur devenue exigible)

B/ AU SYNDIC, AU TITRE DES HONORAIRES DE MUTATION

TOTAL (A/ + B/)

<u>2e partie :</u>

Sommes dont le Syndicat pourrait être débiteur à l'égard du copropriétaire cédant pour les lots objets de la mutation

AU TITRE :

A/ DES AVANCES PERÇUES (*D. art. 5. 2° a*) :

A1 - avances constituant la réserve
(fonds de roulement (*D. art. 35.1°*)

A2 - avances nommées provisions (provisions spéciales)
(*L. art. 18 alinéa 6 et D. art. 35. 4° et 5°*)

A 3 - avances (*D. art. 45-1 alinéa 4*) (emprunt du syndicat
auprès des copropriétaires ou de certains d'entre eux)

B/ DES PROVISIONS SUR BUDGET PREVISIONNEL (*D. art. 5. 2° b*) :

provisions encaissées sur budget prévisionnel pour les
périodes postérieures à la période en cours et rendues
exigibles en raison de la déchéance du terme prévue
par *l'article 19-2 de la loi du 10 juillet 1965*, à l'égard
du copropriétaire cédant

TOTAL (A/ + B/)

<u>3e partie :</u>

Sommes incombant au nouveau copropriétaire pour les lots objets de la mutation

A/ AU SYNDICAT AU TITRE :

1 - de la reconstitution des avances (D. art. 5. 3° a)

– avances constituant la réserve (fonds de roulement)
(*D. art. 35. 1 °*)

– avances nommées provisions (provisions spéciales)
(*L. art. 18 alinéa 6 et D. art. 35. 4° et 5°*)

– avances (*D. art. 45-1 alinéa 4*) (emprunt du syndicat
auprès des copropriétaires ou certains d'entre eux)

2 - des provisions non encore exigibles

- **dans le budget prévisionnel (*D. art. 5. 3° b*)**

Date d'exigibilité		Montant	
Date d'exigibilité		Montant	
Date d'exigibilité		Montant	

- **dans les dépenses non comprises dans le budget prévisionnel (*D. art. 5. 3° c*)**

Date d'exigibilité		Montant	
Date d'exigibilité		Montant	
Date d'exigibilité		Montant	

TOTAL

| IMPORTANT | À COMPLÉTER PAR LE SYNDIC |

Les avances sont, conformément à *l'article 45-1 du décret du 17 mars 1967 modifié*, remboursables.

En conséquence, le syndic devra préciser les modalités à retenir par les parties aux termes de l'acte.

La solution retenue par le syndic est la suivante :

Solution 1 ❏ [1]

L'acquéreur rembourse directement le vendeur
des avances portées sous 3ᵉ partie A/1 (reconstitution
des avances) soit globalement la somme de

Dans ce cas, l'acquéreur deviendra cessionnaire de ces
avances à l'égard du syndicat des copropriétaires.

Solution 2 ❏ [1]

L'acquéreur verse entre les mains du syndic
le montant desdites avances représentant
globalement la somme de

Le syndic devra alors procéder au remboursement
au cédant des sommes portées à son crédit.

---

1.   Cocher la case correspondante

<u>Annexe à la 3e partie :</u>

Information du nouveau coproprietaire

A/ QUOTE-PART POUR LES LOTS OBJETS DE LA MUTATION :

	Au titre du **BUDGET PRÉVISIONNEL**		Au titre des **DÉPENSES HORS BUDGET** (*D. art. 44*)	
	Quote-part appelée	**Quote-part réelle**	**Quote-part appelée**	**Quote-part réelle**
Exercice (N-1)				
Exercice (N-2)				

B/ PROCÉDURES EN COURS :

Existe-t-il des procédures en cours ?   ❏ oui   ❏ non

Si oui :
- Objet des procédures :

- État des procédures :

> **Toutes indemnités à recevoir ou à payer demeureront acquises ou seront à la charge du syndicat.**
>
> **Les parties devront prendre dans l'acte de vente, toute convention particulière à cet égard : cette convention n'ayant d'effet qu'entre les parties.**

C/ Autres renseignements comptables susceptibles d'intéresser les parties.

1 – ÉTAT D'AVANCEMENT DE LA SITUATION TECHNIQUE ET FINANCIÈRE DES TRAVAUX

(Renseignements facultatifs)

Date de la décision	Nature des travaux	État d'avancement technique (1)	État d'avancement financier		
			Quote-part afférente aux lots	Montant(s) déjà appelé(s)	Montant restant à appeler
		Total :			
Commentaires éventuels :					
(1) : Terminé (T), en cours (C), non commencé (NC)					

2 – SITUATION INDIVIDUELLE DU COPROPRIÉTAIRE CÉDANT

SOMMES EXIGIBLES DONT LE RÉGLEMENT ENTRAÎNERA LA DÉLIVRANCE DU CERTIFICAT DE L'ARTICLE 20

Pour une date de signature le :

1 - Montant concernant les lots objets de la mutation
(REPORT DU TOTAL A/ + B/ DE LA PREMIÈRE
PARTIE DE L'ÉTAT DATÉ)

2 - Montant concernant les lots non concernés
par la mutation : lots n°

TOTAL À RÉGLER

**3 - Certificat de l'article 20 daté et signé joint
au présent état** (validité 1 mois)
❑ oui ❑ non

> **<u>Attention :</u>**
> Le certificat a une validité d'un mois et ne peut être délivré par le syndic qu'en connaissance de la date de la vente.

– IV – CERTIFICAT DE L'ARTICLE 20

Délivré en application des dispositions de **l'article 20** de la *loi 65-557 du 10 juillet 1965.*

1°) Si le COPROPRIÉTAIRE <u>est à jour</u> de ses charges provisions et avances, compléter le paragraphe ci-dessous :

Le COPROPRIÉTAIRE susnommé pour le ou les lots dont il est propriétaire EST LIBRE, à ce jour, de toute obligation à l'égard du syndicat.

En conséquence, le syndic dispense le notaire, sous la condition que la réalisation de l'acquisition intervienne sous un mois de ce jour, de l'envoi de l'avis de mutation prévu à *l'article 20 de la loi du 10 juillet 1965.*

Le notaire adressera alors au syndic la notification prévue à *l'article 6 du décret du 17 mars 1967.*

FAIT À

LE

2°) Si le COPROPRIÉTAIRE <u>n'est pas à jour</u> de ses charges, compléter le paragraphe ci-dessous :

Le COPROPRIÉTAIRE susnommé pour le ou les lots dont il est propriétaire N'EST PAS LIBRE, à ce jour, de toute obligation à l'égard du syndicat.

Il est débiteur de la somme de :

À défaut de règlement du solde débiteur indiqué ci-dessus en même temps que la notification de l'article 6 du décret du 17 mars 1967
adressés au plus tard le

Le notaire sera tenu d'adresser l'avis de mutation prévu à l'article 20 de la loi du 10 juillet 1965. Le syndic exercera alors l'opposition prévue à l'article 20 par acte extra-judiciaire dont les frais seront à la charge du vendeur.

FAIT À

LE

Application

M. et Mme X ont signé un compromis de vente au 30 avril 2017, pour l'appartement qu'ils possèdent dans une copropriété.

La copropriété a décidé de faire poser un ascenseur. Le montant de 1 292 € est réparti sur 4 appels comme suit :

- 10/04/N
- 10/07/N
- 10/10/N
- 10/01/N+1

Le premier appel de fonds a été réglé par le couple, ils refusent de régler le deuxième appel de fonds prévu au 10/07/N, prétextant que la vente est prévue au 20/07/N. Le lot possède 120 T pour 12 000 sur l'ensemble de la copropriété.

Ils doivent le troisième appel de fonds des provisions prévues dans le budget prévisionnel, pour un montant de 310 €.

Une avance sur trésorerie de 38 000 € pour la copropriété.

Les honoraires pour la constitution de l'état daté s'élève à 80 € HT/heure, 2 heures sont comptabilisées.

- Calcul du montant de l'avance sur trésorerie pour M. et Mme X → 38 000 × 120 / 12 000 = 380 €
- **1re partie :** sommes dues par le copropriétaire vendeur en tenant compte que la vente se réalisera le 20 juillet2019 :
  - A/ Provisions exigibles du budget prévisionnel : 310 €
  - Dépenses non comprises dans le budget : 1 292 / 4 = 323 € Ils doivent 323 € pour le deuxième appel qu'ils refusent de régler
  - B/ Honoraires dus au syndic : 80 × 2 × 1,2 = 192 € TTC
  - Total du par le copropriétaire sortant A + B = 825 €
- **2e partie :** sommes dues par le syndic au copropriétaire sortant
  - Avances constituant la réserve : 380 €

- **3e partie :** sommes incombant au nouveau copropriétaire
  - Avances constituant la réserve : 380 €
  - Provisions non encore exigibles budget prévisionnel : 4e appel de 310 €
  - Provisions non encore exigibles hors budget prévisionnel, 3e et 4e appels pour travaux → 323 × 2 = 646 €
  - Total dû par le copropriétaire entrant = 1 336 €

Ensuite, 2 solutions, l'acquéreur rembourse directement le vendeur ou l'acquéreur verse le montant au syndic (à cocher le choix).

Pour terminer, mention des sommes exigibles par le copropriétaire cédant, qui entrainera la délivrance du certificat de l'article 20. L'article 20, précisera s'il est à jour.

La fiche synthétique

Elle doit être fournie depuis le 1er janvier 2017 pour les copropriétés de plus de 200 lots, depuis le 1er janvier 2018 pour les copropriétés de 50 lots et depuis le 1er janvier 2019 pour les autres copropriétés.

La fiche regroupe les données financières et techniques de la copropriété pour permettre aux copropriétaires de disposer des informations sur la situation générale de l'immeuble. Elle est établie par le syndic qui est rémunéré pour cette mission. Le défaut de réalisation de la fiche est un motif de révocation du syndic.

Elle regroupe 6 parties :
- Identification des parties ;
- Identité du syndic ;
- Organisation juridique de la copropriété ;
- Caractéristiques techniques de la copropriété ;
- Caractéristiques financières de la copropriété ;
- Équipements de la copropriété.

La fiche synthétique doit être annexée aux autres documents nécessaires lors de la mutation d'un lot en copropriété.

Tests de connaissances

Test « En copropriété »

1/ À qui doit-on envoyer la convocation d'une assemblée générale dans les cas suivants ?
a - Couple marié sous le régime légal pour un bien commun
b - Majeur sous tutelle
c - Couple marié sous contrat dont le bien appartient à un des 2 époux
d - Concubins ou partenaires pacsés
e - Une SCI copropriétaire

2/ Quelles sont les personnes habilitées à convoquer ?

3/ Quelles sont les différentes majorités ?

4/ Précisez les majorités requises pour ces résolutions :
a - Révocation du syndic
b - Travaux d'amélioration
c - Travaux d'entretien
d - Suppression du poste de concierge
e - Surélévation d'un bâtiment
f - Remplacement des boîtes aux lettres
g - Pas de conseil syndical
h - Souscription d'un emprunt collectif
i - Remplacement de sonnettes par un vidéophone
j - Ravalement de façade avec problème d'étanchéité
k - Une demande qui n'apparaît pas dans les articles

5/ Qui ne peut détenir un pouvoir donné par un copropriétaire ?

6/ Quelles sont les modalités d'acceptation de plusieurs pouvoirs ?

7/ Quel est le délai légal pour envoyer la convocation ?

8/ Quelles sources de droit déterminent le principe de la répartition des charges ?

9/ Citez les différents types de charges et leurs modalités de répartition.

10/ Donnez les définitions de :
a - Syndic
b - Syndicat de copropriété
c - Parties communes
d - Parties privatives
e - Conseil syndical

11/ Définissez le procès-verbal.

12/ Qui peut contester des décisions prises en assemblée générale et par quelle procédure ?

13/ Quels sont les risques encourus par un copropriétaire réalisant des travaux sur les parties communes ?

14/ Quelles sont les formalités pour vendre des parties communes ?

15/ À quoi correspond un lot de copropriété ?

16/ Quel est le fonctionnement du conseil syndical ?

17/ Qui élit le président du conseil syndical ?

18/ Quel est le rôle du conseil syndical ?

19/ Quelles sont les différentes procédures de nomination du syndic ?

20/ Qu'apporte le nouveau contrat de syndic avec la loi Alur ?

21/ La responsabilité civile du syndic ?

22/ Dans quelles situations la responsabilité pénale du syndic est-elle engagée ?

23/ Donnez la définition du règlement de copropriété.

24/ Comment sont réglés les travaux ?

25/ Que représente le fonds de roulement ou réserve de trésorerie et quel est son montant maximal ?

26/ Qu'est-ce qu'un état daté ?

27/ La notification du transfert de propriété ?

28/ Comment est réparti le montant des charges à la vente d'un lot ?

29/ Définissez la loi Carrez.

30/ Quelle est la sanction du non-respect de la surface ?

31/ Définissez la clause d'aggravation.

Correction du test « En copropriété »

1/
a - Convocation libellée au nom des 2 époux.
b - Représentant légal, c'est-à-dire le tuteur.
c - À celui à qui appartient le bien.
d - Aux 2 partenaires, si le bien a été acquis en indivision.
e - Au représentant légal de la SCI.

2/ Le syndic une fois par an.

En l'absence de conseil syndical un copropriétaire peut saisir le président du TGI pour nomination d'un mandataire qui sera chargé de convoquer l'assemblée générale.

Le président du conseil syndical ou un ou plusieurs copropriétaires représentant au moins le quart des voix de tous les copropriétaires. Si la demande envoyée en LRAR au syndic reste sans réponse au bout de 8 jours, le conseil syndical peut convoquer.

3/ La majorité simple à l'article 24. C'est la majorité des voix exprimées des copropriétaires présents et représentés à l'assemblée générale (on ne tient pas compte des absents).

La majorité absolue à l'article 25. C'est la majorité des voix de tous les copropriétaires (présents, représentés et absents).

La majorité allégée à l'article 25-1. Possibilité de voter à un second vote à la majorité 24 si on a obtenu un tiers des voix. La majorité allégée ne peut être appliquée aux votes concernant des travaux d'amélioration et de transformation ainsi que l'individualisation des contrats de fourniture d'eau. Si le résultat des votes est inférieur à un tiers des voix, il est possible de réclamer une nouvelle assemblée générale dans un délai maximum de 3 mois pour statuer à l'article 24.

La double majorité à l'article 26. Cette majorité comporte 2 conditions ; le vote doit obtenir deux tiers des voix exprimées de tous les copropriétaires plus la moitié de tous les copropriétaires.

L'unanimité à l'article 26. C'est l'accord de tous les copropriétaires.

4/ a : 25 ; b : 25 ; c : 24 ; d : 26 double ; e : 26 double ; f : 24 ; g : 26 double ; h : 26 unanimité ; i : 25 ; j : 24 ; k : 24.

5/ Le syndic, ascendant, descendant, époux, concubin, partenaire et salariés du syndic ainsi que leurs familles qui sont copropriétaires dans l'immeuble.

6/ Une personne ne peut représenter plus de 3 copropriétaires. Une exception à la règle : possibilité de plus de 3 mandats si la personne possède jusqu'à 10 % maximum des voix des mandats cumulés, y compris son vote (loi Élan).

7/ Délai de 21 jours au moins avant l'assemblée générale par LRAR ou remise en mains propres contre émargement. Possibilité par voie électronique avec accord des copropriétaires. Le délai de 21 jours court à compter du lendemain de la notification. Le non-respect de la règle entraîne la nullité de l'assemblée générale. Par contre, le délai peut être supérieur à 21 jours.

8/ Loi du 10 juillet 1965 à l'article 10 et décret du 17 mars 1967 : « Le règlement de copropriété et l'état descriptif de division déterminent la répartition des charges. »

9/ Les charges générales qui regroupent les frais de conservation de l'immeuble et d'administration des parties communes, réparties en fonction des tantièmes de chaque lot attribué par le règlement de copropriété.

Les charges spéciales qui regroupent les services collectifs et les équipements communs, réparties en fonction de l'utilité relative pour les différents lots.

10/
a - Le syndic est le mandataire du syndicat, il le représente, agit pour son compte. Il gère et administre l'immeuble et fait respecter le règlement de copropriété.
b - Le syndicat est la personne morale regroupant tous les copropriétaires. Il prend les décisions relatives à l'administration et à la gestion de l'immeuble.
c - Ce sont les parties affectées à l'usage ou à l'utilité de tous les copropriétaires.
d - Ce sont les parties réservées à l'usage et la propriété exclusive d'un copropriétaire.
e - C'est un groupement de copropriétaire élu à la majorité 25 qui assiste et contrôle le syndic dans sa gestion.

11/ Le procès-verbal art. 17 (décret du 17 mars 1967). Il indique toutes les décisions prises en assemblée générale et qui étaient inscrites à l'ordre du jour. Sont précisés les noms des copropriétaires et le nombre de voix pour ceux qui se sont opposés ou abstenus.

12/ Ceux qui se sont opposés et les absents peuvent contester les décisions. Ils ont 2 mois à partir de la notification du PV, le délai court à compter du lendemain de la première présentation de la LRAR ou de la réception avec émargement. Ce délai peut être porté à 5 ans (loi Élan) si la notification est irrégulière. En exemple, un copropriétaire, qui n'a pas été convoqué ou hors délai ou si le PV ne mentionne pas l'art. 42, a 5 ans pour contester.

13/ Le copropriétaire peut être condamné à verser des dommages et intérêts si les travaux ont dégradé les parties communes et causé un préjudice au syndicat ; on peut lui demander la remise en état. Le syndicat peut saisir le TGI en référé pour faire interrompre les travaux.

14/ Un dossier doit être élaboré par le vendeur ou le mandataire (détail du projet, les conséquences et nuisances en cas de travaux…) et une demande de résolution à inscrire à l'ordre du jour. Le syndic doit inscrire la résolution à l'ordre du jour et joindre le dossier à la convocation des copropriétaires. Le vote s'établit sur le principe de l'aliénation ainsi que la modification de l'état descriptif de division (art. 26 « unanimité » ou art. 26 « double majorité »). La double majorité, si la partie commune n'est pas nécessaire au respect de la destination de l'immeuble.

15/ Il comprend une partie privative et une quote-part des parties communes.

16/ Un règlement interne détermine les règles sur les modalités de réunion, de vote à l'intérieur du conseil syndical, de la conservation des archives… Il est défini dans le règlement de copropriété ou approuvé en assemblée générale.

17/ Ce sont les membres du conseil syndical (pas les copropriétaires).

18/ Il fait le lien entre les copropriétaires et le syndic. Il doit avertir les copropriétaires s'il découvre des manquements de la part du syndic. Il participe à l'élaboration du budget prévisionnel avec le syndic et à la mise en place de l'ordre du jour. Il contrôle la gestion et présente un rapport de ses activités tous les ans en assemblée générale. La loi Élan reconnaît au conseil syndical un pouvoir de contrainte vis-à-vis du syndic.

19/
1. Par l'assemblée générale à l'article 25, après mise en concurrence de plusieurs projets de contrats.
2. Par le règlement de copropriété dans le cas d'une nouvelle copropriété. Généralement, le promoteur nomme un syndic provisoire. Celui-ci devra par la suite convoquer les copropriétaires en assemblée générale pour élire le syndic définitif, après mise en concurrence.
* Par le TGI, s'il n'y a pas de syndic ou si la copropriété n'arrive pas à en nommer un. Dans ce cas, il sera nommé un mandataire qui se chargera de convoquer les copropriétaires pour nommer un nouveau syndic.

20/ Le contrat sera tenu à un modèle type, la rémunération sera fixée par forfait. Des honoraires supplémentaires pour des prestations particulières dont la liste sera définie et des honoraires pour la réalisation de travaux en % HT du montant des travaux avec un barème dégressif.

21/ La responsabilité contractuelle et la responsabilité délictuelle ou quasi délictuelle.

22/ Abus de confiance, escroquerie, absence de carte professionnelle.

23/ Article 8 de la loi de 1965. Il définit les parties privatives et communes, détermine les règles d'administration des parties communes et contient l'état de répartition des charges et les quotes-parts. Il définit la destination de l'immeuble. C'est le document par excellence, il doit être respecté par tous les copropriétaires.

24/ Ils sont réglés par appels de fonds non compris dans les appels de gestion.

25/ C'est une avance que font les copropriétaires pour permettre à la copropriété d'avoir une trésorerie pour les dépenses non prévues. Elle est de 1/6 du budget prévisionnel au maximum. Elle est réglée en une seule fois, au premier appel prévisionnel de l'année, elle s'ajoute au montant de celui-ci.

26/ C'est un document rédigé par le syndic pour le notaire qui gère la vente d'un lot. Il comprend 3 parties : la première concerne les sommes dues par le copropriétaire vendeur au syndicat, la seconde, les sommes dues au copropriétaire vendeur par le syndicat et la troisième, les sommes que l'acquéreur devra.

27/ Le transfert est notifié au syndic par le notaire. L'acquéreur ne devient copropriétaire qu'à compter de la réception de ce transfert. Ce n'est qu'à cette date que le vendeur n'est plus copropriétaire et, de fait, n'est plus redevable des charges de copropriété.

28/ Le vendeur sera redevable de l'intégralité des provisions exigibles au jour de la vente et l'acquéreur prendra le relais pour celles qui interviennent après la vente. Les parties peuvent prévoir une répartition autre comme un *prorata* qui sera inscrit à la promesse de vente. Cette possibilité n'est pas obligatoire, c'est un accord des 2 parties qui le détermine.

29/ La loi du 18 décembre 1996 intégrée dans l'article 45 de la loi du 10 juillet 1965. Elle oblige le vendeur d'un lot en copropriété au minimum égal à 8 m^2 à mentionner dans l'avant-contrat et l'acte de vente la superficie de la partie privative. La collaboration d'un expert n'est pas une obligation, le vendeur peut calculer lui-même la surface, mais il endosse la responsabilité de cette surface déclarée.

30/ Si la surface est inférieure de plus de 1/20 (5 %) en comparaison de celle qui est indiquée dans l'acte, l'acquéreur peut demander devant le TGI une diminution du prix, proportionnelle aux mètres carrés manquants. Il a un an à compter de l'acte authentique pour réagir.

31/ Le copropriétaire qui, de son fait ou par négligence, aggrave les charges de la copropriété, doit supporter seul les frais occasionnés. La pénalité est fixée par un juge et la copropriété doit prouver la responsabilité du copropriétaire. On la trouve souvent dans le règlement de copropriété.

Test « En gestion locative »

1/ Donnez la définition de la résidence principale nue et la loi qui la régit.

2/ Donnez la définition de la location mixte.

3/ Quelles sont les locations exclues de la loi sur la résidence principale ?

4/ Selon quel principe la non-discrimination à la location est-elle définie ?

5/ Quelle est l'utilité d'un état des lieux ?

6/ Que signifie « contradictoirement » ?

7/ Donnez la définition du logement décent.

8/ À quelle partie incombe l'état des lieux dressé par un huissier ?

9/ Que doit couvrir l'assurance contre les risques locatifs ?

10/ Quel risque encourt le locataire en cas de non-présentation de l'assurance ?

11/ Qu'est-ce qu'un contrat de cautionnement ?

12/ Quels sont les différents types de caution ?

13/ À compter de quelle date le détecteur de fumée est-il devenu obligatoire ?

14/ Dans le cas d'un locataire occupant, à la charge de qui est le détecteur de fumée ?

15/ Quelle est la durée du bail vide de résidence principale ?

16/ Peut-on proposer un bail de courte durée ?

17/ Quelles sont les obligations du bailleur ?

18/ Quelles sont les obligations du locataire ?

19/ Qu'est-ce qu'un dépôt de garantie ?

20/ Comment s'effectue la restitution du dépôt de garantie ?

21/ Comment le loyer peut-il être révisé ?

22/ Quelles sont les modalités d'augmentation du loyer ?

23/ Quelles sont les charges récupérables ?

24/ Quelles sont les charges incombant au bailleur ?

25/ Comment s'effectue le paiement des charges ?

26/ Quels sont les délais du préavis donné par le locataire au regard de situations différentes ?

27/ Quelle est la procédure de mise en place d'un congé du bailleur pour reprise ?

28/ Quelle est la procédure de mise en place d'un congé du bailleur pour vente ?

29/ Quelle est la procédure de mise en place d'un congé pour motifs légitimes et sérieux ?

30/ Quelles sont les situations de résiliation du bail ?

31/ La colocation est-elle intégrée dans la loi de 1989 ?

32/ Quelles sont les situations qui permettent de mettre en place un transfert de bail ?

33/ Sous quelle législation est régie la location meublée ?

34/ Quels sont les meubles indispensables à un logement pour que celui-ci soit sous le régime de la location meublée ?

35/ Quels sont les critères du bail mobilité ?

36/ Quelle est la durée du bail meublé ?

37/ Quelles sont les modalités d'un congé donné par le bailleur ?

38/ Quels sont les motifs qui permettent au bailleur de donner congé ?

39/ Quelles sont les modalités d'un congé donné par le locataire ?

40/ Dans le cadre d'un bail meublé, le loyer est-il révisable ?

41/ Le bailleur peut-il augmenter le loyer ?

42/ Quel est le montant du dépôt de garantie ?

43/ Que doit-on annexer au bail ?

44/ Le meublé est-il soumis aux diagnostics ?

45/ Quelle est la particularité du bail meublé étudiant ?

Correction du test « En gestion locative »

1/ La loi Mermaz du 6 juillet 1989, modifiée par la loi Alur du 24 mars 2014, régit les baux d'habitation principale ou à usage mixte. Le logement doit être occupé au moins 8 mois par an.

2/ La location à usage mixte est l'utilisation du logement pour y vivre et y exercer une activité professionnelle. Il s'agit d'activités non commerciales (professions libérales ou artisanales sans fonds artisanal).

3/ Les locations à usage professionnel, les locations commerciales, rurales, les locations de garages non attachées aux logements ainsi que les logements de fonction.

4/ Il est défini par la loi de modernisation sociale du 17 janvier 2002, introduit dans l'article 1 de la loi de 89. Il nous précise : « Aucune personne ne peut se voir refuser la location d'un bien pour un motif discriminatoire défini à l'art. 225.1 du Code pénal. »

5/ Il permet de comparer l'état du logement à l'entrée et à la sortie des lieux afin de déterminer, en cas de réparations, celles qui incombent au locataire ou au propriétaire conformément au décret de 1987.

6/ L'état des lieux est dit contradictoire lorsqu'il a été établi en présence des 2 parties ou établi par huissier pour lui donner un caractère authentique.

7/ Établi par la loi SRU du 13 décembre 2000, précisé par le décret du 30 janvier 2002 et inséré dans la loi de 1989 à l'article 6. Le droit de contester un logement indécent est donné à tout locataire. Le logement décent ne doit présenter aucun risque pour la sécurité physique et la santé des occupants. Si le logement ne répond pas aux critères de décence, le locataire peut saisir la commission départementale de conciliation.

8/ L'état des lieux s'impose aux 2 parties et les frais sont partagés par moitié.

9/ Le locataire est tenu de s'assurer contre l'incendie, l'explosion et le dégât des eaux.

10/ Si le locataire ne produit pas l'attestation d'assurance tous les ans, il s'expose à la résiliation de son bail. Depuis la loi Alur, le bailleur peut souscrire une assurance pour le compte du locataire qu'il récupérera par douzième à chaque paiement de loyer.

11/ C'est un acte juridique par lequel un tiers s'engage à l'égard du propriétaire à garantir l'exécution des obligations du locataire. Il n'est pas compatible avec une assurance de loyer impayé.

12/ Le cautionnement simple, qui permet de s'adresser à la caution une fois que toutes les procédures envers le locataire ont été épuisées ;

Le cautionnement solidaire (le plus fréquent) permet de s'adresser à la caution dès le premier impayé sans avoir nécessairement recours au locataire.

13/ Depuis le 8 mars 2015, le détecteur est obligatoire dans tous les logements.

14/ Le détecteur est à la charge du propriétaire et l'entretien à la charge du locataire. Le propriétaire peut le remettre au locataire occupant afin qu'il le pose, ou le faire poser ou enfin le locataire l'achète, le pose et se fait rembourser.

15/ La durée est de 3 ans pour un bailleur particulier ou une SCI familiale et 6 ans pour une personne morale. Le contrat se reconduit tacitement pour la même durée.

16/ Si le bailleur est une personne physique, l'article 11 précise que si le bailleur a à reprendre le logement pour des raisons professionnelles ou familiales, les parties peuvent conclure un contrat d'une durée inférieure à 3 ans mais au moins de 1 an. L'événement doit figurer dans le bail avec la date précisée. Le bailleur peut reporter une fois le terme, dans l'attente de l'événement. Si celui-ci ne se produit pas, le bail est réputé de 3 ans à partir de sa signature.

17/
- Le logement décent en bon état d'usage et de réparation
- L'usage paisible des lieux
- Le logement entretenu
- L'acceptation des aménagements du locataire sans transformation, sans accord du bailleur
- L'assurance PNO
- La quittance gratuite, etc.

18/
- Le paiement des loyers et charges
- L'utilisation paisible des lieux
- La réparation des dégradations
- L'entretien courant du logement
- L'acceptation des travaux d'amélioration et d'entretien du bailleur, sauf ceux qui rendent le logement inutilisable ou dangereux. Il doit laisser libre accès, mais l'article 1724 du Code civil nous informe que si ces réparations durent plus de 21 jours, le loyer sera diminué proportionnellement au temps et de la privation de la chose louée.
- La non-transformation des lieux
- L'assurance
- L'interdiction de sous-louer les lieux sans accord écrit du bailleur

19/ C'est une somme qui ne peut excéder 1 mois de loyer hors charges. Elle est versée pour couvrir d'éventuelles dégradations.

20/ Le bailleur a 1 mois si les états des lieux d'entrée et de sortie sont identiques. La durée passe à 2 mois si des dégradations apparaissent à l'état des lieux de sortie. Le bailleur peut conserver 20 % pour l'arrêté annuel des comptes. La loi Alur précise : « Si le bailleur ne rembourse pas le locataire, il devra une pénalité de 10 % du montant par mois de retard. »

21/ Le loyer ne peut être augmenté que si le bailleur insère dans le bail une clause d'indexation. La révision intervient chaque année à la date convenue entre les parties. La loi Alur modifie les modalités, le bailleur dispose d'un délai d'un an, à compter de la date prévue pour la révision, pour en faire la demande. Celle-ci prendra effet au jour de la demande, sans rétroactivité. Passé le délai d'un an, la révision de l'année n'est plus applicable. La révision se calcule à partir de la variation de l'indice de référence des loyers :

(Loyer × indice du jour de la révision) / indice du jour de la signature du bail

22/ Le loyer ne peut être augmenté en zone tendue ou très tendue, sauf dérogation :
* loyer inférieur au marché, l'augmentation se base sur 50 % entre la moyenne du marché et le loyer initial ;
* si le bailleur effectue des travaux d'amélioration qui représentent la moitié du loyer annuel, il peut majorer de 15 % du coût réel des travaux ;
* si les travaux dépassent un an du loyer initial, il peut fixer un nouveau loyer en renouvellement ;
* logements vacants avec des travaux de mise aux normes.

23/ Décret du 26 août 1987. Les charges correspondent à des sommes que le bailleur a réglées et qu'il est en droit de se faire rembourser par le locataire.

24/ Les grosses réparations, l'assurance de l'immeuble, les honoraires, la taxe foncière, les dépenses de sécurité et de surveillance de l'immeuble.

25/ Deux méthodes : en provision sur charges ou en charges réelles.

26/ Préavis de 3 mois ramené à 1 mois :
* Mutation
* Perte d'emploi
* Obtention d'un premier emploi
* Bénéficiaire du RSA
* Situations supplémentaires avec la loi Alur :
* Location en zone tendue
  – obtention d'un logement social ;
  – état de santé avec certificat médical ;
  – bénéficiaire de l'allocation adulte handicapé.

27/ Le congé doit préciser la nature du lien existant entre le bailleur et le bénéficiaire et justifier du caractère sérieux de la requête. Le congé intervient au terme du bail en cours, mais il ne peut être délivré moins de 2 ans après l'acquisition et au terme du bail.

28/ Le locataire a un droit de préemption. Le congé intervient au terme du premier renouvellement du bail en cours.

29/ Situations :
* Retards répétés ou non-paiement des loyers et charges
* Sous-location non autorisée
* Défaut manifeste d'entretien du logement

30/ En vertu d'une clause résolutoire, la résiliation est automatique sans que les tribunaux s'y opposent, avec bien évidemment une procédure.

31/ La colocation est encadrée par la loi Alur et l'article 8-1 et 2 de la loi de 1989.

32/ En cas de décès ou d'abandon, le bail est transféré au conjoint, descendant vivant depuis un an dans le logement, ascendant, concubin et pacsé.

33/ La loi Alur a durci les règles de la location meublée, intégrant de nombreuses dispositions de la loi de 1989.

34/ « Un logement décent équipé d'un mobilier en nombre et en qualité suffisants pour permettre au locataire d'y dormir, manger et vivre convenablement aux exigences de la vie. »

35/ La loi Élan crée le bail de mobilité. Il est d'une durée maximale de 10 mois en meublé, sans possibilité de reconduction. Résiliation à tout moment par le locataire. Il s'adresse à une population spécifique, en début d'activité ou en formation professionnelle. Aucun dépôt de garantie ne peut être réclamé par le bailleur, accès au dispositif Visale. Le motif du bail mobilité par le contractant.

36/ Un an, reconduit tacitement.

37/ Avertir 3 mois auparavant en l'informant de ses intentions. Délai à compter du jour de la réception de la lettre ou de la signification de l'acte d'huissier.

38/ Possibilité de congé pour reprise, pour vente sans préemption pour le locataire et congé pour motif sérieux et légitime, c'est-à-dire inexécution des obligations du locataire.

39/ Il peut résilier à tout moment avec un préavis d'un mois.

40/ Dans les mêmes conditions que la location nue.

41/ Si des travaux d'amélioration ont été prévus avec une majoration notifiée au contrat ou par un avenant.

42/ À la différence de la location nue, il est fixé à 2 mois de loyer.

43/ L'inventaire détaillé des meubles et des accessoires doit être annexé au bail.

44/ Comme la location nue, le meublé supporte la réglementation des diagnostics en fonction de la date de construction de l'immeuble.

45/ Le problème se pose sur la définition de leur résidence principale. Ils sont considérés comme ayant leur résidence principale à l'adresse du meublé et non chez leurs parents, même s'ils sont rattachés fiscalement à eux. Le bail dure 9 mois et ne se reconduit pas tacitement. Le propriétaire ne peut donner congé en cours de bail, mais le locataire peut le faire à tout moment avec un préavis de 1 mois.

Test « Transaction »

1/ Définissez la promesse unilatérale de vente.

2/ Verse-t-on une réservation à la signature ?

3/ Définissez la promesse unilatérale d'achat.

4/ Si le vendeur accepte la proposition, l'acquéreur est-il dans l'obligation de conclure par la signature d'un compromis de vente ?

5/ L'acquéreur verse-t-il une indemnité à la signature de la promesse d'achat ?

6/ Définissez le compromis de vente.

7/ Définissez la clause de dédit.

8/ Quelle est la différence entre délai de rétractation et délai de réflexion ?

9/ Définissez la clause suspensive.

10/ Quelles sont les conditions suspensives les plus fréquentes ?

11/ Quelles sont les obligations du vendeur ?

12/ Quel est l'événement qui rend la vente parfaite dans le cas d'une promesse unilatérale de vente ?

13/ À quel moment s'opère le transfert de propriété dans le cadre d'un compromis de vente ?

14/ Définissez la notion d'opposabilité aux tiers.

15/ Définissez le mandat de vente et la mission donnée à l'agent immobilier.

16/ Définissez la délégation de mandat.

17/ Définissez le compte séquestre.

18/ Définissez la clause pénale.

19/ Définissez le bon de visite.

20/ À qui incombe la charge de la preuve ?

Correction du test « Transaction »

1/ Le propriétaire du bien s'engage à réserver l'exclusivité de la vente à un futur acquéreur. L'acquéreur a une option sur la vente, il s'engage sur un délai notifié dans la promesse. Le promettant immobilise son bien et le bénéficiaire a le choix d'acheter s'il lève l'option ou de ne pas acheter s'il ne lève pas l'option.

2/ Une indemnité d'immobilisation est versée, elle est d'un montant maximum de 5 %. Si l'option est levée, elle vient en déduction du prix de vente, si elle n'est pas levée elle reste acquise au vendeur sauf si une clause suspensive ne se réalise pas ou si la vente ne peut se faire par la faute du vendeur.

3/ L'acquéreur s'engage à acheter un bien si le propriétaire décide de le vendre. C'est l'inverse de la promesse unilatérale de vente. Seul l'acquéreur est engagé dans un temps limité.

4/ L'acquéreur s'est engagé, si le propriétaire accepte au prix proposé par l'acquéreur, de fait il est dans l'obligation de signer un compromis de vente pour finaliser l'accord entre les 2 parties.

5/ Aucun versement ne doit être versé, sous peine de nullité de la vente.

6/ Le compromis de vente ou promesse synallagmatique de vente engage les 2 parties, l'une à vendre et l'autre à acheter. Dès lors qu'il y a accord sur le bien et sur le prix, le compromis vaut vente. La vente est juridiquement considérée comme parfaite sous certaines conditions stipulées dans l'acte.

7/ La clause de dédit permet aux parties de renoncer à leur engagement moyennant le versement d'arrhes. Le vendeur doit verser le double des arrhes s'il annule son engagement et l'acquéreur perd cette somme s'il refuse d'acheter.

8/ Depuis la SRU du 13 décembre 2000 modifiée par la loi Macron du 6 août 2015, l'acquéreur dispose d'un délai de 10 jours durant lequel il peut renoncer à son engagement sans motiver sa décision. Les 10 jours démarrent à compter du lendemain de la première présentation de la LRAR ou du lendemain de la remise en mains propres.

Le délai de réflexion remplace le délai de rétraction si la vente notariée n'est pas précédée d'un avant-contrat. L'acquéreur dispose d'un délai de 10 jours de réflexion dans les mêmes conditions que pour le délai de rétractation.

Depuis la loi Alur, pour un lot en copropriété, le délai court à compter du lendemain de la communication des annexes obligatoires.

9/ Une clause suspensive est une condition suspensive. Le terme étant défini comme un événement futur et certain (la date par exemple).

Alors que la condition est un événement futur mais incertain, l'idée étant qu'au moment de la conclusion du contrat les parties ne savent pas si l'événement choisi comme condition va se réaliser ou non.

La condition suspensive va affecter la naissance de l'obligation aussi longtemps que l'incertitude va peser sur l'événement qui a été choisi à titre de condition.

10/ Les 3 conditions suspensives les plus fréquentes :
* obtention d'un prêt ;
* obtention d'un permis de construire ;
* obtention d'un droit de préemption : DIA → demande d'intention d'aliéner par la collectivité.

11/ Les obligations du vendeur :
* informations sur l'immeuble vendu ;
* obligation de délivrer l'immeuble vendu ;
* obligation de garantir l'acquéreur contre toute éviction de l'immeuble vendu ;
* obligation de garantir la surface réelle ;
* obligation de garantir les vices cachés.

12/ Vente parfaite : la levée d'option a pour effet de rendre la vente parfaite entre les parties, dès lors qu'elles ont convenu de la chose et du prix. La promesse unilatérale de vente devient alors équivalente à une promesse synallagmatique de vente.

13/ Le transfert de propriété a lieu par le seul consentement des parties sur la chose et sur le prix. En vente immobilière le transfert s'opère à la date de la signature du compromis. Le plus souvent, une clause stipule que le transfert sera reporté à la signature de l'acte définitif.

14/ L'opposabilité au tiers : l'opposabilité désigne des faits ou actes juridiques qui ne peuvent être ignorés par des tiers. Le titulaire d'un droit peut le faire valoir contre les personnes étrangères au contrat. Les tiers ne peuvent ignorer la situation juridique et ils doivent respecter l'opposabilité. (Ex : Un acquéreur achète un bien, il possède un acte. Un tiers prétend que cette maison lui appartient, l'acquéreur devenu propriétaire transmet son acte qui est opposable à ce tiers et qui prouve qu'il est bien propriétaire).

15/ Mandat de vente : c'est un contrat d'entremise qui donne l'autorisation de rechercher un éventuel acquéreur en vue de vendre le bien. Il a pour objectif de rapprocher les 2 parties.

16/ La délégation de mandat : autorisation donnée par le mandant à l'agent immobilier mandataire de solliciter la collaboration d'un autre professionnel qui participera à la réalisation du mandat. La délégation ne s'inscrit pas dans le registre des mandats puisque c'est un accord entre 2 professionnels et que la loi Hoguet couvre tout accord entre un professionnel et un particulier.

17/ Le compte séquestre : c'est un compte désigné pour assurer la conservation des sommes versées lors de la signature d'une promesse synallagmatique jusqu'à la signature définitive de l'acte.

18/ La clause pénale : elle fixe contractuellement à l'avance une somme représentant les dommages et intérêts forfaitaires en cas d'inexécution du contrat par le débiteur.

19/ Le bon de visite : ce n'est pas un mandat produisant des effets ou des obligations impératives pour celui qui le signe. C'est un document qui certifie qu'à la suite de la signature d'un mandat de vente, l'agent immobilier est habilité à présenter le bien. Il protège le professionnel qui a mis les parties en relation et lui permettra de défendre ses intérêts en justice, si celles-ci décidaient de ne pas régler la commission. L'article 6 de la loi Hoguet stipule que, dès lors que 2 confrères sont en concurrence sur la vente d'un même bien, c'est celui des deux qui obtient la signature des parties sur un même document qui emporte le droit à honoraires. La jurisprudence est constante dans ce principe pour privilégier le plus performant des deux, quelle que soit l'origine de la mise en relation. Cependant, la jurisprudence sanctionne le professionnel qui réussirait la vente alors qu'il a procédé par concurrence déloyale (rabais sur honoraires importants...) ou dénigrement vis-à-vis de son confrère. Le bon de visite a une valeur dans le cadre d'un mandat exclusif, dans ce cas seul le vendeur sera contraint à verser des dommages et intérêts à l'agent immobilier.

20/ La charge de la preuve doit être apportée par l'agent immobilier en fournissant le mandat de vente exclusif et le bon de visite, qui constituent une preuve de ses diligences. Des dommages et intérêts peuvent éventuellement être octroyés sur la base de la responsabilité délictuelle, s'il prouve qu'une faute a été commise par le vendeur ou l'acquéreur, qui l'aurait empêché de réaliser la vente (Cour de cassation).

Chez le même éditeur (extrait du catalogue)

Réglementation

Bernard de Polignac, Jean-Pierre Monceau, Xavier de Cussac et Pascal Lesieur, *Expertise immobilière. Guide pratique*, 7ᵉ édition, 512 p., 2019

Vincent Borie, *La médiation à l'usage des professionnels de la construction*, 136 p., 2017

Gérald Pinchera, *Passation et gestion des marchés privés de travaux. Guide pratique*, 104 p., 2017

Jean-Louis Sablon, *Défauts de construction : que faire ? Guide juridique et pratique*, 144 p., 2016

Manuels de formation initiale

Yves Widloecher & David Cusant, *Manuel de l'étude de prix, Entreprises du BTP. Contexte, cours, études de cas, exercices résolus*, 4ᵉ éd., 224 p., 2018

– *Descriptifs et CCTP de projets de construction. Manuel pour comprendre, analyser organiser et décrire*, 2ᵉ éd., 224 p. 2018

– *Manuel d'analyse d'un dossier de bâtiment. Initiation, décodage, contexte, études de cas*, 2ᵉ éd ., 276 p., 2018

Jean-Pierre Gousset, *Avant-métré. Terrassement, VRD & gros-œuvre : principes, ouvrages élémentaires ; études de cas, applications*, 264 p., 2016

Série « Technique des dessins du bâtiment »

– *Dessin technique et lecture de plan. Principes; exercices*, 2ᵉ éd., 288 p., 2013

– *Plans topographiques, plans d'architecte, permis de construire et RT 2012. Détails de construction*, 280 p., 2014

Gérard Calvat, *Initiation au dessin de bâtiment, avec 23 exercices d'application corrigés*, 186 p., 2015

Construction

Léonard Hamburger, *Maître d'œuvre bâtiment. Guide pratique, technique et juridique*, 6ᵉ éd., 570 p., 2019

Jean-Paul Roy & Jean-Luc Blin-Lacroix, *Le dictionnaire professionnel du BTP*, 3ᵉ éd., 828 p., 2011

Philippe Philipparie, *Pathologie générale du bâtiment. Diagnostic, remèdes & prévention*, 224 p., 2019

Jean-Marie Rapin, *L'acoustique du bâtiment. Manuel professionnel d'entretien et de réhabilitation*, 192 p., 2017

Merci d'avoir choisi ce livre Eyrolles. Nous espérons que sa lecture vous a intéressé(e) et inspiré(e).

Nous serions ravis de rester en contact avec vous et de pouvoir vous proposer d'autres idées de livres à découvrir, des nouveautés, des conseils, des événements avec nos auteurs ou des jeux-concours.

Intéressé(e) ? Inscrivez-vous à notre lettre d'information.

Pour cela, rendez-vous à l'adresse go.eyrolles.com/newsletter ou flashez ce QR code (votre adresse électronique sera à l'usage unique des éditions Eyrolles pour vous envoyer les informations demandées) :

Merci pour votre confiance.
L'équipe Eyrolles

Dépôt légal : septembre 2019
Imprimé en Allemagne par BoD

www.ingramcontent.com/pod-product-compliance
Lightning Source LLC
LaVergne TN
LVHW060120060726
842526LV00009B/2711